STUDIOS
TALMA

Talma Studios
231, rue Saint-Honoré
75001 Paris – France
www.talmastudios.com
info@talmastudios.com

ISBN: 979-10-96132-75-1

José Carmen García Martínez

MENSAJE ASTRAL

PARA SALVAR A LA HUMANIDAD

STUDIOS TALMA

AUTORIZACIÓN PARA ESCRIBIR EL LIBRO "MENSAJE ASTRAL"

07/06/89 — 20/09/90

Nota. En estos mensajes es una orden de que Universo se escribirá con Z.

Presentación ante mí de Energía L.T. (Luz Terciaria).

Hoy miércoles 7 de junio de 1989, yo, José Carmen García Martínez, encontrándome en mi cuarto #204 del hotel Posada Santa Berta, Texcoco, estado de México, aparece una energía ante mí, y dice venir comisionada por un ser supremo, o sea un verdadero Dios. Veo el reloj, marca 10:11 de la noche; le pregunto cómo lo comprueba, dice: "Tiene usted razón, para allá iba, me llamo L. T. (Luz Terciaria), y mi comisión es la siguiente:

Primero informarte que ya se ratificó el permiso y autorización que se te otorgó para que seas tú, José Carmen García Martínez, intermediario para Univerzo Creador, para intervenir en este planeta, para que tú recibas y publiques la información que sea necesaria darle a los humanos de este planeta."

Le digo: "Ya son las 11:00 p. m., ¿qué le parece si mañana seguimos platicando?"

Contestó: "Perfecto, por la mañana nos vemos" y se despide.

Siendo las 6:00 a. m., 8 de junio de 1989, empiezan a abrir el restaurante del hotel. Voy al restaurante para desayunar, pensando en lo de anoche: ¿Fue realidad? ¿O fue una alucinación?

Entro, me siento en la silla de una mesa, enseguida viene el mesero. Yo por estar viendo lo que anoté la noche iba pensando como sonámbulo, ni cuenta me había dado. El hombre me pone la mano en el hombro y dice: "Señor, ¿qué le sirvo?" Ordené que me trajera primero un café. Al estármelo tomando se presenta la energía Luz Terciaria, me da los buenos días. Le invito a desayunar, dice: "Lo acepto, pídeme un coctel de frutas con bastante crema, un vaso grande de jugo de betabel[1], naranja y zanahoria. Llamo al

1. Nota del publicador: Palabra mexicana para betarraga o remolacha.

mesero, le pido un coctel y los jugos, le digo son para una persona que viene para desayunar conmigo, solo que viene de prisa.

La Energía Luz Terciaria dice: "Te informo que también traigo la comisión de dictarle a un humano terrícola, que tendría que elegir Yo, Energía Luz Terciaria, un libro, que su título será MENSAJE ASTRAL, y anoche estuve examinando y llegué a la conclusión de que tú eres la persona indicada."

En eso nos traen el desayuno, y me dice: "Nosotros los mensajeros somos humanos que cuando estamos en suspenso o no visible nos alimentamos de la esencia de los productos comestibles, y cuando estamos en estado normal los consumimos con todo y pulpa."

Bien, empiezo a desayunar, o empezamos a desayunar, terminamos de desayunar, le pregunto: "¿Estamos listos?"

Dice: "Sí, y satisfechos." Pido la cuenta, le digo al mesero que recoja la mesa, no se presentó la persona que esperaba.

Nos fuimos a la estancia del hotel, arrimé dos sillas, una mesa, abro mi portafolio y saco la libreta para seguir anotando.

Me dice: "Mientras te sigo informando, piensa si decides escribir el libro." Sigue narrando y dice: "Nosotros las Energías Mensajeras somos humanos, es decir con los rasgos terrícolas, y como los demás que viven en los billones de planetas que cuentan con vida humana en el Univerzo. Existen planetas con humanos que pueden ser mensajeros. Pero no todos sirven para ser mensajeros, por no calificar en los entrenamientos. Estos planetas son especiales, se encuentran a dimensiones y frecuencias diferentes a las de los planetas que cuentan con vida humana, o que son aptos para ella.

Nosotros, energías humanas, al servicio de Univerzo Creador, viajamos en naves colectivas, o individuales, interplanetarias; están equipadas con computadoras comunicativas a computarización a Univerzo, además con un dispositivo con lo que pueden ser visibles o no —tripulantes y nave—, y es el mismo sistema de fabricación que usan en los planetas en donde los humanos tienen autorización para fabricar naves interplanetarias.

Se preguntarán los lectores por qué éste será el encabezado

del libro MENSAJE ASTRAL, ¿cómo es que viajan estas naves de un planeta a otro si las distancias son de billones de billones de kilómetros?

Para los Dioses no hay imposibles. Con los adelantos que empiezan a tener los terrícolas, en segundos se podrán comunicar con quienes estén en naves espaciales. Estas naves interplanetarias viajan a la velocidad del pensamiento, están preparadas para ello. Al despegar, para salir de su planeta a hacer un viaje interplanetario salen por el hoyo negro de su planeta, pero al salir del hoyo negro la nave y tripulantes salen convertidos en una molécula espacial, viajando a la velocidad del pensamiento. Al llegar al planeta a visitar, entra la nave por el hoyo negro y al salir la nave y los tripulantes ya son normales, como antes de entrar al hoyo negro del planeta de donde salieron.

Cuando se hacen viajes interplanetarios, los tripulantes solo oyen el conteo, pero al encender los cohetes de lanzamiento pierden el conocimiento, lo recuperan al estar en la atmósfera del planeta a visitar, saben cuantos días van a estar sobre ese planeta, pero no la hora exacta de regresar, porque el regreso es a través de una absorción, y en todos los planetas aptos para vida humana la salida del hoyo negro es en el mar, pero no dentro del agua, es al espacio y la salida en el Planeta Tierra es en lo que el hombre tiene bautizado como Triángulo de las Bermudas, razón por la que se llegan a desaparecer barcas, barcos y aviones, porque la absorción se los lleva y van a parar al planeta a donde regresa la nave o naves.

El lector que vea esto debe tomarlo según su criterio, por tener la libertad de pensamiento, cual fuera su preparación.

Yo, la Energía de nombre L.T.C.P. (L. luz, T terciaria, C cooperando, P para los humanos de este Planeta Tierra).

Si así lo consideran los humanos al leer el libro, les contestaré todas las preguntas que se hagan con fundamento.

José Carmen, la información que sigue, es en claves, se espera que tú las descifres, tú ya tienes experiencia con los ensayos que te ponían a hacer los espíritus mayas, que fue un entrenamiento para poder *inducir lluvia por inercia*, claro, siempre cuando Madre

Naturaleza te llegaba a aceptar, de lo contrario, era un pasatiempo."

"Contestando yo, José Carmen García Martínez:

Bien, intentaré descifrar las claves que usted, Energía de nombre Luz Terciaria, me entregará para anotar, de lograrlo decidiré si o no escribo el libro que usted me dictará, porque quien daría la cara sería yo, José Carmen, y si nada más me tiran a loco, que bueno que de ahí no pase."

"Te informo, Yo, Energía Luz Terciaria, que sobre este planeta hay miles de personas que tienen contactos y reciben información de Univerzo Creador, de varias maneras, y no de ahorita, de hace miles de años de que lleva viviendo sobre este planeta.

Esta creación de humanos sobre este planeta es la segunda creación y aún no llega a 50 mil años de vida. En el transcurso de esos miles de años han vivido personas que han recibido información para el desarrollo científico del futuro. ¡Los juzgaron de locos a los que les fue bien! Ya que para esos tiempos los inventores de los mitos, los religiosos, tenían a los pueblos hipnotizados a través de amenazas que cumplían sacrificando personas. Y estos humanos de ese entonces permitieron que los dirigentes de esos mitos sacrificaran a algunas de esas personas, truncando el avance científico de la humanidad. También ha habido personas que han recibido información para que anoten profecías —para que se eviten los desastres— pero el hombre intencionalmente las ha alimentado para que sucedan.

José Carmen, anota las claves para que las descifres."

"Yo, José Carmen acepto intentarlo, por favor díctemelas."

"Empieza a anotar.

G. R. T. P. T. P. L. Z. J. R. Z. L. M. Y. P. L. C. L. Z. Z. M. R. Z. L. P. J. M. L. H. R. Z. L. P. Z. M. L. G. X. Z. X. X. H. R. L. T. S. T. M. S. L. T. G. M. L. H. S. P. C. L. C. H. C.S. S. C. L. P. J. H. R. S. J. M. L. T. L. H. A. G. Z. L. Z. M. S. H. L. P. J. T. R. L. Z. Z. R. R. R. H. P. S. L. L. Z. H. M. L. Z. P. P. R.Z. Z. G. H. L. Z. G. P. L. B. G. Z. L. P. R. H. L. J.

José Carmen, ya tienes experiencia del cómo se manejan estos mensajes, así que una vez que los descifres ya sabrás a qué atenerte."

"Yo, José Carmen estoy de acuerdo y en cuando pueda ir al mar, intentaré descifrar el mensaje.

Hoy 5 de julio de 1989.

Siendo las 10:00 a. m., en Playa Azul, Mich. México, Yo, José Carmen García Martínez, me propongo a descifrar las claves que me entregó la Energía de nombre Luz Terciaria. Usaré desdoblamiento mental, o sea viajes astrales a dimensiones superiores, y de los resultados decidiré si escribo o no el libro, que su título sería MENSAJE ASTRAL.

Siendo las 11:00 de la mañana, comienzo a recibir información de cada clave, su contenido por separado, y así lo iré anotando."

G. Gozas de un privilegio, ya que hasta ahorita nadie tiene este permiso sobre este planeta que sus humanos llaman "Tierra". Esta información es ordenada por Univerzo Creador, quien va a intervenir después de que los humanos estén informados a través de este libro que debe publicarse en todos los idiomas.

R. Responder a lo que has recibido es lo que debes hacer para que te sigan llegando los conocimientos de toda índole.

T. Tuviste suerte de que tú fueras el elegido para darles a conocer a los humanos de este planeta que Univerzo Creador va a intervenir informándoles primero para que sepan el porqué definirse.

P. Porque Univerzo Creador no quiere eliminar a esta creación, solo les va a demostrar con hechos su intervención.

T. Tendrás que escribir todas las informaciones que sean necesarias, José Carmen.

P. Para que no haya dudas, todo será a través de demostraciones verídicas y palpables.

L. Lo demostrado hasta ahorita solo los débiles de espíritu de nacimiento lo niegan.

Z. Soporta las críticas haciendo caso omiso, ya que también hay quienes te apoyen y con esas personas triunfarás, porque una vez demostrado con hechos visibles, palpables, ya no queda duda. Debido al contexto va a ser muy difícil que los gobernantes mexicanos apoyen.

Los otros países necesitan ver. El único país que se interesó cuando estuvo en auge la noticia de las verduras gigantes, fue Estados Unidos de Norteamérica, pero para explotar a la humanidad y a ti, José Carmen, todo lo que se te ha autorizado es para proteger el Planeta y a sus humanos que se portan bien.[1] Tú no te desanimes, que no les queda de otra que aceptar la autorización que traes entre manos, a menos que prefieran morirse.

J. José Carmen, no temas publicar los mensajes que recibas, porque no solo tú tienes estos contactos en este planeta, hay miles de personas que los tienen de uno o de otro modo. Si se te eligió para que escribas el mensaje, es por dos razones: la primera es porque tu esencia espíritu pertenece a otro planeta y tú fuiste enviado a este planeta a cumplir una misión, es la de aumentar la producción agrícola sobre todo el planeta, razón por la cual tú puedes tener toda clase de información de toda índole, claro, previo permiso por lo que además se les autorizó a los espíritus de quienes en vida fueron reyes o personas que manejaron conocimientos importantes y que todavía no han vuelto a reencarnar.

Esto es a nivel planeta o sea los cinco continentes. Ellos te darán toda clase de información que sea valiosa, trátese de lo que se trate, claro, y el problema para ti es el no poder anotar tanto, pero también con estas informaciones puedes avanzar fuertemente en los proyectos que se te entreguen astralmente para materializarlos.

1. Nota del publicador: El Señor Don Carmen es conocido por haber cultivado flores y plantas gigantes.

R. Resultados demostrativos para los humanos, y ya los tienes, como el haber logrado el hacer crecer plantas fuera de lo normal, haberles ganado un concurso agrícola a 153 ingenieros agrónomos de investigación de agricultura nacional de México. Fuiste mandado por el Secretario de Agricultura haciéndote firmar un contrato que estipulaba que te comprometías a lograr altos rendimientos. De no lograrlo te hacías acreedor a ir a la cárcel, por malversación de fondos del erario de la nación.

Z. Sorpresa para quien no maneja lo que tú manejas de información de toda índole.

L. Lástima que los humanos que tienen cargos dentro del engranaje gubernamental sean tan mal intencionados y no ayuden a las personas que pueden hacer cosas sobresalientes, y de estas personas las hay sobre todo el planeta.

M. Malversando los recursos no renovables y los renovables, tiran árboles sin reponerlos, contaminan a diestra y siniestra, es a lo que se dedican los funcionarios, pero cuando las sequías se vayan agudizando, tendrán que tomarte en cuenta para que induzcas lluvia, y así poco a poco lo harás en la mayor parte de los países que hay sobre el planeta, y así seguirás avanzando con lo demás.

Y. Y al haber el apoyo para que proporciones la lluvia en todos los desiertos y demuestres lo ventajoso que es usar para fertilizar las plantas con los fertilizantes del futuro, haciendo siembras de varias especies que pondrás a los nativos a que las cultiven.

P. Podrás localizar aguas prohibidas en todos los desiertos para uso doméstico y de sobra usarlas para riego por goteo.

L. Lo mismo tienes el permiso para localizar productos minerales que sirvan para fabricar los fertilizantes del futuro, así como otros minerales y petróleos dentro y fuera del mar. Llegará el momento en que podrás utilizar las algas marinas de las que ya tienes conocimientos. Así como otros productos que existen dentro del mar y que también sirven para la fabricación de los fertilizantes del futuro.

C. Con lo que aumentará el volumen de producción en las áreas cultivables, y en las tierras que en la actualidad no producen, con las nuevas fórmulas producirán.

L. Los ríos, lagos y el propio mar serán purificados, sus aguas, con la intervención de Univerzo Creador, que te entregará de alguna manera las fórmulas.

Z. Soporte de la vida planeta es en primer lugar la vegetación, porque sin ésta no hay lluvias ni la purificación del medio ambiente y de sus aguas.

Z. Sostén planetario es el intercambio de esencias entre planetas pertenecientes a la misma galaxia, que son los que les dan la vida para poder dar vida, y el mayor aporte que tiene que entregar el Planeta Tierra a los demás es esencia producida por los árboles, y al carecer de estos no puede responder dentro de la computarización a Univerzo Creador. Por lo que no recibe lo que necesita para su dieta vida-planeta, aclaración en el Univerzo.
Los planetas se conocen por números, lo crea o no el humano de este planeta. Todos los billones de billones de planetas con o sin vida humana están computarizados entre sí, y cuando un planeta aporta mas esencia de la que debe, no hay problema; pero cuando aporta menos, se le restringe la dieta. Porque dentro de lo normal esto sucede solo cuando los planetas ya se hicieron viejos, porque dentro de las leyes Univerzo, todo lo que nace muere y un planeta al igual que una persona cuando se hace vieja ya no rinde trabajo, pero come menos y así gradualmente va aportando menos trabajo, y consumiendo menos alimentos hasta que muere, para dejar el lugar a otra.
Entonces sucede lo mismo con los planetas. Esto se anota para que el humano comprenda que él es quien está destruyendo su casa en común, el Planeta Tierra. Pero él es quien puede reconstruirlo, se le están dando las soluciones para poder reforestar y evitar la contaminación, depende si responde o no el humano, para seguir viviendo sobre este su planeta al que le quedan muchos millones de vida planeta.

Z. Solo se puede restablecer el planeta como ya lo hizo una vez, solo que para eso tendría que deshacerse de todos sus habitantes movibles incluyendo a los insectos, o tendrá que hacerlo si los humanos no hacen lo que se debe.

M. Mejor administración de los recursos es lo que debe hacer el humano.

R. Razonen los gobernantes fuertes, que al estar explotando los recursos renovables y no renovables irracionalmente están dañando el sistema Planeta.

Z. Soportar más el ritmo de destrucción que llevan los humanos para el planeta ya no es posible, es la razón por la que se está inclinando el planeta para provocar una sequía prolongada por todo el planeta, para sacudirse las pulgas destructoras actuales.
Hace millones de años que se extinguió la primera creación de humanos, causa de una guerra nuclear que desataron bandos que son religión y gobierno, queriendo llevar la supremacía por todo el planeta. ¿Cómo comprobarlo? El Sr. José Carmen García Martínez tiene el permiso para señalar el lugar donde se encuentra una base nuclear bajo las arenas del Sahara.

G. Gozas José Carmen de un privilegio que hasta ahorita nadie tiene sobre este planeta que sus humanos llaman "Tierra". Esta información es ordenada por Univerzo Creador.

R. Responder es lo que debes de hacer para que te sigan llegando los conocimientos de toda índole.
"Aclaro, Yo, José Carmen García Martínez, si me proporcionan los medios, estoy dispuesto a cumplir con todo lo que se me ordene."

T. Tuviste suerte de que tú fueras el elegido para darle a conocer a los humanos de este Planeta que Univerzo Creador va a intervenir, informándoles primero para que sepan el porqué definirse.

P. Porque Univerzo Creador no quiere eliminar a esta creación de humanos, solo depurarlos, mostrando con hechos su intervención.

T. Tú, José Carmen, tendrás que escribir todas las informaciones que sean necesarias.

P. Para que no haya dudas, todo será a través de demostraciones verídicas.

L. Lo demostrado con hechos palpables verídicos solo los débiles de nacimiento lo niegan.

Z. Soporta las críticas haciendo caso omiso que también hay quienes te apoyan y con esas personas demostrarán que lo que ustedes pueden hacer no hay quienes lo puedan hacer ni los habrá. Solo cuando se nombre tu sucesor, pero por los verdaderos Dioses.

L. La decisión que tomen los humanos después de los acontecimientos de los que habla este libro, servirá para la decisión del Univerzo Creador.

P. Para Univerzo Creador es de importancia que los humanos de este Planeta se decidan a reforestar, lo que es reconstruir su casa en común. Cierto, hay grupos luchando por la ecología y por la paz, pero éstos y algunos gobernantes de lengua no pasan porque los capitalistas son avaros insaciables y a los gobernantes débiles en armamento les sirven de oficinas, o les invaden sus países.

J. José Carmen, *la inducción de lluvia por inercia* es indispensable. Los permisos que tienes tú son para hacer de México un líder de la agricultura.
Lúchale hasta que hagas demostraciones visibles, palpables para interesar a otros países, ya que sin lluvia no se puede reforestar el planeta y tú eres la única persona que tiene el permiso para hacer llover en los desiertos y en todo el planeta en donde haga falta el agua.
Los mayas estudiaron la ley de la naturaleza que les permitió hacer llover por muchos años, les funcionó a la perfección, porque ya lo traían como patrón de su planeta de origen, además lograron que la Madre Naturaleza los asesorara. Estos conocimientos ya les estuvieron sirviendo a todos los humanos que hay sobre el planeta —de no haber sido por

las masacres que cometieron los invasores, este saber se hubiese mantenido—, pero qué bueno que esos espíritus mayas que manejaron esos conocimientos te hayan entrenado para estarte entregando esos valiosísimos conocimientos en pro del planeta y de sus humanos.

Es porque te apoyó Madre Naturaleza que las Energías Supremas, Dioses, autorizaran que tú, José Carmen, fueras intermediario para Univerzo Creador. Ordenaron que todos los estudios proyectos que se te entregaran sean materializados a través de la computarización a Univerzo Creador.

Lo que tú tienes que manejar solo es energía que entra del espacio exterior, energía cuántica que funciona en tiempo y distancia.

Los mayas manejaban estas energías porque las pirámides aún captaban energía del espacio exterior, que, desgraciadamente, los invasores destruyeron también. Qué bueno que para comprobarlo, la Universidad de Chapingo te haya apoyado a poner minidiscos para captar esta energía —energía con la que ya estabas trabajando—.

Una vez que quede demostrado el uso de la energía que entra del espacio exterior, habrá quienes te apoyen para la compra de los terrenos en donde se encuentran las entradas de energía del espacio exterior y ahí poner los discos captadores de dicha energía, y antenas acopladas a los discos, materiales a usar y desarrollar. La información será recibida astralmente para la construcción de esta obra y la deben de costear todos los países, porque este sistema es para que sirva para todo el planeta.

De lograrse la construcción de esta obra será propiedad de la humanidad, esa es la razón, el porqué deben de cooperar para su construcción todos los países.

M. Muy pronto tus facultades aumentarán y seguirán aumentando gradualmente, ya que la información debe acumularse poco a poco en los organismos, que tiene el pensamiento para recibir información a través de las dimensiones, que para ti no es problema, es lo que estás manejando.

L. Las informaciones que estás recibiendo las puedes recibir con claridad telepática. En ocasiones de viva voz, debido a la energía que estás usando y que es la que entra del espacio exterior que te protege física y mentalmente.
Quien no está protegido, al hacer un desdoblamiento a dimensiones superiores corre el riesgo de perderse la materia en el espacio, lo que ocasionaría que el cuerpo muriera por paro cardiaco, embolia, destrozo interno o arder, convirtiéndose en ceniza.
Por lo que se te recomienda que todos los trabajos para recibir información los hagas a la orilla del mar. Y los más importantes trabajos los hagas en una isla, o en un barco.

H. Oportunamente se te dará toda clase de información sobre lo que vayas a manejar, sobre todo para el manejo de *inducción de lluvia por inercia*.

R. Rescatar los desiertos para someterlos a la agricultura es indispensable, ya tienes el permiso para hacerlo a través de *inducción de lluvia por inercia*. Los estudios para realizar estos trabajos se deben de hacer en una isla mar adentro. Recibirás información de que materiales construir antenas y en donde ponerlas para que hagan contacto con la Luna. Claro que para establecer estos estudios proyectos deben estar de acuerdo los gobiernos interesados por él o los proyectos, para que solventen los gastos.

Z. Sobre todo los desiertos a tratar. Primero orientarás puntos de partida que serán donde se establecerán las antenas base para la orientación, que debe llevarse para poder tomar con exactitud en qué momento empieza esa área, o territorio a estar en contacto con la Luna, para en esos días empezar a marcar el circuito astral e ir depositando los materiales a usar, que harán vibraciones como si fuera una inmensa vegetación, vibración que sale al espacio y regresa en un sondeo electro magnetizado que recibe la computarización marítima para poder mandarla lluvia.

Razón por la que en cuanto empiece a caer la lluvia, hay que empezar a sembrar y plantar árboles, de preferencia frutales, para empezar a restablecer el sistema planeta.

L. La eficacia de los proyectos a desarrollar para los desiertos depende de dos cosas: una, que traigas un buen equipo de trabajo con personas preparadas, dispuestas a cooperar; la otra, que los gobiernos respondan proporcionando todo lo necesario.

P. Posiciones, se les llamará a las áreas donde se encuentren las antenas en los desiertos, porque hay que estarles dando mantenimiento.

Para ello es indispensable someter por áreas al cultivo de lo que se crea ser más conveniente y edificar un pequeño pueblo para nativos, para que éstos den el mantenimiento necesario, claro, esto en cada antena.

Z. Sostener el mantenimiento de los circuitos en los desiertos a sueldo resultaría muy costoso, por eso se sugiere lo anterior. De lograrse esto se dará toda la información necesaria para que en los desiertos siga cayendo lluvia de por vida planeta.

M. Modificar los desiertos no va a ser nada fácil, pero no imposible. Va a ser necesario construir maquinaria especial para derrumbar las dunas, haciendo superficies cultivables. Con la lluvia, dejarán de soplar vientos fuertes huracanados, la arena mojada no vuela. Al empezar las lluvias, hay que tirar semillas de pastos y de árboles con aviones.

L. La transformación de los desiertos hará que las personas establezcan diferentes cultivos, y vivirán desahogadamente porque habrá comercio entre países.

G. Geográficamente los desiertos tienen las mismas características que el resto del planeta, por lo que ahí se construirán presas una vez que las lluvias se normalicen.

X. El significado de esta "X" en este mensaje es apoyando a la Madre Naturaleza por Univerzo Creador, para que sea ella quien organice los trabajos para *la inducción de lluvia por inercia*, así como la agricultura del futuro, guiando y asesorando al Sr. José Carmen García Martínez.

Z. Soporte de la vida planeta son los árboles. Como ya se anotó, incluyendo todo lo que es vegetación en lo que la Madre Naturaleza juega un papel muy importante.

X. Esta segunda "X" es ratificando Univerzo Creador el permiso para inducir *lluvia por inercia* por todo el planeta en donde haga falta.

X. Esta tercera "X" en este mensaje, su significado es que habrá Energías Mensajeras por Univerzo Creador, comisionadas a este planeta para intervenir cumpliendo Univerzo Creador con órdenes recibidas por el Ser Supremo.

H. Habrá la necesidad de que estas Energías Comisionadas por Univerzo Creador intervengan para acoplar el comportamiento de los humanos para que hagan lo que deben hacer, y no lo que quieran, apoyados en el dios máximo y masivo de este planeta (Don Dinero).

R. Ratificar este mensaje será cuando lo termines de anotar. Este es el encabezado del libro MENSAJE ASTRAL. Lo mismo cuando se termine el libro de escribir se ratificará.

L. Luchando siempre ha estado la humanidad de este planeta, pero fuera de lo normal no ha tenido comprensión para valorar la vida humana, que es la energía más completa del Univerzo, quien materializa las invenciones que ordenan los Dioses, quienes comandan en Univerzo Creador para los planetas con vida humana para su desarrollo benéfico.
Pero como la capacidad del humano es muy amplia y tiene libertad, los capitalistas y gobernantes la transforman para la maldad, y como todo, primero fue y es mental. Hay quienes solo se dedican a estudiar para la maldad.
Pero las invenciones de los Dioses que comandan en Univerzo Creador son todas para el progreso y bienestar de los humanos de todos los planetas, prueba de ello es que a los de este planeta se les entregó un plano marcado con precisión de puntos ubicados astralmente por todo el planeta, en donde se construirían las pirámides sobre este plano. Pirámides que servirían para captar energía del espacio exterior.
A través de esta energía los humanos pueden hacer cosas que sin ella jamás lograrían.
Las pirámides grandes que se construyeron sobre este planeta fueron de la siguiente manera: por órdenes de los Dioses vinieron Energías Mensajeras (no siendo visibles), así como humanos de carne y hueso en naves interplanetarias que fueron quienes se encargaron de cortar las piedras y suspenderlas a gravedad espacio. Razón por la cual una persona podía jalar una piedra de diez toneladas de peso con un cordel, y las Energías Mensajeras fueron las encargadas de hacer la orientación exacta y cálculos matemáticos a la perfección al 100 %, para que los cuerpos o estancias de la pirámide fueran coincidiendo con el movimiento astral, de

de acuerdo a la rotación del planeta, ya que allí se colocaron las piedras clave para el contacto astral. Y estas piedras son de un peso y tamaño exacto de acuerdo al punto de la pirámide donde se colocaron a tiempo y distancia espacial.

T. También la creación pasada sobre este planeta construyó pirámides de la misma manera y las más pequeñas fueron destruidas por las bombas atómicas con las que extinguieron a estos inteligentísimos humanos como los que empieza a haber hoy en día.
Volviendo a lo de las pirámides de la creación humana extinguida, solo las gigantescas se escaparon. Hoy en día están cubiertas de vegetación, aparentando ser un cerro. Se descubrirá que esos cerros son y fueron hechos por la mano del hombre.

T. Todo esto se anota para que el humano deje ese complejo de inferioridad, así como a los dioses mitos imaginarios por sanguinarios, que le han inculcado a la fuerza a través de guerras que han costado pérdidas de millones de vidas humanas y siguen en lo mismo los religiosos que hacen cabeza de las diferentes religiones mito, provocando a sus adictos para que se maten con los creyentes de las demás sectas. Todo mito es invención para explotar al hombre por el hombre.
De que hay un Dios Supremo, sí lo hay, para todos los humanos de los billones de billones de planetas que cuentan con vida humana en el Univerzo. En el contexto del libro se explicará más a detalle.

S. Se informará en este mensaje como debe ser el comportamiento del humano que quiere respetarse a sí mismo. La vida es para disfrutarse dentro de lo normal, no hay porqué tener privaciones de nada, los abusos son los malos.

T. Todo tiene un funcionamiento de ser con su respectivo patrón, incluyendo al planeta.

M. Manteniendo el equilibrio Univerzo o planetario son patrones computarizados.

S. Soporte de la vida Univerzo es la estricta disciplina que hay en el manejo de los planetas. Si los gobiernos de los pueblos hicieran lo mismo —tienen libertad de acción y expresión—, tendrían una existencia muy tranquila, pero desgraciadamente, las personas con más capacidad de mentalizar en este planeta no todas se han puesto a trabajar para el progreso de sus pueblos ordenadamente sin egoísmo, —claro que si ha habido quienes lo han logrado—, no como ellos quisieran, pero los capitalistas siempre están interviniendo directamente o indirectamente por la insaciable avaricia de esa gente.
Ecológicamente están destrozando su casa en común (el Planeta Tierra) por exceso de contaminación y tiran árboles inmoderadamente sin reponerlos. Esto es por los malos gobernantes, y los pueblos que no se pueden organizar, porque están manipulados país por país, a través de los diferentes partidos políticos y las diferentes religiones. Todo esto en apariencia, porque las cabecillas en su mayoría se han mantenido para poder mover a los pueblos a su antojo.

L. Los problemas por los que atraviesa la humanidad de este planeta, el principal es la falta de alimentos, causa de que a diario mueran personas por hambruna.
Solución efectiva: *la inducción de lluvia* en donde haga falta sobre todo en los países que están ubicados en los desiertos y las zonas semiáridas.
Los países que arrojan grano al mar para que los precios no bajen van a empezar a tener fuertes castigos en sus zonas agrícolas.

T. También la Madre Naturaleza interviene castigando a los malvados, y en ocasiones es por el descontrol ecológico que tiene el planeta.

G. Justicia divina es lo que se va a aplicar sobre los humanos del Planeta Tierra, para quitar de en medio lo que estorba.

M. Mostrarles que sí hay un Dios Supremo, no invención por el hombre. Ya se dijo que en el Univerzo todo es energía y los humanos son una energía individual para hacer un engranaje humanitario, por tener todas las facultades para hacerlo.
Es de comprender que todas las razas humanas que hay sobre esta tierra, fue este planeta que las parió, pero a ninguna le entregó título de propiedad de ningún territorio, por lo tanto todo lo que hay sobre el planeta les pertenece a todos por igual. Esto no quiere decir que el planeta se va a medir para repartirlo por partes iguales. No, nada de eso, bien o mal, como esta ya está bien. Pero lo que si se va a repartir son los recursos no renovables de la siguiente manera: todos como persona o como país tienen que hacer estudios proyectos para hacer producciones de toda índole, en donde vivan humanos, así sea en las partes más remotas del planeta, para que así la riqueza se distribuya. Los minerales se van a explotar con moderación, el dinero que hoy se gastan los gobiernos en armamento no convencional lo van a gastar invirtiéndolo en el campo, y en la industria. Y esto lo van a hacer. Quienes no obedezcan, *la peste seleccionadora* va a dar cuenta de ellos.
En este planeta solo hay dos cosas con valor máximo. En primer lugar el agua, en segundo, el humano.
Ahora, científicos del Planeta Tierra piensen, si a ustedes los trajeran como observadores a este planeta, por su capacidad de razonamiento, para evaluar lo que están haciendo los terrícolas, lógicamente que como observadores independientes, su primera reacción sería "son unos inconscientes al estar trabajando para destruir su casa en común".
En lo segundo, sin duda alguna su opinión sería "el humano no tiene valor alguno en comparación al planeta". Ahora

ustedes pónganse en el lugar de los agredidos por las invasiones que ustedes les hacen y verían si es lo mismo hacer a que les hagan. *La peste seleccionadora* va a arrasar con todas los individuos que están dañando al planeta, vivan en el país que vivan.

L. Los planetas con vida humana que han llegado a estar descontrolados, como hoy la humanidad del Planeta Tierra, han respondido a la perfección a quienes comandan en Univerzo Creador. Solo en muy raras veces se les ha tenido que eliminar en un 100 % por ser la única solución para liberar el planeta; en cambio sobre el Planeta Tierra, son solo 28 % los capitalistas mafiosos.

H. Honrarse unos a los otros, es lo que deben de hacer los humanos. Dios o los Dioses verdaderos existen, no son invención del hombre. Los Dioses verdaderos son quienes ordenan la creación de animales de toda índole, incluyendo a los razonables, para que éstos lleven el control y son quienes bautizan a todo lo que hay sobre su planeta, y a sí mismos.
No en todos los planetas se les denomina humanos, tienen diferentes nombres los planetas y los animales y las plantas, por ejemplo la creación pasada de humanos sobre este planeta le llamaban "Planeta Bueno" y hoy es "Planeta Tierra".
Volvemos a lo de los Dioses. Éstos dotan al animal razonable que es un espíritu acoplado a una minicomputadora a Univerzo, y para hacerlo maniobrable está forrado de un cuerpo humano, material inerte, pero eso sí dotado de un súper cerebro para poder ser maniobrable por el espíritu. Claro que el desarrollo del cerebro es de acuerdo al medio ambiente en que se desarrolle la persona.
Al prepararse, la persona de sobra sabe que hace bien y que hace mal. Los que llegan a estar en puestos públicos, algunos sí cumplen con su misión, otros no lo logran, pero lo intentan. Pero otros tratan a su pueblo peor que si fueran bestias salvajes enfurecidas, agrediendo a los

que se les atraviesa para intimidar al pueblo que produce para así ellos poderse robar los bienes de la patria.
A esos sí se les encomiendan a Dios. Los Dioses ya están interviniendo para rescatar al planeta y salvar a los humanos que se han portado bien y responden poniéndose a restaurar su casa en común el Planeta Tierra. Se les están dando todas las facilidades por segunda vez. Cuando se ordenó esta creación humana por los Dioses, su nacimiento fue sobre un planeta que les iba a proporcionar todo lo que iban a necesitar. Los Dioses ordenaron en primer lugar a las Energías Positivas que custodiaban este planeta y que guiaran a los humanos de acuerdo a las leyes Univerzo. Les estipularon a las Energías Positivas de estar en contacto comunicativo con las personas que encabezan los grupos que se empiezan a organizar. Por lógica, los grupos al crecer marcan su territorio para su usufructo, pero deben de seguir perteneciendo a un solo gobierno planeta.
Estos acuerdos se toman con las Energías Positivas, quienes son las responsables de informar a Univerzo Creador en caso de problemas con el planeta. La computarización a Univerzo registra todo. Las Energías Positivas son también las responsables de guiar a los humanos para que no delimiten países.
Todo el planeta debe de manejarse dentro de un sistema que proteja a todas las personas con trabajo propio o ajeno, lo importante es que haya producción y más producción, así como centros de salud gratuitos al 100 % para todo el mundo, claro pagándoles a los empleados de gobierno para que vivan desahogadamente, teniendo leyes rígidas para castigar a quienes delincan, así sean empleados de gobierno, y así es como se manejan los humanos en más de 70-100 % de planetas en el Univerzo.
Desgraciadamente, las Energías Positivas de este planeta fallaron y los humanos a quienes les ha tocado mover las masas no han aprovechado su capacidad cerebral para hacer

el bien, todo lo contrario. A lo que se han dedicado los gobernantes y religiosos a la cabeza de los diferentes mitos, es a usar la ley del más fuerte.
Y lo peor es que en la actualidad con esa ley todavía tienen hipnotizados a los pueblos al grado de que todavía predican que Dios todo lo ve y todo lo sabe, como diciendo que Dios es su aliado que les alcahuetea atropellos y masacres.
Ese mito de que Dios todo lo ve y todo lo sabe es lo peor de todos los mitos que han inventado, ya verán como les va a ir ahora que los Dioses van a intervenir a través de *la peste seleccionadora*.

S. Sanear o purificar por esta vez, es lo que pretende Univerzo Creador, si los humanos que pasen la prueba obedecen haciendo lo que se debe. Todos los humanos tendrán tiempo y vida para disfrutar.

P. Por razones de que las Energías Positivas de este planeta no obedecieron el reglamento para guiar a los humanos —por lo que no del todo son responsables los humanos—, aunque sí de sobra saben qué hacen bien y qué hacen mal.
Cuando se estuvieron construyendo las pirámides, estaban en constante comunicación con los jefes que comandaban las diferentes tribus que estaban cooperando con los trabajos que podían hacer en la construcción de las pirámides que servirían para captar energía del espacio exterior. En ese tiempo cuando las Energías Positivas sugerían que se hiciera algo que no fuera correcto, estos jefes no lo hacían y les hacían ver las razones, éstas se fueron disgustando hasta llegar al grado de inculcarles a los humanos fijar fronteras y eliminar a los débiles para quedarse con sus territorios. Lo mismo hacer invenciones de religiones para los fuertes explotar al pueblo trabajador, y así fue que se acabó la comunicación entre humanos y Energías Positivas para este planeta, que equivalen a un presidente de la república que es quien manda, pero no lo decide todo; además,

si el pueblo se defiende, lo puede quitar si hace lo que no debe.
Al igual sucede con las Energías Positivas, si aconsejan mal no tiene por qué obedecerles, aún dicho por energías. Cuando los humanos empiezan a tener uso de razón sobre sus planetas, su comportamiento va a ser como ellos los empiecen a guiar mentalmente.

C. Conocimiento lo hay en los humanos de mayor a menor, para resolver todos los problemas, pero a algunos gobernantes ya lo traen como patrón ser aves de rapiña, por lo que les domina la avaricia insaciable, porque una cosa es tener ambición creativa, lo que es bueno, y otra es hacer capital robando al pueblo.

L. La mente humana es una de las principales fuerzas del Univerzo Creador. Univerzo Creador es quien hace las invenciones, pero todas con la finalidad de que sean útiles no perjudiciales, pero el humano tiene plena libertad de acción, y la capacidad para transformar lo bueno en malo y con todo conocimiento de causa y efecto lo hace.
Razón por la que esos espíritus se les condena a ya no volver a reencarnar, pero para cuando una de esas personas indeseables muere, las universidades ya han preparado 100 o más personas, igual o peor que la que murió. Única solución: *la peste seleccionadora*.

C. Custodio se llama el lugar a donde van los espíritus después de haber dejado su cuerpo, pero antes permanecen en su planeta para valorar sus hechos en vida cuerpo humano por energías encargadas para ello sobre ese planeta.
Esa información no va a Univerzo Creador, es como un campesino escogiendo su grano que va a volver a sembrar, como un granjero escogiendo sus pies de cría poniéndoles un sello de bueno y a los espíritus que no llevan ese sello de bueno la atmósfera los quema. Esta vez la selección va a ser

muy rigurosa, si los humanos no responden restaurando su casa en común el Planeta Tierra, porque de dejar llegar la sequía pronosticada, morirá del 80 a 90 % de lo que tiene vida sobre este planeta.

H. Obstáculos o achaques siempre buscan los humanos en algunos planetas con vida humana en el Univerzo, para cometer atracos a los derechos de los humanos pacíficos de mayor a menor grado, pero también hay planetas donde los humanos conservan una armonía perfecta y es en el 70 % de estas humanidades. Se debe en parte a que no han creado fronteras, es un solo régimen de gobierno para todo el planeta.
Cierto, están agrupados por territorios y diferentes costumbres, pero las leyes son las mismas.

C. Cubrir el Univerzo con información de un planeta a otro se lograría si todos los planetas con vida humana ya estuvieran usando la energía que entra del espacio exterior a los planetas, pero esto no es posible por la siguiente razón: en unos empieza la vida humana, en otros planetas no la han sabido aprovechar como lo es el caso del Planeta Tierra —bautizado así por sus humanos—, para Univerzo es un número. Esta información se está dando para que los humanos de este planeta se den cuenta de que en Univerzo hay billones de planetas con vida humana, y para que se vayan dando cuenta los humanos poderosos en dinero y armamento que ellos son quienes han destruido al planeta y a los humanos y lo siguen haciendo con conocimiento de causa, y lo van a pagar para que lo experimenten en carne propia durante largo tiempo en cama.

S. Sabiduría, el hombre de todos los planetas la tiene de sobra, así que lo que hace mal de sobra lo sabe y lo sigue haciendo, en vez de hacer lo que debe. Más estudia, más se prepara, su obligación es cuidar lo creado por los Dioses.

Su responsabilidad de todos los gobiernos, educar a sus pueblos sin mezclar la enseñanza con religiones, ya que la mejor religión en el Univerzo es el respeto hacia las demás personas y a todo lo creado por la Madre Naturaleza, que es honrar a Dios.

En todos los planetas en donde se empiezan a crear humanos, lo primero que se les inculca es a honrar a Dios por haberles proporcionado un Sol que les da la vida, a honrar a la Madre Naturaleza que les proporciona la lluvia para que haya alimentos y todo lo que necesitan para construir sus hogares, así como el aire que lo producen los polos a través de magnetismo y se purifica a través de las olas marítimas y se limpia para que no le haga mal a los pulmones de ningún ser viviente a través de la vegetación, así que entre menos vegetación haya, más contaminado está el aire, y menos esencia árbol se produce y, como ya se dijo, es la mayor aportación que este planeta puede hacer a los demás planetas pertenecientes a esta galaxia.

C. ¿Cuál es el punto de partida para la vida de los planetas aptos para la vida humana? Primero debe de haber un Sol tutor de ese planeta que al estar ardiendo debe de estar justo en tiempo y distancia frente a ese Sol, y si las Energías Supremas, es decir los Dioses, dan la orden de que se prepare para que sea apto para la vida animal humana, se le empiezan a agregar los minerales para el desarrollo humano, y se le dota un estomago que es el mar.

Todo este proceso tarda de 300 a 400 millones de años, como los mide el terrícola, para dejar de arder y luego, para crear la corteza o sea la piel del planeta, tarda de 100 a 200 millones de años de acuerdo a la superficie que tenga el planeta o sea

el tamaño, y luego para que los humanos hagan lo que están haciendo. Pero los terrícolas no hacen retenes en las tierras de cultivo en la mayoría de los países, no reforestan, solo tiran árboles a lo bestia.
Con ello lo que están haciendo es que las lluvias cada año sean más escasas, con lo que avanza el desierto año a año. Y en otros lugares haya fuertes inundaciones.
Hoy en día Univerzo Creador, es decir los Dioses, les están entregando las soluciones a los humanos, solo hace falta que los humanos respondan aplicando lo que se les está ofreciendo, no resignarse a morir como ya está sucediendo en algunos países, se están muriendo por falta de lluvia, y lo que se reforesta no recompensa. Además, hay que reforestar los bosques con las mismas especies de vegetación que tenían y que mejor se puedan adaptar, y lo que se puede sustituir con árboles frutales ya que la propia naturaleza indica para qué son aptas las tierras.
Aclaración muy importante: a este planeta ya le falta muy poco para que el desierto le invada el 70 % de su superficie, y si esto sucediera, vendría una sequía por todo el planeta por varios años, secándose todos los manantiales por grandes que sean, para que todos los depredadores del planeta mueran. La última palabra la tienen los humanos. ¿Están de acuerdo de que se les induzca lluvia en donde haga falta? —o la sequía les llegará—. Como prueba de ello, primero se empezará a secar el mar por presión baja.

L. Los estudiosos de la naturaleza han encontrado que la base para la salud del planeta y de todo lo que sobre de él hay es conservando la vegetación, reponiendo los árboles que se tiran con mayor cantidad de ellos, contaminar lo menos que se pueda y lo han expuesto y lo siguen exponiendo, solo que no han encontrado quórum para formar una organización fuerte para que los grupos ecologistas no estén aislados, como lo están ahorita, tratando de proteger el medio ambiente.

En la actualidad son muy pocos los países que se están preocupando por mejorar el medio ambiente, con prácticas más o menos efectivas, otros nada más hablan, ofreciendo o proponiendo, pero en los hechos... Hay algunos que sí están trabajando con prácticas más o menos efectivas, otros solo hablan, pero no meten las manos como debe ser.

P. Poseídos la mayoría de los dirigentes de este planeta por la avaricia, se encuentran luchando por los huesos.

J. José Carmen, al salir este libro a la opinión pública, van a haber quienes se interesen en diferentes aspectos, pero tú solo concrétate en un principio en dos cosas: en primer lugar a *inducir lluvia*, en donde haga falta y en segundo que los lugareños se interesen, ya que a través de los diarios en cuanto se hagan demostraciones visibles, palpables los pueblos se enteran y a la agricultura manejada con lo que ya son los fertilizantes del futuro en tierras de riego o sin él, se cosecharan con menos costos.
Si no hay lluvia, no hay vida para nadie, ya que hasta las piedras la necesitan para no desmoronarse.
Tendrás fuertes críticas y personas que se te arrimarán a ver qué te sacan para su beneficio personal, pero también tendrás apoyos, ya que por todo el planeta hay personas que de un modo o de otro manejan esto que tú estás viviendo.
Posiblemente haya quien o quienes se opongan muy en contra de este mensaje, se les recomienda no se lo guarden, muéstrenlo públicamente para contestarles de igual manera.

H. Atentando contra la naturaleza están quienes están contaminando el planeta, a sabiendas que para ellas y para todo ser viviente lo es la vida.

R. Restaurando el planeta los humanos tendrán más larga vida, por tener menos enfermedades, vida útil con lo que podrán aprovechar mejor sus experiencias en beneficio de sus familias y de la humanidad.

S. Sostener el equilibrio-planeta no es un problema no resoluble. Lo no resoluble es el equilibrio de los mandatarios, por lo que después de *la peste seleccionadora* se tendrán que dictar leyes ordenadas por los Dioses que protejan la conservación del planeta y el bienestar y el progreso de todos sobre todo el planeta.

J. José Carmen, lógico es que a este mensaje no le encuentren algunas personas importancia, debido a su fanatismo dentro de una religión o porque aún su visión es muy corta. De hacerte preguntas diles que están y tienen plena libertad de tomarlo a su manera de pensar o de creer.

M. Mantener un acuerdo común entre los humanos nunca se logra, debido a que hay quienes son muy personalistas, pero también hay personas con mentalidad abierta y decididas a hacer lo que se debe.

L. Luchar contra el bien y el mal es la manera de equilibrar las cosas. Con el desafío que se les va a dar a los humanos, se espera que haya gobernantes que hagan lo que se debe, o *la peste* dará cuenta de ellos.

T. Todo tiene una recompensa espiritual.

L. Las personas que hacen lo que se debe son las que triunfan espiritualmente, y serán las que guiarán a los pueblos después de *la peste seleccionadora*.

H. Haber libertad para los humanos es necesario, para poder vivir en paz.

A. A esta creación de humanos sobre este planeta les ha tocado vivir, y siguen viviendo bajo una trama de maldades de toda índole, a capricho de unas cuantas personas, que son quienes han dictado y siguen dictando las leyes, a favor de grupos poderosos que se ensañan con los pobres, y esto en todos los países del planeta, y, en ocasiones, con países enteros.

G. Gozando de sus maldades, los poderosos, siempre poniendo personas sin escrúpulo al frente de los puestos clave para poder hacer sus fechorías, y siempre están viendo quien o quienes pueden llegar a la presidencia de sus países para que les pueda servir y cuando un presidente de un país que tiene recursos no renovables no se presta para vender a su Patria, a como dé lugar lo quitan de en medio, sin pensar "no le hagas a otro lo que no te gustaría que te hicieran".

Z. Sostén de la alimentación humana es la producción de todo índole y desgraciadamente quienes más trabajan el tiempo de su vida al llegar a la vejez no tienen ni para comer, mientras que hay familias que hacen una cena para unos cuantos invitados, gastándose lo que otras familias no llegan a conseguir en toda su vida, esto sucede en países ricos y pobres. Todos los humanos tienen los mismos derechos. Al intervenir Univerzo Creador se dictarán leyes justas para patrones y trabajadores, y para encerrar a quienes roben dinero del erario de la nación.

L. Los gobiernos se deben de estar constituidos por gente de todos los rubros como campesinos, obreros, gente del pueblo que tienen diversas actividades industriales, comerciantes, etc.

Z. Soporte de los pueblos es necesario para que haya el balance entre los humanos. Esta información se da porque en la actualidad la situación de la mayoría de los pueblos es muy crítica y debe regularse por ley y derechos de los humanos.

M. Modificar por voluntad las leyes para aplicarlas a favor de quienes tienen el derecho y no a conveniencia.

C. Se presentará la oportunidad de cambiar las cosas.

H. Órdenes supremas.

S. Situaciones han provocado intervención de Univerzo Creador. Éste dictará leyes.

L. Los humanos las legislarán.

P. Poniéndolas en práctica.

J. José Carmen, has inducido lluvia en México, pero a los gobernantes solo les interesa ver que se les puede pagar, mientras se cumple su periodo. Que el pueblo pobre se muera de hambre no les importa.
La solución para que haya alimentos es la lluvia, y para que los demás países se interesen es necesario hacer demostraciones visibles, palpables y que haya información a través de los diarios.
Pero lo que sí es cierto es cuando la sequía apriete, tendrán que aceptar que se les induzca lluvia en diferentes lugares sobre el planeta.

T. Tendrás un equipo de trabajo con personas muy capacitadas, además voluntarias en luchar para la restauración de su casa en común, el Planeta Tierra.

R. Reconstruir el planeta es indispensable para que siga dando vida, que sobre él hay quienes tienen que reconstruirlo son los humanos, a menos que ya no deseen vivir.

L. Las evidencias de que sobre este planeta ya hubo otra creación de humanos que se extinguió a causa de una guerra nuclear, que provocaron los diferentes bandos políticos y religiosos que se disputaban tener la primacía sobre todo el planeta, las hay.
Como ya sabes José Carmen, que en el desierto del Sahara se encuentra una base nuclear bajo las arenas, así como un avión de los que utilizaron en la guerra.
En este mensaje José Carmen, se te autoriza para cuando haya quien se interese en desenterrarlos, los localices llevando los interesados aparatos con que comprobar.

Z. Sobre presiones atmosféricas se sostienen los planetas, y es lo que hace que las bombas exploten tan fuerte, al grado de estrellar al planeta.
Cada vez que los humanos de este planeta lanzan un artefacto fuera de la atmósfera del planeta queman grandes cantidades de nitrógeno, al cruzar la capa de ozono que es la filtración o el filtro de los rayos solares, y los gobiernos lo saben pero no lo divulgan, y se lo achacan a otros productos que no han dejado de fabricar y de distribuirlos al comercio, y como la capa de ozono es como un charco de agua que se le empieza a bombear agua para afuera, el piso se empieza a descubrir en donde la lámina de agua es más delgada.
De seguir lanzando esos artefactos, cada vez la capa de ozono será más delgada y los rayos solares empezarán a quemar la piel de las personas entre más y más. Por lo que estos lanzamientos deben de pararse, hasta que los humanos de este planeta tengan el permiso y la información del cómo se hacen estos lanzamientos.

R. Reparar el daño que le han causado a la capa de ozono, los humanos de momento no saben cómo hacerlo.

R. Razonan y saben el daño que le están causando al propio planeta, y a todo lo que sobre él hay, porque lo tienen comprobado a través de los estudios que siempre están haciendo, pero les vale, siguen actuando como irracionales.

R. Rompiendo el equilibrio-planeta es lo que están haciendo los gobernantes pobres y ricos.
Los pueblos aún no se pueden organizar mentalmente porque los mantienen divididos en diferentes bandos políticos. Un pueblo organizado es quien manda, debe unirse sin pensar a qué ideología pertenecen los unos y los otros, solo pensando en que para la supervivencia solo hay dos bandos, el que destruye y el que construye nuestra casa en común.
También deben de despertar a la realidad las gentes de campo que están actuando sin conciencia, aprendan todos de la gente de campo, que han cuidado sus tierras haciendo retenes, conservando sus bosques sin dejar de tirar árboles viejos o en edad que ya se pueden cortar, teniendo unos súper bosques porque los han cuidado y lo siguen haciendo. Mientras que otros desgraciados solo tiran árboles pero jamás siembran o plantan un solo árbol, hay personas que se acuerdan cuando todavía había bastantes árboles. Las lluvias eran abundantes y la población tenía qué comer. Hoy que exterminaron los árboles, las lluvias son escasas, o nada de lluvia. Las personas se están muriendo por hambruna y aún así no plantan ni siembran árboles en los lugares en donde todavía se puede hacer.

H. Aprovechar la sabiduría es bueno y necesario, lo malo es que sea con mal fin su uso.

P. Presto está el terrícola para la maldad, por lo que está destruyendo el planeta. Invadiendo países y explotando los recursos no renovables discriminadamente. Explotando los recursos de sus países, por tener una avaricia insaciable.

S. Se tienen que cambiar los papeles, lo que no sirve que no estorbe, porque la riqueza se va a distribuir entre los pobladores del Planeta Tierra de acuerdo a su contribución, ya que la humanidad se va a desparasitar. Quien pueda cumplir un trabajo y no lo haga, que pague las consecuencias. Los gobernantes y capitalistas que no creen, que sea lo mismo.

L. Los pensamientos negativos acarrean la avaricia desmedida y eso es lo malo, el abuso en exceso.

L. Los humanos que llegan a tener cargos lo valoricen pero que se mantengan humildes.

Z. Soportar la tentación es difícil. Para las personas avarientas, si se les aplaude, más autorizada se sienten. Se enmendarán quienes desempeñen el cargo correctamente y realmente necesitado. Los otros no se seguirán manteniéndose y podrán sufrir consecuencias graves.

H. Honestidad, capacidad y honorabilidad la tienen varias personas para dirigir por buen camino a su país. Aún permanece el riesgo para estos escasos dirigentes que sus actos y leyes molesten los intereses de avariciosos manipuladores que no desean la Paz como se ha podido ver en la historia contemporánea de la humanidad.

L. Los poderosos harían un gran negocio creando y compartiendo riquezas, porque la hambruna no es buena consejera.

Z. Sorprenderse porque un mensaje de Univerzo Creador hable así, los humanos no deben, por ser el lenguaje y la manera de como ellos entienden.

P. Por vivir equivocadamente siendo avaros personalistas.

P. Por creer que siempre van a ser poderosos, viven equivocados, ya que "a cada santo se le llega su función".

Z. Sobrecarga tiene el pobre pueblo, no se da oportunidad de estar feliz, porque día a día los insaciables gobernantes amafiados[1] inventan cómo explotar más y más la humanidad.

Z. Sobrecargando al pueblo de maldades, hasta que éste estalle en violencia que no es buena para nadie.

G. Gozarían los pueblos si los gobernantes y capitalistas fueran prudentes, respetando los humanos, invirtiendo lo recaudado legalmente en beneficio del pueblo.

H. Honrar a Dios es respetarse los humanos entre sí, y respetar lo creado por Dios razonablemente.

L. La existencia de los planetas aptos para la vida humana frente a un sol y satélites, como lo es el caso de este planeta que tiene a la Luna, no es ni fue por casualidad, fue un trabajo de millones de años, ejecutado a través de la computarización a Univerzo Creador, quienes manejan lo que es necesario dentro de Univerzo Creador son Dioses bajo las órdenes del Ser Supremo.

Z. Sostener el equilibrio de lo que hay sobre el planeta es obligación de los humanos por no tener a donde más irse.

1. Nota del publicador: Relacionado con organizaciones criminales (palabra mexicana).

G. Girar a distancia y tiempo los planetas con vida humana frente al sol es lo que les hace tener vida de toda clase de animales incluyendo al humano. Si un planeta de éstos se desviara un poco, tendría temperaturas inestables, muy bruscas de 100 a 500 grados bajo cero, por tiempo indefinido para liberarse. Para que esto suceda, la orden la da el Ser Supremo, lo mismo para que regrese a su estado normal. Para volver a procrear seres, si el Ser Supremo lo ordena, solo que esto tardaría varios millones de años, hasta que el planeta esté perfectamente bien restablecido.
Como ya se anotó, los planetas tienen sus autodefensas, además son un ser viviente en el Univerzo.
Al estarse inclinando, el Planeta Tierra está teniendo temperaturas muy bruscas, con exceso de lluvia y exceso de sequía prolongada en otros lugares, para después poderse liberar de los que se lo están acabando.

P. Por lo pronto, esto solo se comenta, pero está sucediendo y de no responder los humanos irá en aumento.

L. La decisión o la palabra la tienen los humanos.

B. Vivir en el Univerzo es lo más bello teniendo libertad.

G. Gozar si está organizado conforme a derecho.

Z. Sostener las cosas en armonía no es difícil, todo es querer hacer lo que se debe.

L. Los hombres con voluntad lo pueden hacer todo perfectamente bien.

P. Por lo que se les va a purificar. Lo que no sirve que no estorbe.

R. Riguroso es Univerzo Creador cuando interviene.

H. Hostiles han sido algunos humanos con el planeta, se les va a eliminar a los malvados, al salir este mensaje al conocimiento público, sin importar en qué país sea ni el idioma en que esté escrito.

L. Los problemas son para allanar las cosas cuando se tiene voluntad.

J. José Carmen, se te ordenará todo lo que vayas a manejar, claro asesorándote hasta quedar materializados todos los estudios proyectos, pero tú siempre pides que te ratifiquen lo que te dictaron o te ordenaron, anotando el nombre de la Energía que ratificó.

Por el momento, Yo, José Carmen García Martínez, "Creador de las hortalizas gigantes", siendo las 13:00 horas del día 20 de julio de 1989, termino el mensaje astral que acepté de descifrar.

José Carmen,

Aquí estoy presente, Yo, la Energía Luz Terciaria, te felicito por haberlo logrado. Yo, la Energía Luz Terciaria, podía haberlo descifrado, pero era necesario probar tu estado físico y mental. Así como para mí, Energía Luz Terciaria, era indispensable probar si la energía que estás manejando, energía que entra del espacio exterior, me convencí que sí te trabaja.

Así que los Dioses no se equivocaron al autorizarte para ser intermediario para Univerzo Creador, créanlo o no los humanos. Los hechos y los resultados hablan por sí solos.

Yo, José Carmen, así que no tengo alternativa más que escribir el libro MENSAJE ASTRAL.

Y gracias por el cumplimento, pero una cosa es comprometerse y la otra es poder cumplir. Por lo que aclaro, yo estoy dispuesto a cumplir con lo que se me ordene, siempre y cuando se me proporcionen los medios.

Hoy, 25 de julio de 1989, después de que yo José Carmen García Martínez, descifré lo que es el encabezado del libro que su título será MENSAJE ASTRAL, y que me va a dictar la Energía de nombre Luz Terciaria.

Así es José Carmen, como ya quedó asentado, vengo comisionada por Energías Supremas, o sea los verdaderos Dioses, Yo, la Energía Luz Terciaria, hago la aclaración a quienes lean este libro, ratifico lo que ofrecí de contestar todas las preguntas que el público o funcionarios hagan con fundamento.

Por lo que se va a anotar en este libro, va a suceder por el comportamiento que están llevando los humanos terrícolas malhechores.

Yo, la Energía de nombre Luz Terciaria, le informé al Sr. José Carmen García Martínez, "creador de las hortalizas gigantes", que para su protección este libro debe escribirlo a la orilla del mar, por lo que le empiezo a dictar en la playa Caleta en Ocampo, Mich.

Yo, José Carmen, empiezo a escribir lo que se me va a informar de parte de una Energía Comisionada al Planeta Tierra, por las Energías Supremas. Me informa su misión a cumplir, por un lado es darme la autorización a empezar a hacer demostraciones de cómo seleccionar plantas para injertos y cruzas de diferentes plantas para que nazcan nuevos granos de toda índole, como lo son las leguminosas, gramíneas, así como árboles frutales y de maderas.

Esto empezará en México y se pasará a todos los países del mundo, a medida que se pueda avanzar en la selección de plantas aptas para cada región del Planeta Tierra. Con esta investigación se va a lograr obtener nuevos árboles frutales, frutas que en la actualidad no se conocen. Esto es para que haya más alimentación.

En cuanto a los árboles para maderas, los injertos servirán para obtener mejores maderas y en menos años, con esto se va a demostrar lo bondadoso de la naturaleza, si le respetamos sus derechos.

Las demostraciones se harán en todos los climas y clases de terrenos con plantas que se puedan adaptar, al grado que se podrán sembrar verduras en los desiertos para que haya más alimentación. Al acoplar verduras a los desiertos, se hará lo mismo con los granos, para que resistan tanto el frío como el calor característico de los desiertos, para que así hasta los desiertos produzcan verduras para el consumo humano.

Esto se va a hacer para que el humano razone y reflexione y comprenda la nobleza y lo bondadoso de la Madre Naturaleza, y vea lo mal que se está portando con él mismo, porque se ha dedicado a destruir lo que le rodea y con ello se está autodestruyendo. Y el hombre lo sabe de sobra, pero lo sigue haciendo a pesar de que se le dio la oportunidad de civilizarse a un grado muy superior para que hiciera lo que se debe, pero ha sido lo contrario, se dejó dominar por la avaricia.

Ya se estudió el cómo hacerle entrar en razonamiento, va a ser a través de una *peste seleccionadora* que terminará con todos los injustos, los enviscados.

Esto no es invención del que escribe, sino información transmitida por la Energía Comisionada para de algún modo hacerle saber de la decisión tomada por las Energías Supremas, para seleccionar a la humanidad del Planeta Tierra, al igual que se seleccionan las semillas para sembrarse, para que den frutos de calidad.

De lo anotado, ambas cosas empezarán a desarrollarse cuando se ordene, de la fecha en que esto se esta anotando, *la peste* empezará por los países más ricos y fuertes. La demostración agrícola empezará en México para avanzar a los demás países que más lo necesiten, lo mismo que *la peste*, seguirá avanzando hacia los países que más la merezcan, ya que el hombre ha provocado tal descontrol del Planeta Tierra.

Y por ello se espera una terrible sequía que ya las Energías Supremas tienen previsto, que de pasar esta sequía en el Planeta Tierra vendría acompañada de un terrible calor, habría muy pocos sobrevivientes, ya que los muertos por hambre y deshidratación llegaría a un 80 % de la población total del planeta.

Así que por los poderosos y traidores de la humanidad va a empezar *la peste*, justo es que quien ha hecho el desorden lo pague, no como venganza, sino porque estos seres ya están maleados y se creen superiores a los demás, y aunque se les pusiera literatura ordenada por las Energías Supremas, éstos seguirían haciendo el mal, porque de antemano, de sobra lo saben y comprenden la verdad, pero su avaricia es superior, y seguirán causando males mientras puedan.

Así que a estos individuos *la peste* los eliminará para siempre de la faz de la Tierra y del espacio, convirtiéndolos a la nada, por haberse extralimitado, abusando de sus posiciones.

Como Energía Comisionada, informo relacionado con la sequía que se avecina, se debe a la tala inmoderada de árboles por todo el Planeta Tierra, y como no es posible reponer esos árboles en corto tiempo, hay permiso de llevar a cabo la investigación que empezaron las antiguas razas de México conformadas en tribus, pero con visión al futuro, investigación para *inducir lluvia por inercia* que quedó abandonada por la invasión, pero ya hay la orden de realizar este proyecto para ayudar a los habitantes del Planeta Tierra, siempre y cuando se pongan a plantar árboles en las áreas ya favorecidas, con *lluvia por inercia*, que en el fondo voy a aclarar lo que significa este proyecto.

Es usar energía a tiempo y distancia a otra dimensión o dimensiones, autorizado por las Energías Supremas, para evitar la destrucción prematura del Planeta Tierra.

Por lo tanto, la orden para *la peste seleccionadora* está dada.

Y esta información saldrá a la luz pública, informándole al humano que primero saldrán mensajes astrales para que se dé cuenta el porqué de *la peste*.

Este mensaje es para que los sobrevivientes a *la peste*, si no quieren que les suceda lo mismo, deben de hacer proyectos de grandes plantaciones de árboles y grandes producciones de alimentos para que la riqueza se distribuya. El Planeta es la casa de todos y que por lo tanto se están autodestruyendo sin tomar en cuenta que es más importante un saco de trigo que un lingote de oro, porque lo primero es vida y lo segundo falsa ilusión.

A través de *la peste* tendrán que aflorar líderes limpios al servicio de los pueblos, lo mismo, a través de ésta los pueblos deben de comprender que deben de cumplir con sus obligaciones como es trabajar todo para el progreso, haciendo nuevas leyes autorizadas por la mayoría de los pueblos y respetarlas y hacerlas respetar, leyes que contemplarán en primer término como manejar la ecología, ya que de ahí depende el tener una vida sana y la suficiente alimentación, porque la naturaleza es quien lo produce todo.

El que trabaja, esto no quiere decir que todo el mundo debe de estar en la fábrica o en el surco. Si su profesión es payaso que la desempeñe, pero que la desempeñe honestamente. En los días que llevo como Energía Comisionada al Planeta Tierra, me he dado cuenta que los encargados de distribuir riqueza, están distribuyendo miseria, además de estar gestando la tercera guerra mundial, que de desatarse terminaría con el propio Planeta Tierra. Con la detonación de las armas, la Tierra quedaría esterilizada por algunos cientos de años. El peor riesgo para el Planeta Tierra sería que se desintegraría, lo cual sería un caos para el tránsito del Univerzo.

Pero lejos de desbaratar el arsenal que tienen, lo refuerzan con más armas superiores en potencia a las que tiene. La carrera armamentista continúa, sabiendo el mal que están causando.

Así que aunque parezca una medida brusca por la necesidad y brutalidad de los que se creen poderosos y hombres de ciencia avariciosos, no queda más alternativa que *la peste seleccionadora* se ordene de inmediato, después de que se publique este libro para que el humano se dé cuenta porqué *la peste*.

Es cierto que se pueden purificar los espíritus de estos individuos sin necesidad de *la peste*, pero tardaría años la selección y de todas maneras sus espíritus malvados se eliminarían al igual para siempre.

José Carmen, empezaré por decirte, traigo la orden de dictarte el libro, también darte toda clase de información que sea necesaria, y que te siga llegando información para que avances en todo lo que se te ordene materialices, como lo es el sistema *inducción de lluvia por inercia*, control de tornados marítimos y terrestres, hacer cruzas entre plantas para que nazcan nuevas leguminosas, gramíneas así como nuevas frutas en árboles madereros que se cosecharán mientras los árboles crecen para aprovecharlos para madera, otros darán perfumes y madera de alta calidad o ambas cosas, y para no andar probando, el mejor lugar es Japón. Y muchas otras cosas que manejarás.

José Carmen, ya sé lo que estás pensando, a tus años y sin dinero y en un país en donde jamás se le ha apoyado a ningún inventor. Te diré las cosas difíciles para hacerlas y de creerlas no son fáciles de hacerse, pero lo que tú no logres habrá un sucesor a la cabeza en tu familia ya con dinero y con instalaciones. Donde ya se estén elaborando los fertilizantes del futuro y muchas otras cosas.

México es el país donde debe de empezar, no porque esté en México, pero por su ubicación astral o, mejor dicho, cósmica y para después salir a los demás países donde José Carmen tendrás otras alternativas, a medida que se pueda avanzar en la selección de plantas aptas para cada región del Planeta Tierra.

Con esta investigación se va a lograr obtener nuevos árboles frutales, frutas que en la actualidad no se conocen, esto es con el fin de que exista una mejor alimentación, y en cuanto a los árboles para maderas, que éstos crezcan en menos años. Con esto se va a demostrar lo bondadoso de la naturaleza, si la respetamos en todos sus derechos.

Las demostraciones se harán en todos los climas y clases de terrenos, con plantas que se adapten a ellos. Al grado que se podrán sembrar verduras en los desiertos, se hará lo mismo con los granos, para que resistan tanto el frío como el calor característico de los desiertos, pero al tener lluvia el clima va a mejorar bastante, para que así hasta los desiertos produzcan verduras para el consumo humano.

Esto se va a hacer para que el humano razone, reflexione y comprenda lo noble y lo bondadoso de la naturaleza y vea lo mal que se ha portado con él mismo, porque se ha dedicado a destruir lo que le rodea y con ello, se está autodestruyendo. Y el hombre lo sabe de sobra, pero lo sigue haciendo a pesar de que se le dio la oportunidad de civilizarse a un grado muy superior para que hiciera lo que se debe.

Pero ha sido lo contrario: se dejó dominar por la avaricia sobre todo los que se dicen estar civilizados a alto nivel.

Pero ya se estudió el cómo hacerle entrar en razonamiento, va a ser a través de una *peste seleccionadora*, que terminará con todos los "civilizados" que han hecho el mal. Esto no es invención del que escribe, sino información transmitida por la Energía Comisionada para de algún modo hacerlo saber de la decisión que han tomado las Energías Supremas para seleccionar a la humanidad del Planeta Tierra al igual que se seleccionan las semillas para sembrarse, para que den frutos de calidad.

De lo anotado, ambas cosas empezarán a desarrollarse, pronto en breve tiempo de la fecha en que el libro salga al conocimiento público, *la peste* empezará por los países más ricos y más fuertes para hacer la selección.

La demostración agrícola empezará en México por ser el lugar ubicado astralmente, para avanzar a los demás países que más lo necesiten lo mismo *la peste*, seguirá avanzando hacia los países que más lo merezcan, pero ninguno tiene escapatoria ya que el hombre ha provocado tal descontrol del Planeta Tierra y por ello se espera una terrible sequía provocada por el propio sistema y computarización con que nació el Planeta para su defensa.

Para evitar esto es la intervención de Univerzo Creador autorizando *inducción de lluvia por inercia* en todo el Planeta donde haga falta, control de ciclones que son tan dañinos como la sequía, y muchas otras cosas más que tiene la autorización de hacer el Sr. García apoyado en su grupo en pro del planeta y de los humanos si desean conservar su especie.

Aclaración: Este Sr. José Carmen García Martínez es un humano como cualquier otro humano sobre este planeta. La diferencia es que él tiene permisos otorgados por el Ser Supremo que ningún otro humano los tiene en este planeta ni los tendrá a menos que éste le dé el permiso. Su mayor responsabilidad es obedecer lo que se le ordene y se le entregarán los estudios proyectos a nivel Astral, siempre y cuando le proporcionen los medios los gobernantes o en su defecto los pueblos.

Cabe explicar que cuando una persona causa muchos males físicamente, su espíritu ya no tiene derecho a volver a reencarnar, con excepción del que causa males porque lo obligan a hacerlo, en ocasiones se le permite volver a reencarnar, después de haber purgado un castigo por noventa y nueve años y lo más probable es que siga teniendo problemas en su nuevo cuerpo humano, aún todavía como castigo a su comportamiento en su vida anterior porque aunque le hayan ordenado cometer asesinatos él fue quien los cometió porque se entiende que todos los espíritus tienen la misma facultad de pensar.

Pero si a éstos se les permite volver a reencarnar, se debe a que influye el medio ambiente en que los cuerpos se desarrollen, además a los medios económicos de que disponen los espíritus para mantener a su cuerpo humano que de hecho tienen la obligación de defenderlo, por eso es que al morir hay energías encargadas de estudiar múltiples circunstancias para así poder decidir el futuro de ese espíritu.

Para ello se le da lectura a la minicomputadora a Univerzo que se encuentra insertada en el cerebro humano.

Debo hacer otra aclaración muy importante que, al llegar a desempeñar mi comisión al Planeta Tierra, me encontré que el dinero y la maldad han llegado a influenciar hasta las Energías Positivas del Planeta Tierra que habían dejado de hacer esa minuciosa investigación espiritual —por ser más cómodo holgazanear que trabajar—. Al estar informadas de esto, las Energías Supremas se les convirtiera en ceniza espacial, sustituyéndolas por nuevas energías en su lugar —que de no cumplir, les sucederá lo mismo como lo merecido las otras—.

El cerebro humano es lo más perfecto de la creación Univerzo y si se le dota al ser humano es para que sea una pieza perfecta del Univerzo.

Desgraciadamente, el humano transfiere esa capacidad en maldad, sabiendo que lo que está haciendo, no le agradaría que le hagan. ¿Por qué él sí los hace?

La obligación de los estudiantes de ciencia es guiar con humanidad y humildad a los que no tuvieron la oportunidad de prepararse. Los que se dicen "científicos" que aprovechan de su situación, que no se olviden quien y quienes les permite alimentarse. Ya que la única vida que existe son los alimentos. Los humanos saben y comprenden perfectamente qué es el bien y qué es el mal. Pero resulta que una vez preparadas con estudio, las personas se creen los dueños del mundo y se apoderan de todo lo que tienen a su alcance, incluyendo vidas humanas haciendo esclavos a los hombres y comercializándolos, como si fueran bestias. En el transcurso de cientos de años se inventaron religiones, dioses imaginarios, para autorizar los abusos. Estos individuos fueron organizándose mejor con los gobiernos y éstos poco a poco lograron asumir la responsabilidad de guiar a los pueblos junto con los religiosos para aprovecharse de los pobres.

Estas ideas fueron creadas por gente que se empezó a preparar con malas intenciones, aunque también entre éstas han habido personas muy bien intencionadas, que han luchado por el bienestar de la humanidad a pesar de que siempre los han opacado o asesinado. Con la ayuda de *la peste* estas personas ya no van a ser minoría.

La avaricia, la maldad y la mentira lograron dominar también las Energías Positivas a cargo en miles de años del Planeta Tierra y de la segunda creación de humanos, informando con falsedad las Energías Supremas y haciendo pelear a los humanos, además agarrando bando.

Con lo que se volvió a descuidar la segunda creación de humanos sobre el Planeta Tierra, provocando con ello la creación de energías negativas, que desgraciadamente están dentro del humano.

Aunque parezca irrazonable, las Energías Supremas no se daban cuenta que ya otra vez había prosperado la carrera armamentista sobre el Planeta Tierra, porque no se les había informado correctamente con la verdad por las Energías Positivas de la Tierra, siempre se les había informado que todo estaba dentro de la normalidad, a pesar de que esta información la recibieron a través de Energías Mensajeras mandadas del propio planeta de las Energías Supremas.

Por eso es que había esa confianza, de que se informaba con la verdad.

Estas Energías Mensajeras no cumplieron con su misión. Su obligación es revisar todo el planeta para corroborar la información de las Energías Positivas.

Las dos veces que ha habido creación humana sobre el planeta, las Energías Positivas han fallado. Las Energías Positivas que custodiaron la primera creación de humanos estuvieron bien sobre 100 millones de años. Ascendieron seres humanos que de muertos se les dio el grado de Energías Positivas, para que puedan vigilar el comportamiento de los humanos. Se les dio la autorización para que puedan dialogar con las Energías Mensajeras y llevarlas por todo el planeta. Las Energías Mensajeras, quienes llevan la información a las Energías Supremas, tampoco cumplieron con su obligación de control.

A pesar de haberse elegido a espíritus que cuando tuvieron cuerpo humano fueron líderes que sufrieron bastante y que manejaron multitudes de gente —se pensó que aprovecharían esos conocimientos y ese poder otorgado para mantener el orden en el Planeta Tierra— dejaron prosperar la maldad, engendrando energías negativas.

En vez de cumplir con lo encomendado, tomaron bandos protegiendo a unos humanos para que éstos destruyeran a otros para quedarse con sus territorios. Estas Energías Positivas se convirtieron en energías negativas autorizando y propiciando actos sanguinarios. Para ellas las guerras eran un festín para divertirse.

Se aclara que al igual que las anteriores a estas energías ya se les quemó por órdenes de las Energías Supremas —no con leña verde sino con la propia atmósfera del planeta—. Como las energías negativas persisten impregnado entre los humanos, es indispensable *la peste seleccionadora* tanto para la humanidad que para las nuevas Energías Positivas que tomarán su lugar. De esa forma se verán las energías negativas, obligadas a salir del planeta para que la atmósfera las queme.

Siendo la única forma de resolver los problemas sobre el Planeta Tierra purificando lo más que sea posible a la humanidad, para con ello poder purificar al Planeta Tierra, que ya está en muy malas condiciones. La deterioración del Planeta Tierra en superficie, como las fallas, se debe a las detonaciones de la guerra pasada que extinguió a la primera creación de humanos y también a bombas y detonaciones actuales, que de no vigilarlas volarían en mil pedazos el Planeta. Una de las fallas más conocidas es la falla de San Andrés.

La razón de estas medidas es que el Planeta Tierra no debe morir por la terquedad y ineptitud que tienen los humanos de seguir construyendo día a día más armamento más potente y detonante.

Voy a hacer una aclaración sobre lo que es la Ley Univerzo:

— cuando un Planeta es destruido por causa de sus habitantes, en primer lugar causa un verdadero caos de viabilidad para los demás Planetas;

— en segundo término, la esencia de que están hechos los espíritus se pierde para siempre, hayan tenido la culpa quienes la hayan tenido;

— cuando un Planeta muere por vejez, se le da el permiso a la esencia espíritu para viajar a otro Planeta que esté condicionado para la vida humana, tenga o no humanos, según la orden de la transposición dada por las Energías Supremas.

Esto lo digo para que los humanos se den cuenta de que están atentando contra su madre, que es la Tierra quien les da de comer y les cobija.

Al leer esto, algunas personas se preguntarán ¿cómo es que las Energías Supremas se dan cuenta cuando un Planeta va a morirse por vejez? Esta información se consolida con lo que registran las "computadoras" y los informes del comportamiento del humano por las Energías Positivas. Si a un presidente de la república no se le informa de lo que sucede en los estados, él no puede darse cuenta. Por eso que se confían en las Energías Positivas para vigilar cada planeta. Las Energías que comandan en Univerzo Creador se dedican a vigilar y cuidar de los Planetas con o sin vida humana.

Este control se hace a través de un sistema computarizado, muy superior al que el hombre de ciencia del Planeta Tierra conoce y al que jamás la humanidad de ningún planeta tendrá acceso a conocer y aprender. Lo más importante en verdad en el Univerzo, ni siquiera son los Planetas sino la circulación de éstos, porque al menor error causaría un tremendo caos, tomando en cuenta que son billones de billones de Planetas a los que hay que estar controlando en su eterno viaje, que es como se alimentan para estar integrándose como globos con vida.

Eso es lo que esas gigantescas y potentísimas computadoras vigilan y verifican incluyendo:

— el estado del globo, para cuándo marca decadencia,

— ver si es por vejez o por algún otro motivo.

Toda la demás responsabilidad es de las Energías encargadas de cada globo, tenga el uso que tenga, de acuerdo a las necesidades Univerzo, porque todos los planetas tienen una misión que cumplir. Por lo tanto ya están preparados para ello al nacer.

Así que a través de esas gigantescas computadoras se vigila que no les haga falta los elementos indispensables, para que sigan viviendo con vigor, porque los que son exclusivos para humanos son los que más desgaste tienen. Estos planetas que mantienen humanidad a veces hacen que vengan los problemas prematuros para el planeta por usar irracionalmente los recursos como es el caso del Planeta Tierra, que de no enmendarse a tiempo morirá prematuramente. Pero eso no sucederá.

El Planeta Tierra es un pulmón de la galaxia a la que pertenece. Razón por la cual su sistema automatizado de autodefensa se está inclinando para provocar sequía y mandar enormes olas marítimas para su defensa. En el último de los casos puede hacer estallar cientos de volcanes en donde esté el foco de infección o empezando a ocasionar más sequía donde el hombre día a día está agrandando los desiertos que antes fueron selvas. La tecnología del hombre actual no ha sido capaz de recuperar las selvas por desviar la tecnología en producir armas con el inminente riesgo de destruir al Planeta Tierra.

Voy a aclarar lo que el hombre desconoce. Él cree que el Planeta Tierra cuenta con mucha agua, porque a simple vista es más el agua que la superficie firme de la tierra. Pero como desconoce el funcionamiento entre planetas, la esencia que debe proporcionar en mayor parte el Planeta Tierra a los demás se genera a través de la vegetación de lo verde, que significa vida.

Pero como ya no cuenta con la suficiente vegetación, ya no puede proporcionar el volumen de esencia, volumen que los demás le regresan en esencia de agua dulce. Y que por esa razón se está escaseando este vital líquido sobre el Planeta Tierra.

La base de la vida es el agua, hasta las piedras la necesitan para existir. Lo único que se necesita para que haya lluvia abundante, es reforestar las montañas. Solo con el dinero que gastan en la fabricación de armamento, los gobiernos pueden reconstruir su casa en común, el Planeta Tierra. La contaminación es resoluble de un 80 a un 90 %, y los gobernantes y los científicos saben cómo hacerlo. Pero los gobernantes prefieren, en su mayoría, embolsarse el dinero que descontaminar su casa en común y reforestarla. Han visto y están viendo lo que causa la sequía, ningún país está a salvo de que no llegue, pero prefieren utilizar el dinero y a los hombres preparados que se prestan para lo peor, la guerra.

Así que las Energías Supremas al enterarse que de nuevo había guerras sobre el Planeta Tierra reconocen su error de haberse confiado y no mandar a una Energía de alto grado a confirmar si la primera creación del Planeta Tierra se autodestruyó en un 100 % por falta de cumplimiento y de información de parte de las Energías Positivas del planeta en ese entonces.

Cierto, éstas nunca habían tenido cuerpo humano y que tal vez por esa razón no les importó que la raza humana se extinguiera. Aquí cabe hacer otra aclaración: el planeta cuenta con un sistema auto magnetizado a computarización, como un sistema de seguro de arma de fuego —si no se le quita, no puede detonar—. Hace millones de años, el planeta tenía el seguro puesto hasta que tuvo una guerra nuclear. De hecho, ya no lo tiene más puesto.

Para que el planeta no tenga que auto defenderse drásticamente, es la intervención de Energías Supremas y del Univerzo Creador, aunque con la inclinación del planeta ya empezó a defenderse. Es la razón por la que se le está dando al humano otra oportunidad de restaurar su casa, el Planeta Tierra. De responder, se le entregarán al humano las fórmulas para que por su propia mano haga que su planeta regrese a su órbita normal y para que acabe de comprender que sí está interviniendo universalmente el Creador.

Un planeta apto para la vida humana tarda en forjarse 600 millones de años como los mide el terrícola y 300 más para crear la piel o sea la corteza que es la que produce los alimentos. Claro, lo anotado es de acuerdo al volumen del Planeta Tierra.

Una vez que las Energías Supremas dan la orden para que haya vida humana, solo tarda tres años —como los mide el terrícola— para que el planeta que recibió la orden tenga la suficiente materia esencia, para que nazca la creación de humanos que poblará ese planeta.

Se hace esta explicación de cómo nacen las plantas y los humanos por primera vez para que el humano comprenda que son los planetas que son más importantes que cualquier creación de humanos y que las Energías Supremas le toleran muchas barbaries, pero en este caso no están dispuestas a tolerarle la destrucción del Planeta Tierra por la avaricia y lo estúpido de los gobernantes y de los científicos que se dicen hombres de ciencia.

Este mensaje es escrito por quien está recibiendo órdenes de escribir, como ya ha sucedido en otras ocasiones por el pasado con esta creación de humanos. Las advertencias se llamaron "profecías", con la diferencia que en las ocasiones pasadas habían sido por las Energías Positivas de la Tierra. Ellas no pasaron de ser simples advertencias para que los pueblos se enmendaran.

Resultaron castigos de millones de muertos, pero no hubo información sobre por qué razón. Se cree que las Energías Positivas de ese entonces lo hicieron como diversión debido a la forma en que desarrollaron los actos. A continuación se enumeran las cosas más sobresalientes como lo fue, Sodoma y Gomorra. En ese entonces las Energías Positivas del Planeta Tierra quemaron hasta hacer desaparecer los pueblos, con un rayo incandescente. Con eso, estas energías demostraron que usaron dicho rayo para divertirse, no para castigar. Quemaron la población íntegra, cuando no se debe castigar al humano en edad inocente, por no tener ninguna responsabilidad. Un niño de siete años para atrás, no puede causar ninguna maldad por la que pueda ser juzgado a muerte, como lo hicieron estas energías quemando a estos dos pueblos en su totalidad. Fue un asesinato masivo que además pasó a la historia, sin dar más detalles para cubrir sus fechorías. Algunas religiones todavía en la actualidad se lo atribuyen a su Dios, por considerar a esos pueblos sus enemigos, cuando debieran de avergonzarse de un Dios sanguinario por placer.

Hubo también hechos benéficos e importantes para la humanidad del Planeta Tierra, los viajes astrales. Se iluminó y preparó a varios dirigentes de los pueblos de los cuatro puntos cardinales, para que a través de sus espíritus pudieran reunirse y dialogar a nivel Planeta Tierra para seguir la construcción de las Pirámides que sirvieron para captar energía del espacio exterior, única fuente de sabiduría verdadera. Las cosas marcharon de maravilla unos cuantos años, los pueblos en paz comunicando y trabajando en lo que les faltaba de construcción a las Pirámides.

Las propias Energías Positivas del Planeta Tierra que los habían ayudado a hacer los viajes astrales empezaron a provocar guerras entre los humanos. Las Energías Positivas tuvieron envidia al saber y pensar que los humanos con el uso de esa energía cósmica iban a poder obligarlas a ponerse de acuerdo con ellos para tratar los problemas del Planeta Tierra —lo que además es su obligación, orden dada por las Energías Supremas en el Univerzo—. Para evitar que eso sucediera, estas Energías provocaron guerras, influenciando a los vencedores para que destruyeran las Pirámides. A pesar de eso con lo que sobra en pie, se obtiene la ciencia actual, pero solo de una manera desorganizada, carente de efectividad razonada. Por ejemplo, no sabe el hombre como lanzar cohetes fuera del planeta sin dañar la capa de ozono.

Para evitar desórdenes, las Energías Supremas optaron para que cuando las Energías Positivas de cualquier planeta del Univerzo no obedezcan las órdenes dadas por ellas, sean quemadas por la atmósfera de su propio planeta y así evitar los abusos de éstas.

Es lo que se va a hacer en este planeta después de que el libro salga al público.

La explicación del porqué fueron construidas las Pirámides es para que los humanos sepan cuál fue su finalidad, y por lo tanto puedan valorar su importancia, que encierran en sí mismas, y para toda la humanidad de haberse terminado de construir en su diseño y perfecto plano que ya estaba levantado y marcado lugar por lugar, donde éstas se construyeron.

A estas alturas el hombre actual ya estaría conectado a todos los planetas que tienen vida humana, porque a través de la energía captada por las Pirámides se tendría la capacidad de captar todas las frecuencias y de entender todos los idiomas que se hablan en los planetas con humanos, y que cuentan con el sistema de captación de energía del espacio exterior y que a través de este sistema tienen perfectamente localizados, a todos los planetas que tienen vida humana. Esta energía les permite a los humanos que la usan en su planeta un increíble conocimiento del cosmos, porque esta energía les ha permitido avances increíbles.

Para el humano del Planeta Tierra hubiera sido lo mismo: los humanos de los planetas donde fabrican naves interplanetarias están, claro, también en comunicación con las Energías Positivas de su planeta, los jefes de Estado siempre están buscando la manera de llegar a hacer acuerdos para vivir en paz, y que los conocimientos que se obtuvieran a través de las Pirámides fueran para todas las razas de humanos que habitaban sobre el planeta.

Se hace una aclaración: no todas las razas de humanos trabajaron en la construcción de las Pirámides, debido a que estaban menos desarrollados por el aislamiento, y los jefes de las tribus que estaban trabajando en las Pirámides les estaban pidiendo a las Energías Positivas que les ayudaran a organizarse para poder ayudar a sus hermanos que estaban en el aislamiento.

José Carmen, estás pensando que me repito, cierto, pero lo hago para que se le pegue al humano y empiece a hacer lo que se debe, y no lo que se quiere, que es lo que hacen los poderosos.

Como en los planetas en donde los humanos ya usan la energía del espacio exterior han podido construir un sistema muy potente de comunicaciones a través de la energía del espacio exterior, para comunicarse a otros planetas, que suman varios millones de kilómetros o billones, y que tienen vida humana.

No hay ni la menor duda que estos humanos mandan mensajes a la Tierra, pero los terrícolas no tienen capacidad de recibirlos, por falta de dispositivo para captar la energía del espacio exterior.

El hombre del Planeta Tierra por su ignorancia está violando los derechos atmosféricos con limite de uso. Salir sin permiso es violación cósmica, los derechos del planeta se limitan o delimitan hasta donde llega su fuerza de gravedad.

En cambio cuando se tiene en uso la energía del espacio exterior, ésta tiene la capacidad y la facultad para que viajen con ella a todo el Univerzo donde se está usando. Los humanos que la usan están facultados para construir instrumentos que fotografíen y miden a la vez las distancias y otros para recibir y mandar comunicaciones sin necesidad de salir del planeta.

Al usar esta energía tienen la facultad de pedir un permiso al cosmos para viajar donde ellos quieran, hombres o instrumentos. Esto lo pueden hacer todos los humanos de los planetas que tienen en uso energía del espacio exterior. La forma en que viajan los humanos es a la velocidad del pensamiento, transportados por el cosmos. Los viajantes no se dan cuenta del despegue, solo se dan cuenta cuando ya están dentro de la atmósfera del planeta que visitan. Tienen el poder que su nave sea visible o no.

En un mismo grupo de personas en función de su voluntad de ver ovnis, unas las ven y otras no. En ocasiones introducen a personas dentro de la nave en estado inconsciente para ser estudiados, pero solo a algunos que sí tienen un cerebro muy fuerte para resistir al impacto de ver posada una nave de éstas, y ver salir a sus tripulantes, quienes los han llegado a invitar a pasar a la nave, haciendo amistad debido a que estos viajeros traen consigo dentro de su nave computadoras que les permiten comunicarse en cualquier idioma, así que cuando estos tripulantes conversan con personas se entienden perfectamente.

La absorción que jala de regreso a los famosos ovnis a su planeta de origen también absorbe a los objetos que en ese momento se encontraban haciendo contacto con los ovnis, en el aire o en el agua, porque si es sobre tierra, no pasa de provocar un fuerte aire que en ocasiones ha llegado a tirar casas, postes, árboles, pero no se lleva nada ni a nadie.

Esto sucede muy raras veces por un mal cálculo de sus tripulantes, porque éstos deben de saber el vencimiento del plazo más o menos para su regreso. Cuando este plazo se les va a vencer, procuran estar en la atmósfera del planeta que visitan para no llevarse consigo barcos o aviones. Todas las entradas y salidas de ovnis de los planetas son al mar.

Siempre y cuando sean planetas aptos para vida humana, tengan o no humanos en el momento de visitarlos, los planetas que no son aptos para la vida humana no cuentan con mares. Los planetas tienen un hoyo negro de entrada y salida al cosmos, a todo el Univerzo.

Las naves espaciales bautizadas "ovnis" por el hombre de la Tierra están programadas por computadoras automáticas antes de salir de su planeta de origen. Al vencerse el plazo que debe estar fuera del planeta, las naves se regresan de inmediato. De lo contrario, las naves se quedarían a la deriva en el espacio por haber leyes estrictas en el cosmos.

Por estas razones, los tripulantes de estas naves muy rara vez posan sobre el agua en algún objeto que esté en el mar o en el aire.

Pero como desgraciadamente el hombre del Planeta Tierra no tiene esos conocimientos, lo único que sabe es que se han llegado a desaparecer barcos y aviones en el conocido "Triángulo de las Bermudas", esto lo digo como Energía Comisionada.

Para que el hombre lo sepa, cuando las naves de otros planetas llegan, no es peligroso —el peligro es cuando éstas regresan— ya que en ocasiones se llega a juntar de quinientas o más naves sobre el Planeta Tierra. Al vencerse el permiso de regreso el mismo día, cuando la puerta se abre y jala a las naves, puede también jalar barcos grandes y pesados por absorción. Estos barcos jamás se encontrarían, ni se sabría nada de ellos porque viajarían a otro planeta con vida humana. Cuando barcos llegan intactos en los otros planetas, en ocasiones los siguen usando, pero en su mayoría los ponen en museos. Muy pocos tripulantes logran sobrevivir a la impresión recibida.

A pesar de desconocer todo lo indicado previamente, el hombre con esta información debe:

PRIMERO.— Deshacerse del armamento peligroso para él y para el Planeta Tierra.

SEGUNDO.— Restaurar y conservar lo más que se pueda las Pirámides que aún se encuentran sobre la Tierra. Algunas descansan bajo el mar y algunas han sido destruidas por el hombre en su totalidad por no saber su utilidad.

TERCERO.— Debe de ponerse a luchar por tener la captación de energía del espacio exterior, o sea del cosmos, para algún día llegar a tener la sabiduría de los humanos que viven en otros planetas. El uso de la energía a espació exterior es sin límites. Entre los usos importantes están saber con precisión donde está la puerta de entrada y salida del planeta para demarcar sus límites, instalar marcados para la protección de las embarcaciones, regular las entradas a la zona de entrada y salida de naves interplanetarias.

Con la destrucción de templos y Pirámides, por ignorancia y maldad de los invasores, se perdió el contacto con el cosmos para la captación de la energía espíritu para los humanos que es la sabiduría máxima que las Energías Supremas le han permitido al humano en el Univerzo.

A pesar de la destrucción de las Pirámides, éstas siguen captando energía, aunque muy débilmente, con lo cual se ha logrado el avance que se tiene en este planeta.

El permiso de construir Pirámides terminó porque ya pasó su tiempo otorgado, y en la actualidad, por no haber el permiso, no hay ciencia que pueda colocarlas con la orientación perfecta, que es la que hacen que trabajen, debido a que no existe persona en el mundo que tenga la habilidad de penetrar en tal comprensión, y con ello desarrollar los aparatos o instrumentos necesarios para eso, ya que los hombres de ciencia por avaros y ventajosos han desviado sus conocimientos hacia la maldad. Todo eso los ha retirado de la verdadera ciencia, que en este caso serían los indicados para el estudio de las Pirámides, pero sus conocimientos no los han sabido aprovechar por creerse superhombres.

Razón por la que ya perdieron el derecho, a que se les ayude con conocimientos básicos de lo que es la verdadera ciencia.

No por esto va a quedar oculta, porque sería el retroceso de la humanidad y la destrucción del Planeta Tierra.

Cuando el humano abusa, y que se llega al 70 % de la desertificación, se pierde el poder de recuperar la vegetación, e irremediablemente se convierten en zonas desérticas en un 100 %, es cuando empieza su desintegración hasta morir.

Esto sucede cuando a los planetas ya les quedan miles de años para morir por vejez, pero cuando son jóvenes —como el Planeta Tierra— la sequía les sirve para quitarse los bichos que se los están comiendo. Al Planeta Tierra le quedan muchos millones de años de vida útil. Es solo que la humanidad no ha sabido cuidar la vegetación, pero como ya se dijo, no va a morir el Planeta Tierra por ser un pulmón de la galaxia.

Hay gobiernos que cuidan la vegetación de su país, pero que se dedican a destrozar la de otros, convirtiéndolos en desiertos, según ellos para perjudicar a los demás. Lo cierto es que al llegar lo desértico al 70 %, no importa en qué punto o puntos nos encontremos en el Planeta Tierra, el problema es más serio de lo que el hombre puede imaginar. Al paso que va de no reforestar, llegaría rápidamente al 70 %.

La creación humana del Planeta Tierra está a tiempo de salvarse. Esto se lograría induciendo *lluvia por inercia* y sembrando y plantando millones de árboles en todos los países del mundo, para así lograr el equilibrio ecológico mínimo del planeta y que su funcionamiento entre a la normalidad que debe de tener.

Esto se hará para salvar a los humanos y ya que éstos son responsables de mayor a menor del descontrol del planeta, pero a fin de cuentas todos son responsables, los gobiernos por dar permisos a los grupos fuertes, talando en combinación los grandes aserraderos, una gran mayoría destroza con el hacha y machete para cocinar sus alimentos, pero ni el uno ni el otro planta árboles.

Los países que lo hacen son muy pocos cuando los verdaderos responsables son los gobiernos de todos los países del planeta porque si no tienen la voluntad o la capacidad de servir de líderes, deberían dejar el lugar para quien tenga la capacidad y la voluntad, pero como esto no lo hacen ni va a suceder nunca, la solución es *la peste*. Si en lo sucesivo no llegaran a enmendarse, quienes lleguen a oficiar, tendrá que seguir habiendo *peste* muy selectiva.

La primera raza humana sobre el Planeta Tierra se extinguió por una estúpida guerra nuclear como la que hoy se está gestando por la segunda creación de humanos en el Planeta Tierra. Esto se puede demonstrar localizando en el desierto del Sahara, una base nuclear. Está dado el permiso para que el Sr. José Carmen García Martínez señale el lugar. El descubrir esta base, no justifica *la peste* de la que hemos venido hablando, solo es para hacerle saber al hombre lo que va a pasar si éste desata la guerra nuclear que está preparando.

¿Cuáles son las consecuencias? De sobra lo sabe así como todos los demás males que está causando, por no querer dominar su avaricia.

Cabe mencionar que las Energías Positivas del Planeta Tierra en ese período ya fueron quemadas por la atmósfera, orden dada por las Energías Supremas que a su vez, la sustituyeron con nuevas Energías Positivas para el Planeta Tierra, que de no cumplir les sucederá lo mismo.

Instrucciones han sido dadas para establecer las condiciones para la captación de energía del espacio exterior. El nuevo sistema ya está usando la energía del espacio exterior. Es un sistema sencillo que no tiene punto de comparación con las Pirámides, solo que de momento es muy reducido. Este nuevo sistema se va a emplear si los humanos desean seguir viviendo sobre este planeta y tener nuevos avances tecnológicos para todo el Planeta Tierra. Por el momento, a pesar de la poca energía que se puede captar con éste, se está permitiendo escribir este libro, porque Yo, la Energía que está dictando esto, no lo podría hacer si la persona que recibe el mensaje no estuviera protegida por la energía del espacio exterior. Sólo una energía potente se le puede acercar a otra energía. Si se le acerca a un humano sin protección, lo fundiría una energía como la mía que es comisionada por las Energías Supremas.

Debo aclarar que en esta misión que debo cumplir, no puedo presentarme como humano por no tener el permiso de transformación.

Alguna persona tenía que recibir el mensaje y escribirlo, y como el que escribe tiene una misión que cumplir, Yo, Energía Luz Terciaria, lo elegí para dar a conocer este mensaje, sin que por ello sufra alguna alteración en su cuerpo humano, de lo contrario su cerebro se fortalece para seguir siendo útil para esta clase de mensajes cuando sea necesario.

Cuando esto salga al público, será porque enseguida va a empezar *la peste* y desarrollarse. Una vez desatada esta *peste seleccionadora*, el mensaje sí va a ser valioso para quien quiera enmendarse en el futuro y si no lo hiciera, ya sabe cuál es su destino.

Cabe aclarar que quienes mueran por *la peste*, a su esencia espíritu la atmósfera la va a convertir en cenizas, por ser una esencia indeseable por nociva a la humanidad. Esto es una advertencia que se va a cumplir, quien no obedezca ya sabe a qué atenerse.

Porque esta *peste seleccionadora* se va a establecer de por vida en el Planeta Tierra para prever el futuro de la humanidad y del propio Planeta Tierra, así como de la humanidad que desee vivir dentro de leyes justas, porque los abusadores ya van a saber las consecuencias si no respetan los derechos de los demás.

El humano debe tomar muy en cuenta que las Energías Supremas se están molestando en mandar un mensaje de esta naturaleza.

Dotado de un súper cerebro, a través de él de sobra sabe qué es "bueno" y qué es "malo". Ya sabe lo qué debe hacer para que la ecología vuelva a la normalidad, pero sigue haciendo todo lo contrario. Lo que hace bueno lo hace de palabrería, o sea que es un demagogo corrompido, el que se engaña a sí mismo. Así nunca va a avanzar hacia el mejoramiento, pero sí en el mal, como lo están haciendo todos los gobernantes.

Hay grupos de personas que se han organizado para la protección de los derechos humanos, para la protección de la ecología, para la protección del medio ambiente, pero ninguno de estos grupos ha hecho una obra de la que se pueda enorgullecer, por falta de decisión, y otros por ser ilusiones, como la Organización de las Naciones Unidas.

El síndrome conocido como Sida fue inventado por los hombres maldadosos de quien hemos venido hablando. Este virus ha matado a cientos de miles de personas. Ya hay el permiso para curar el síndrome que nació por las drogas. *La peste seleccionadora* es para mostrar al hombre que se cree de ciencia su incapacidad frente al Univerzo.

Por otro lado hay quienes organizan grupos dentro de los países ricos con carácter humanitario, recolectando por ejemplo ropa usada y alimentos para los pueblos. Al mismo tiempo los gobiernos de los donantes, países ricos, están matando de hambre estos mismos pueblos, saqueando los recursos no renovables en combinación con sus gobiernos vende patria, para pagarse los intereses de los dineros prestados a quienes están en el poder y a sus antes gobernantes. Ambos se quedaron con los dineros prestados, pero la deuda se la dejaron al pueblo.

En cuanto a los grupos ecologistas, lo único que hacen es ir a tirar basura y a trillar el campo, porque a todo el mundo le ha faltado valor para hacer lo que se debe.

Volvimos a caer en lo mismo, los responsables directos son los gobiernos de mayor a menor grado aunque esto parece una insistencia necia.

Pero la verdad es que Yo, la Energía que dicta este documento, tengo las órdenes de dejar aclarado todo lo más que pueda en un lenguaje sencillo, aún cuando puedo hacerlo a un grado muy superior en el que pocos entenderían, pero se trata de que todo el mundo lo entienda al leerlo, sin importar su preparación actual.

Las Energías Supremas no tienen por qué dar estas explicaciones, porque esto demuestra contemplaciones hacia los humanos cuando no se lo merecen. Su Planeta es un gran globo en el espacio que con la menor pinchadura desaparecería. Las armas detonantes que desarrollan equivalen a una aguja grande y puntuda capaz de pinchar el globo. Y como ya se dijo, el globo terráqueo es más importante que la raza humana que lo está destruyendo de uno u otro modo.

Los muy pobres queman para sembrar, tirando árboles para cocinar sus alimentos, pero ninguno planta un solo árbol.

Por otro lado hay quienes, pobres o ricos, gente de campo, queman los residuos de las cosechas para volver a sembrar. La hojarasca y los residuos de cosechas constituyen la materia orgánica del suelo para convertirse en tierra, que ésta es la piel del planeta.

Nadie de los encargados del campo hace nada para evitar este desastre. Para quien queme sin razón o permiso, ya deberían existir leyes muy severas para castigarlo. Cuando se encienda un bosque por la mano del hombre, obligar a toda la comunidad a participar al control del incendio, así como a entregar al culpable para castigarlo.

Por ley obligatoria, toda la comunidad debe ponerse a plantar árboles en lo que ha sido quemado por el fuego. Exigiendo a los que tienen entre trece y sesenta y cinco años, que planten determinada cantidad de árboles o participen acarreando agua para regarlos hasta que logren prosperar.

Así como también multar a todos aquellos que queman los residuos de las cosechas, para que dejen de empobrecer la tierra. Las autoridades tendrían que participar muy activamente, vigilando y proporcionando maquinaria para incorporar la materia orgánica al suelo, tomando en cuenta que la tierra es para que se produzcan los alimentos para todos los humanos o animales.

Por lo tanto, la tierra siempre debe de estar en producción. Quien la tenga en usufructo, por ley, tiene la obligación de protegerla.

Los gobiernos deben de tomar en cuenta las mejores opiniones de sus pueblos por la vía legal. Todos los ciudadanos tienen la capacidad de pensar y hacer obligatorio lo acordado por la mayoría por el beneficio de los pueblos que cubren el Planeta Tierra.

Otra de las cosas que deben de hacer los gobiernos es resolver el problema de los campesinos, que siembran terrenos en malas condiciones físicas, acondicionando esas zonas con riego por goteo y cubriéndolas con árboles frutales.

Los humanos deben de tomar consciencia que para las Energías Supremas sería más práctico terminar con esta creación de humanos, y así de una vez salvar al Planeta Tierra de la destrucción.

Cabe aclarar que no se vaya a confundir con *la peste seleccionadora* las otras pestes por infecciones o por hambre provocadas por el hombre, que ya han causado millones de muertes.

Las fuentes de infecciones diarreicas es por la malnutrición de los humanos y por la pobreza. Además algunos humanos sobre todo el Planeta Tierra carecen de la más elemental higiene, por lo que provoca múltiples infecciones, sobre todo estomacales, que se convertirán en epidemia o peste, que posiblemente le den el nombre de cólera. El problema es más por hambre que por la infección.

Yo, como Energía Comisionada, veo más viable que las Energías Supremas den la orden de liberar al Planeta Tierra de la plaga humana, si al darse cuenta del mensaje, los humanos no se enmiendan. Una vez liberada, de inmediato el Planeta se empezaría a recuperar, porque se ordenaría una lluvia muy fina posiblemente con una duración de 8 000 a 10 000 años. El Planeta Tierra estaría totalmente recuperado y listo para recibir la orden de volver a crear humanos.

Cabe hacer una aclaración que un planeta con condiciones para vida humana, desde que nace, se le proporciona minerales que va a poder transformar en materia prima con múltiples usos, de acuerdo con las órdenes que va recibiendo. Por ejemplo, la creación pasada y extinguida del Planeta Tierra no conoció el petróleo, aunque ya existía pero no había el permiso de usarlo. Por lo tanto era sólido, todavía no se le daba la transformación a lo que es hoy.

La creación ya extinguida usaba otros elementos como base de su energía, que fue con lo que construyó las bombas que la extinguieron. Esto se va a demostrar cuando se desentierren los restos de un avión que aún existe en el desierto del Sahara, sepultado bajo la arena, así como una base nuclear que fue construida por la civilización ya extinguida.

Una vez desenterradas estas pruebas, los científicos de la actualidad se van a sorprender al darse cuenta de los materiales usados para la construcción de aviones, así como de la base y demás maquinaria y del combustible usado y de lo que usaron para lanzar los proyectiles y hacer detonar las bombas materiales que se les proporcionaron para el avance científico para el bienestar de la humanidad de ese entonces.

Como ahora en la actualidad, los elementos que se le han proporcionado al hombre son para el bienestar de la humanidad, pero este vuelve a hacer lo mismo que el ya extinguido, y está corriendo el mismo riesgo de autodestruirse en un cien por ciento.

Para el humano de hoy, su destino depende de que llegue primero *la peste seleccionadora* o "la tercer guerra mundial", que los científicos y los poderosos están organizando, aceleradamente. Lo importante no es tener tesoros, que de nada sirven. Lo importante es tener alimentos que son los verdaderos tesoros, así como la tranquilidad terrenal y espiritual, porque eso de estar almacenando curiosidades, no es más que un hábito mal fundado.

Me veo en la necesidad de anotar que he observado a una gran mayoría que vive sin producir nada, pero sí consumen a diario. Observo también que quieren ganar mucho dinero pero trabajar poco, mientras otros trabajan a reventar y no se les paga ni para comer. Esto se debe al abuso y lo corrompido que está la humanidad del Planeta Tierra, por lo que urge organizar el Planeta Tierra.

Estas explicaciones posiblemente salgan sobrando, pero Yo, la Energía Comisionada, trato de dejar más claro el mensaje como sea posible por ser mis instrucciones y mi orden recibida.

Además lo debo hacer en un lenguaje corriente para que todo el mundo lo entienda. ¿Cómo lo va a tomar el humano? Pues eso es su problema.

Una cosa segura es que si las Energías Supremas se enojan porque los humanos hacen caso omiso del mensaje y de *la peste*, ellas ordenarán limpiar el Planeta de humanos.

Yo, como Energía Mensajera, para anotar este mensaje en los pocos días que tengo sobre el Planeta Tierra, me he dado cuenta de lo malvado y mal intencionado de la humanidad, como destrozan a diestra y siniestra. Por ejemplo, matando para divertirse animales silvestres, sin tomar en cuenta el período de vida.

Los guardabosques, los encargados de custodiar la fauna silvestre, traen consigo armas de alto poder para cazar por dinero o dejan cazar sin reglamento.

¡Es un planeta de locos!

Son pocos los países que hacen lo que deben.

Al observar a los encargados de la pesca, representando a los gobiernos, éstos a su vez parecen estar custodiando los intereses del pueblo, pero estos pescadores y encargados están acabando con la fauna marina, así como de lagos y ríos, pescando animales, que ni siquiera están en edad de reproducirse. Por ejemplo, al pescar camarones matan a millares de otras especies que arrojan al mar.

Pero ¿cómo es posible que una nave vaya a la Luna y no sean capaces de perfeccionar las redes de captura? En este planeta, todo el mundo trata de explotar todo lo que puede.

No cuida a la Madre Naturaleza ni los recursos que ésta les proporciona. En fin no cuida nada, todo lo destruye. El Planeta Tierra los ha soportado y eso teniendo la capacidad de sacudírselos como pulgas, en realidad esto es indignante.

¿Cómo es posible, si el humano tiene un cerebro tan eficiente y brillante, que cometa tantos errores y sea tan estúpido?

¿Cómo es posible que los gobernantes responsables directos, observando minuto a minuto crecer los desiertos, no se organizen para el control biológico del planeta? Los recursos económicos los hay, así como humanos los hay.

Desgraciadamente, los países usureros han absorbido casi toda la economía del mundo. Los gobiernos sin coraje y vende patria están matando a los pueblos de hambre, ayudados por el enorme descontrol biológico del planeta.

El hambre solo mata a los pobres y la contaminación también es a éstos a quienes más afecta el descontrol biológico del planeta. La falta de árboles está causando enormes sequías, torrenciales aguaceros, que tan malo es lo uno como lo otro.

Pero si el hombre se decide a luchar en forma organizada para sobrevivir, esto tiene solución. Si los gobernantes dejan de robar y todos se ponen a trabajar, de lo contrario *la peste* tendrá que seguir purificando, porque las Energías Supremas ordenan una sola vez.

Es raro que las Energías Supremas estén dando explicaciones a los humanos, que ni siquiera se lo merecen por habérseles dotado de un súper cerebro. Tal vez lo hayan hecho por no haber recibido información correcta a tiempo, y por no haber mandado a hacer una revisión a tiempo como se está haciendo ahora, y todo por confiar en las Energías Positivas del Planeta Tierra.

Los humanos deben de tomar en cuenta lo que están haciendo las Energías Supremas, tomando su parte de responsabilidad por lo ya anotado.

Es necesario que el humano recapacite, tomando consciencia que se le ha dado una "esencia" energía llamada "espíritu" y un cuerpo humano con el que hace y deshace. Debe corregirse en el futuro, haciendo las cosas con reglamento "espiritual", que eso no es religión. Ningún humano es superior en esencia energía a otra —todos son iguales—. Hay diferencia en preparación, la preparación es la que hace la evolución, pero el humano ha usado mal su esencia.

También se debe de tomar en cuenta que todos los animales tienen el mismo derecho a vivir que los humanos, cierto que debe haber un control de población animal, como lo hay en el humano, por reglas naturales.

Lo mismo debería hacerse con la vegetación, para siempre tener en abundancia de todo. El hombre cierto tiene reglamentos pero no los respeta, porque todo lo ve con signos de dinero.

De no enmendarse, está predestinado a que desaparezca su esencia por indeseable por hacer lo que no debe.

Esto no significa que no pueda hacer negocios, sí los puede hacer y sí puede ser rico, pero no con negocios turbios. Los negocios deben ser claros y transparentes porque todo el mundo tiene derecho a obtener ganancias, pero dentro de lo razonable.

Esto debe ser en lo individual y entre países, que sí pueden ser ricos, tienen el derecho de serlo. Siempre respetando el derecho de los demás, ganando lo justo en los comercios —que no se abuse al comprar, ni al vender—, formando leyes que regularicen hasta los contratiempos, para que nadie salga perjudicado directamente.

Es decir, todo se puede hacer respetando los derechos de los demás, dentro de la ley espiritual, no haciendo lo que a él no le gustaría que le hicieran.

El humano debe de razonar tomando en cuenta que lo que produce el Planeta Tierra es para todos, de acuerdo al trabajo desarrollado por cada persona. Los gobiernos existen para regularizar y evitar los abusos, que unos tengan más que otros, a través de robos.

Todos los gobiernos de los países del Planeta Tierra están provocando el caos, de una u otra manera para todo el Planeta sin escapatoria para pobre o rico, porque no hay un verdadero avance hacia una estabilidad económica para los pueblos.

Porque de uno u otro modo las familias de los gobernantes son las que están absorbiendo todo lo que pueden con avidez, porque tal parece que los gobernantes se creen dueños de todo y así lo hacen robando y acaparando todo lo que pueden. Todas las mafias son exfuncionarios o grupos económicamente muy fuertes o familiares, que cubren sus maldades los unos a los otros, usando una y mil mañas para robar a los pueblos. Esto ocasiona malestar al grado y obliga a los pueblos a revelarse contra sus opresores, ocasionando más miseria para los pueblos y pérdida de vidas humanas.

Ese acaparamiento desmedido le quita oportunidad a otras personas y a las nuevas generaciones.

Para reparar los daños causados por los humanos actuales y los de la creación pasada, no hay gente suficiente para terminar su reparación en mil años. Lo bueno es que hay tecnología para eso que es indispensable hacerlo, a menos que el humano no quiera conservar su esencia. Si el Planeta muere por culpa de los humanos, a éstos la atmósfera los convierte en ceniza espacial, y podría mandarlos a otro planeta que tenga condiciones para la vida humana tal vez que no esté habitado o tenga pocos humanos.

Por ejemplo, por orden de los Dioses, vino al Planeta Tierra la raza que se conoce como "maya", a nacer en diferentes familias entre los pueblos que en ese tiempo vivían en el hoy Perú. Solo fue mandada una parte de ellos al Planeta Tierra —por ser ya muy numerosa—. La mayoría de la raza maya se le mandó a diferentes planetas porque su planeta de origen murió por vejez.

Cabe mencionar que tuvo una de las civilizaciones más avanzadas del Univerzo, que jamás provocó guerras en su planeta de origen. Su civilización la usaron siempre para el progreso de sus pueblos. Es la razón por la cual al morir su planeta de origen, se les mandó a diferentes planetas con vida humana y establecida, para que esta raza maya transmitiera sus conocimientos y tecnología que era muy avanzada.

Los mayas tuvieron un avance tecnológico que de inmediato pudieron transmitir llegando al Planeta Tierra, como el poder de computarizar mentalmente. Las razas que nacen por primera vez tardan millones de años en desarrollarse tecnológicamente. Estos millones se cuentan por lunas, lo que equivalen a veintisiete días con seis horas en este planeta.

Hago una aclaración: ¿Porqué a esta segunda creación de humanos sobre el Planeta Tierra le dieron una civilización tan rápida? Lo ignoro, aunque aún no llega a 50 mil años.

Aquí vamos a hacer otra aclaración: ninguna raza sobre el Planeta Tierra tenía la capacidad de la raza maya. Ya traía consigo una tecnología de lo más avanzada en el Univerzo. Pero ¿qué sucede? Al empezar a reproducirse, las Energías Positivas tienen el cargo de guiar a todas las razas por igual por el buen camino para que no hubiera discordias entre las razas y fronteras para evitar guerras territoriales. Los predestinados para enseñarles tecnología eran los mayas, debido a que la esencia de éstos ya traía consigo los conocimientos, además la autorización para desarrollar una súper tecnología sobre el Planeta Tierra, como *inducir lluvia*, para que la aprendieran todas las razas que iban a poblar el Planeta Tierra.

Decimos esto porque desgraciadamente, quince de estas razas a muy temprana edad de su nacimiento fueron extinguidas por las demás razas. Las Energías Positivas del Planeta Tierra eligieron como preferidas algunas de ellas, haciendo caso omiso de las órdenes dadas por las Energías Supremas. Las órdenes consistían como ya lo dijimos en proteger a todas las razas por igual, evitar la discordia entre ellas, así como evitar que hubiera fronteras. Pero ellas hicieron todo lo contrario, no solo frenaron a la raza maya para que llegara a ser el líder en la tecnología, si no también lucharon hasta donde fue posible por extinguirla, al igual que las otras quince que sí lograron extinguir.

Según estas Energías Positivas, ellas estaban seleccionando las razas por voluntad propia sin ningún permiso del Univerzo. Si no lograron extinguir a la raza maya y algunas otras más, fue porque de alguna manera se pudieron defender. La que más luchó para sobrevivir fue la maya, ayudada por los conocimientos que traía consigo.

Sin embargo, al llegar los invasores españoles, éstos si lograron matar a todos los dirigentes mayas, apoyados por los traidores de la patria maya y las Energías Positivas. No solo éstas frenaron a los mayas en su desarrollo tecnológico, sino también instruían a las razas que más hacían guerra.

Prueba de ello, es que todas las razas o pueblos que han avanzado, por lo que más se preocupan es por la construcción de armamento.

Cabe mencionar que las Energías Positivas del Planeta Tierra que permitieron que la primera raza de humanos se extinguiera por una guerra nuclear, eran Energías que nunca habían tenido cuerpo humano. Al llegar la segunda creación de humanos, las Energías Positivas que custodiaban el Planeta tampoco habían tenido cuerpo humano. Es por eso que las Energías Supremas ordenaron que cuando ya hubiera humanos que hubieran sido líderes, una vez ya de muertos, se les autorizara para ser Energías Positivas del Planeta Tierra elegidas por Energías Comisionadas, que les darían órdenes muy precisas.

Se creyó que iban a aprovechar bien sus experiencias de líderes cuando tuvieron cuerpo humano, pero al verse éstos con el poder de las Energías Positivas empezaron a proteger a sus razas a las cuales habían pertenecido, y a las que les caían bien, para que éstas dominaran sobre las demás.

Lograron extinguir a quince razas y diezmar a muchas más. En la actualidad algunas de ellas todavía viven en estado primitivo, sin que las razas ya civilizadas hagan algo para estas razas, pero en cambio sí hacen todo para quitarles su territorio. Se tiene que aclarar que el cerebro de estas razas primitivas no es inferior a el de las personas que dicen tener doctorados en ciencias. Lo que sucedió fue por la perversidad de las Energías Positivas, que bloqueaban estos humanos, manteniéndolos aislados. Por otro lado tenían que permanecer escondidos porque las demás razas protegidas, que se dicen ya civilizadas, mataban a las demás.

En lo espeso de las selvas, se dedicaban a cazarlos como si fueran animales dañinos a los que había que extinguir. Estas tribus siempre lograban huir. Fue tanta la maldad de estos civilizados que organizaban grupos de religiosos de una o de otra secta, para que penetrarán en lo espeso de las selvas y montañas con el pretexto de enseñarles la religión. Se mostraban muy humildes y bondadosos, para que las tribus se confiaran y así darse cuenta de cuantos miembros se componía la tribu, ver qué día o días se reunían sus habitantes y en qué lugar para incrementar un plano, para poderlos masacrar con el apoyo de los soldados que manejaba el rey o cacique del territorio, usando como escudo la religión.

Si a través de este mensaje y de los acontecimientos que van a suceder el hombre del Planeta Tierra se enmienda, va a poder hacer lo que hacen los demás planetas que usan la energía cósmica.

Para usar esta energía en el Planeta Tierra, las Energías Supremas ya autorizaron establecer otro sistema muy sencillo en lugar de las Pirámides. Esta tecnología ya los científicos la están usando y hay el permiso para ampliar su captación al máximo o sea para todo el Planeta Tierra.

De no tomar en cuenta el mensaje no les va a quedar otra alternativa a las Energías Supremas que seguir con *la peste seleccionadora*. La culpa sería de los humanos. Se les está orientando en cómo deben comportarse a través de este mensaje ordenado por las Energías Supremas. El mal que está causando el hombre al planeta y a sus congéneres de sobra lo sabe. Los grupos poderosos no respetan las leyes que rigen el Planeta. Así que este mensaje será publicado antes de *la peste*.

Si el hombre actuara dentro de ley y derechos, no hubiera sido necesaria la intervención del Univerzo Creador con *la peste seleccionadora* como castigo. Si digo "*seleccionadora*" es porque nada más va a desahijar:

— a todos los malos gobernantes o ex-gobernantes, así como a los grupos poderosos que tienen sus fuertes capitales invertidos en la construcción de armamentos, haciendo pelear a los pueblos para venderles armas a ambos bandos;

— así mismo a los grupos que acaparan el grano y que son quienes fijan los precios de éstos a su antojo, cuando se están muriendo pueblos enteros de hambre, el año que hay cosecha en abundancia y que éstos tienen llenos sus silos, lo sobrante lo arrojan al mar;

— la otra parte podrida de la humanidad lo son los drogados sin remedio, hombres y mujeres que ya no son capaces de dejar el vicio.

Así que para terminar con todo este contagio, está programada *la peste*, por eso se le denomina *peste seleccionadora*. A estas alturas, el humano del Planeta Tierra tiene preparación intelectual suficiente para no dejarse dominar por las energías negativas.

Repito lo que ya saben, las bombas que tienen hechas, al detonar esterilizan la tierra y envenenar el aire. Se les advierte que los que todavía estén luchando para fabricar más bombas mortíferas quemarían más la corteza terrestre y el envenenamiento del aire sería terrible, al grado que no sobraría ni un solo ser y vida sobre la superficie de la Tierra.

Pero si a través de este mensaje el hombre se enmienda, va a poder usar en los años venideros la energía del espacio exterior, es decir del cosmos como lo hacen los demás planetas, en donde las Energías Positivas sí cumplieron con lo que se les ordenó, creando civilización, evitando fronteras. Siendo una o varias razas en un planeta, todas viven bajo un solo régimen de gobierno elegido por los pueblos. Se gobierna con leyes dictadas y aprobadas por todos los pueblos En esos planetas no hay privilegiados, cierto, que hay unos más ricos que otros, debido al trabajo que desarrollan, pero existe un límite de obtención de bienes que todo el mundo respeta.

Ser dirigente es permitido si no se abusa. Lo malo es la avaricia desmedida. El hombre de sobra sabe cuáles son los límites, pero le ha faltado fuerza de voluntad para hacer lo que debe.

Cierto que para el hombre es indispensable tener ambición creativa, ya que de allí depende no tan solo el progreso personal, sino el de los pueblos. Desgraciadamente, el hombre ha convertido la ambición en avaricia.

La avaricia del humano empezó porque las Energías Positivas del Planeta Tierra lo permitieron. Sus privilegiados, como ya se dijo, empezaron a hacer nacer religiones, energías negativas. Empezaron a fundar religiones, que violaban mujeres, mataban familias enteras, pueblos enteros por puro gusto de sentirse poderosos y quedarse con sus tierras y todos sus bienes.

Las religiones actuales aparentan ser buenas, pero en el fondo siempre se están metiendo por debajo de aguas, lo más que pueden en todos los conflictos armados del mundo, colocándose siempre a favor del poderoso, sin tomar en cuenta el dolor humano que siempre es del débil y de los pueblos más pobres, que por su pobreza no se pueden defender del poderoso por dos razones.

La primera es que no tienen armas. La segunda es porque las religiones a través de sus redes siempre están vigilando lo que están haciendo, pensando o tramando los pueblos sometidos, por los países poderosos, en complicidad de los vende patria. Los malos gobernantes a quienes el pueblo odia, están al tanto de todos los movimientos del pueblo. Estas redes son unas de sus mayores fuentes de información, ya que para ellas la única cosa que tiene importancia es el botín.

Desde su origen estos grupos viven inventando a los pueblos dioses y santos imaginarios. Jamás un dios se ha encargado directamente de ningún planeta, ni lo hará jamás por no ser posible, a pesar de millones de dioses, con uno solo a la cabeza.

La misión de los dioses es vigilar la circulación, el nacimiento y el desarrollo de los planetas hasta llegar a su madurez en la que ya dejaron de crecer y quedaron perfectamente bien ubicados en su órbita, en la que morirán y vivirán hasta que el planeta muera por vejez.

Parte de su misión es evacuar a los planetas que ya van a morir por vejez y que se van desintegrando poco a poco. Al nacer un planeta, primero se forma un núcleo con lo que el humano bautizó "un cometa". Su verdadero nombre es "células". Para la formación de un nuevo planeta se necesitan billones de éstas, que a su vez se van formando de los planetas que se están desintegrando para desaparecer por vejez.

Esto se anota para que el humano se dé una idea del trabajo de los dioses, además, como ya se dijo, para la reproducción de humanos solo se necesitan tres años, mientras que para un planeta se lleva de 350 a 400 millones de años, por lo que la comparación demuestra que el valor de los humanos contra del planeta es nulo.

Sin embargo se les está tomando en cuenta al escribir este mensaje ordenado por las Energías Supremas. El hombre, por vanidoso, no se ha puesto a pensar que así como él toma muy en cuenta la vida de su especie, así mismo la toman las demás especies empezando desde los más grandes animales hasta los más mínimos insectos. Sin embargo, el hombre ve a los insectos y los nematodos como una plaga y se pasa la vida combatiéndolos a sus plantaciones.

En cuanto a los demás animales o especies grandes, los humanos los ven desde un punto de vista económico. El humano no combate los bichos que viven sobre los animales por no darle valor. De lo contrario están impidiendo que sus animales estén sanos y tranquilos.

¿Qué está sucediendo en la actualidad? Los humanos están matando al Planeta Tierra prematuramente. Se cuentan por billones y billones los planetas que circulan en el cosmos, todos tienen una misión que cumplir, ordenada por las Energías Supremas. Estos planetas sí cumplen fielmente con su misión, a pesar de que solo tiene un patrón de comportamiento. Los seres de este planeta que se les denominan "hombres" o "humanos", se les dotó de un cerebro que es una supercomputadora.

Es por eso que tendrían que dar la orden de cuidar su planeta, de conducirse con la verdad, ya que la mejor "religión" es el respeto mutuo. Por el momento, han hecho todo lo contrario, creándose religiones para amasar grandes fortunas. Algunas de éstas manejan los más grandes capitales del mundo, obtenidos a través de guerras, hurto y engaño a la humanidad.

Aún en la actualidad todavía provocan guerras y masacres entre la población. Tienen sometidos a los pueblos por engaño y fanatismo y todo por la tremenda avaricia de los mismos ministros religiosos dentro de una o de otra secta, sin tomar en cuenta que todo el mundo tiene derecho a que se le respete lo que cree o lo que no cree.

Por lo tanto, las religiones no deberían de poner a pelear a sus feligreses en contra de las personas que creen o no en otra religión, diciendo es la única, verdadera y buena. Pero como siempre les están inculcando que su religión es la única y verdadera, cuando está demostrado todo lo contrario.

Al igual que los partidos políticos que no les interesa el bienestar de los pueblos, sino el botín. Prueba de ello es que hay partidos manejados por una u otra religión, cuando en realidad ninguna religión debe de meterse con los derechos de los Estados, por no ser lo justo y correcto.

¿Qué sucede en algunos países en donde los gobiernos no hacen participar las religiones en lo político? Éstas empiezan a organizar complots en contra de los políticos, usando a sus feligreses para destituir al gobierno. Si la coyuntura es favorable, buscan a dividir al pueblo en dos o tres países diferentes, para debilitarlos económicamente y facilitar su explotación por países poderosos de una o de otra forma.

Estas religiones, con tal de satisfacer su avaricia, les están diciendo a sus feligreses, que aunque tengan que morir, están defendiendo a su religión y a Dios.

Esto es el disparate más grande y el mayor salvajismo. Dios no necesita de un ejército para que lo defiendan, nadie lo ha visto, ni jamás habrá humano que le vea.

La peste que se avecina es *seleccionadora* para quitar todo lo podrido de la humanidad, estos grupos de religiosos amafiados no van a pasarla tan bien.

Cierto que existe un verdadero Dios, al igual que lo son los demás que están bajo sus órdenes. Como ya se dijo, la ocupación de los dioses es vigilar el correcto funcionamiento de los planetas. Jamás ningún Dios se dedicará a estar al cuidado de los humanos de ningún planeta de los billones de planetas que tienen vida humana.

Éstos siempre estarán custodiados por Energías Positivas, encargadas de vigilar todos los planetas con o sin vida humana y luego de informar a las Energías Supremas. Es decir que los dioses reciben informaciones de las Energías Superiores —dadas por las Energías Positivas de los planetas— para resolver problemas.

Sólo cuando son estos informes muy serios se les avisa a las Energías Supremas (que son muy superiores a las Energías Positivas del planeta) para que éstas decidan lo que se debe hacer como en el caso del Planeta Tierra, que está a punto de ser destruido por los humanos.

Cierto que los dioses salen a hacer visitas a los planetas cuando hay algo importante que resolver.

Yo, como Energía Comisionada, considero muy bueno para la humanidad del Planeta Tierra el hecho de que no haya venido ningún dios a ver los problemas del planeta. Lo más probable es que hubiera ordenado la extinción de esta creación de humanos, para que el planeta se recuperara, restaurando la atmósfera y borrando casi en un cien por ciento todos los vestigios de planeta habitado por humanos en miles de años.

Por el momento, la segunda creación de humanos sobre el Planeta Tierra tiene suerte de que las Energías Supremas pudieran intervenir a tiempo, antes de que el hombre desatara la segunda guerra nuclear sobre el Planeta Tierra, lo que equivale a la tercera guerra mundial para estos humanos. No solo terminaría con su especie, sino que con el propio Planeta Tierra. Si se dieron cuenta las Energías Supremas de la situación, fue porque el planeta presenta síntomas de agotamiento, que es peligro de muerte para un planeta.

Las Energías Supremas mandaron a revisar la causa. Se encontró que la principal causa fue que las Energías Positivas de la Tierra no cumplieron con las órdenes recibidas, a pesar de que una orden es una orden de valor universal.

Para que el Dios Supremo pueda darse cuenta si o no se cumplen sus órdenes, tendría que mandar dioses para que personalmente visitaran los planetas. Esto es imposible porque los dioses bajo las órdenes del Dios Supremo tienen que estar constantemente vigilando la circulación de los billones y billones de planetas, además de regularizar el tránsito espacial, lo que es un inmenso trabajo.

Este control se hace a través de unas gigantescas computadoras que son millones de ellas, cada una de las cuales está bajo el control de un Dios. Es difícil y complicado el control del Univerzo para que los planetas no se salgan de su órbita.

Esto se escribe para que el humano comprenda que la información no está todavía a ese nivel de decisión y piense en la importancia que tienen los planetas. Esas computadoras gigantescas que maneja el Univerzo, el hombre jamás tendrá una idea de cómo son, y mucho menos de cómo funcionan.

TÚ[1], como humano, debes de tomar en cuenta que el modelo que tú conoces ha fallado. Por usar mal el patrón computadora que llamas "cerebro", has hecho y deshecho, pero en su mayoría, has

1. Nota del publicador: "TÚ" aca significa el lector del libro.

hecho para males. Tienes que respetar a tus semejantes, crean en lo que crean. Todo el mundo tiene la libertad de creer y pensar a su manera, pero no tiene ningún derecho a obligar a otros a que crean en lo que él cree, a menos que sea de mutuo acuerdo.

Todos los humanos deben de tomar en cuenta que los pensamientos no molestan a nadie. Por lo tanto, es correcto que el hombre los exponga para así poder aprovechar las ideas más correctas, y beneficien a la humanidad por entero cual fuera su posición social.

La humanidad tiene la manía de culpar a Dios o hacerlo, el director intelectual de todo lo bueno y lo malo que sucede, como para salvar su responsabilidad de todo lo que hace. Si en primer lugar al humano se le dotó de un cerebro, una supercomputadora Univerzal, es para que sepa lo que es bueno y lo que es malo y lo que debe hacer aún cuando las Energías Positivas del Planeta Tierra no cumplen las órdenes recibidas.

La finalidad es que el hombre piense positivamente ya que es la única manera de honrar a los dioses, aunque sean dioses inventados por la imaginación del hombre. Ninguna religión ha tenido base real para elegir a su Dios. Lo que ha creado el humano son pretextos para inventar dioses imaginarios, como ya se dijo, no ha existido humano que haya visto a un verdadero dios y jamás lo habrá.

Si el humano usara su cerebro razonablemente dentro de lo correcto aunque las Energías Positivas hayan fallado, no se estaría al borde de la extinción de la raza humana. El Planeta Tierra no estaría en peligro de estallar por el empleo equivocado de la ciencia. En vez de proteger y prolongar la vida, esta ciencia está causando la muerte, tanto del humano y seres vivos de toda clase, a la vez del mismo planeta.

Al escribir esto es para que el humano se dé cuenta de que el Dios Supremo tiene millones de dioses a su servicio, pero no le es posible distraer a uno solo de ellos para mandarlo a hacerse cargo de ningún planeta. La misión de los dioses es vigilar y encausar la correcta circulación de los billones de billones de planetas. Para eso tienen Energías que se hagan cargo de todos y cada uno de los planetas, para que informen con veracidad el estado en que se encuentra el planeta que les tocó observar. Y si tuviera humanos el planeta, guiarlos por buen camino.

Sucede en muy raros casos, como es el caso del Planeta Tierra, que energías no guiaran a los humanos por buen camino, y que además no dieran información correcta a tiempo.

Es cierto que de vez en cuando algún Dios visita personalmente algunos planetas, pero no es posible visitarlos a todos. Si su visita durara un segundo por planeta, no acabaría en un año terrestre. Así que las Energías que venimos a los planetas, es para dar cuenta de los problemas, o a cumplir una misión como lo es el caso mío. Somos Energías Comisionadas, no tenemos el grado de dioses, solo tenemos obligación de cumplir con una información correcta.

Así que este mensaje tómenlo los terrícolas como mejor les convenga. Yo estoy cumpliendo con una orden suprema como Energía Comisionada para dar esta información a los terrícolas, además de que también estoy haciendo la información de tal y como es la problemática en el Planeta Tierra. En el momento de mi estancia en dicho planeta, informaré a mis superiores a mi regreso al planeta de los Dioses verdaderos.

Quiero afirmar que si las Energías Supremas se dieron cuenta de los problemas del Planeta Tierra, fue porque las registradoras empezaron a registrar decadencia de vida del planeta. Cuando esto sucede, de inmediato se manda a revisar el planeta que presenta esos síntomas, para que si tiene reparación, hacérsela, y si no, dar la orden de destrucción gradualmente hasta que desaparece por completo para dejar el lugar a un nuevo planeta.

Un planeta que va a morir por vejez se le desintegra gradualmente hasta desaparecer. Si llega a estallar —como ya sucedió algunas veces a pesar de la enorme vigilancia que se tiene—, perturba la circulación de los demás, y se corre el riesgo de que otros choquen, causando un caos tremendo en el Univerzo. Es por eso que las Energías Supremas, los verdaderos Dioses, ejercen un control estricto. Tienen a su cabeza una Energía que equivale a un Dios

Superior, indispensable para llevar el control. Estos se cuentan por millones, pero jamás un planeta con vida humana ha tenido a un dios verdadero para custodiarlo, no lo tendrá jamás. No amerita tener un dios para cuidar a los humanos por dos razones. La primera es que para formarse, un planeta tarda de 350 a 400 millones de años terrícolas, más otros 400 o 500 millones de años para ser apto para tener vida animal, fueren cual fueren las especies con o sin humanos. La segunda razón es que para que un planeta sea apto para vida humana, si se da la orden para que la procree, en tres años ya la tiene. Estas aclaraciones se hacen para que el humano se dé cuenta de que debe de cuidar a su planeta que es el que tiene el verdadero valor, se busque por el lado que se busque.

Quiero hacer una comparación, cuando a los animales domésticos están agredidos por los bichos. ¿Qué hacen los humanos? Bañar a sus animales con sustancia que eliminen a los bichos, para así rescatar la vida de sus animales, sin sentir el remordimiento por haber acabado con los bichos, que también son seres que tienen derecho a la vida y que sin embargo el hombre se regocija de acabar o de diezmar a los bichos, que están perjudicando a sus animales y a sus cosechas. ¿Porque el hombre se regocija controlando estos bichos? Simple y sencillamente porque eso significa proteger a sus animales y la existencia de su especie como humano.

Es lo mismo para las Energías Supremas, que terminan con los bichos que molestan a sus planetas. Los bichos que menos deben de dar remordimiento de exterminarlos son los humanos por ser los privilegiados en el Univerzo, desde ahora que se les dotó de una supercomputadora. La cual el terrícola denomina cerebro, teniendo diferentes nombres en los demás planetas con vida humana, ya que el hombre es quien bautizó a su planeta, como a todas las demás cosas precisamente por tener esa computadora universal a su servicio, la cual le sirve de cabeza para su núcleo personal que es su cuerpo por lo tanto, como ya se dijo, todo lo hace con conocimiento de causa.

Las Energías Supremas saben perfectamente bien como mantenerse en el espacio sus planetas y mantener todos los bichos que hay sobre de ellos. Los planetas ejercen un intercambio de elementos indispensables para su existencia, pero las leyes del Univerzo son estrictas. Cuando un planeta deja de proporcionar elementos a los demás, ya sea por vejez o por descontrol, como lo es el caso del Planeta Tierra, los demás planetas también le disminuyen, o le suspenden los elementos y no le queda más que morir.

Por esta razón, está en peligro el Planeta Tierra, porque ya empieza a proporcionar menos elementos de los que debe a los demás. Si no los puede proporcionar, se debe a que ya se está quedando desértico. Los elementos que él proporciona en su mayoría se transforman en aprovechables, a través de la vegetación, y el principal elemento que él recibe a cambio es el agua. Sobre todo agua dulce, que es la que más gasta, por ser con la que se alimentan la mayoría de las plantas, así como humanos y animales terrestres.

Como el humano no se da cuenta de donde proviene el agua, es por eso que se le está dando esta información. Los mares tienen la misma agua pero por ser agua salada no se gasta en volúmenes tan elevados. Pero si no se restaura pronto, habrá mares que se secarán, como el agua dulce.

Lo que sí el humano ya está viendo, es que los mantos de agua dulce cada día son más profundos hacia el centro de la Tierra. Los lagos y algunos ríos ya se han secado, y algunos otros se están secando. El Planeta Tierra, como ya se dijo, está proporcionando menos elementos de los que debe a sus vecinos.

El responsable de esto es el hombre. Extinguir la casi totalidad de la vegetación provoca un problema más, que ocasiona en algunos lugares exceso de lluvia, y en otros sequía, lo que es tan malo lo uno como lo otro. En la actualidad todavía viven personas a quienes les tocó observar la vegetación exuberante de algunos lugares, y ver dos temporadas de lluvia en el año. Lo cual se prestaba para obtener dos cosechas de plantas al año. Es decir, la de primavera-verano y la de otoño-invierno, en la mayoría de los países del Planeta Tierra.

Así que el hombre se da perfectamente cuenta del descontrol de estos tiempos en los que ya a veces no se alcanza a sacar ni siquiera una cosecha al año por falta de lluvia, mucho menos dos como anteriormente. Sin embargo, lejos de reforestar sigue talando día y noche los pocos árboles que quedan. En determinada región se plantan cien mil árboles en un año, cuando deforestan un millón en otra. La tala de árboles es uno de los problemas que tienen los humanos y el propio planeta. Cada día el agua se encuentra más profunda sobre la superficie de la tierra. El bombeo ayuda a exterminar más pronto el agua dulce y de no volver a cubrir la tierra de vegetación, los demás planetas le proporcionan menos entrada de agua dulce. Muy pronto el mar empezaría a secarse, y si esto sucediera sería porque el Planeta Tierra ya entró en proceso de desintegración, para morir dejando el lugar para el nacimiento de un nuevo planeta pulmón de la galaxia a la que pertenece.

Esto se está informando para que el hombre decida si se pone a reforestar o sigue con sus abusos y flojera, resignado a morir, por terco en hacer lo que quiere y no lo que debe. Para que los humanos puedan sobrevivir, no les queda otra alternativa que reforestar con millones de árboles en cada país. Para el Planeta Tierra hay dos alternativas para seguir viviendo.

Una es que los humanos comiencen a hacer buen uso de su cerebro, en lugar de gastarlo en la construcción de armamento. Que siembren árboles y así empiecen a reforestar en lugar de dedicarse a masacrar al pueblo indefenso.

Y la otra es que las Energías Supremas se decidan a extinguir a esta creación de humanos echada a perder, para reconstruir el planeta, como ya se dijo, ordenando unos diez mil años de lluvia continua que el humano jamás resistiría.

Pero no se le castigaría de esa manera simple y sencillamente. La Tierra con una sacudida tiene la capacidad para convertir lo que hoy son montañas en valles. Los valles quedarían convertidos en montañas, con lo que no quedaría un solo humano vivo para contarlo.

Los humanos están provocando que se llegue a esos extremos, ya que para el Planeta Tierra una sacudida como la que señalamos, equivale a rejuvenecerse, porque con ello tendría más millones de años de vida planeta.

Así que al ordenarse escribir este mensaje es para que el humano recapacite y piense que él, para las leyes del Univerzo, no significa nada ni vale nada; como ya se dijo, el verdadero valor para el Univerzo lo tienen los planetas.

Cierto que en el Univerzo el humano es el único animal al que se le dotó de una súper computadora que él mismo denomina cerebro, razón por la cual es al que menos se le debería de considerar, porque de sobra sabe lo que está haciendo mal. Sin embargo se le está dando un mensaje que en el fondo significa darle una oportunidad de seguir conservando su esencia espíritu sobre el Planeta Tierra. Si desaprovecha esta oportunidad, no se le dará permiso a su esencia espíritu en ningún otro planeta apto para vida humana, con o sin ella por lo mal que se está portando.

Vuelvo a insistir, construyendo armas, buscando que éstas sean más potentes, más mortíferas, resulta que el planeta lograría resistir los estallidos pero no podría sobrevivir ningún humano, ni ninguna especie animal en agua o tierra debido a que por muchos años la Tierra quedaría estéril, contaminada por lo que el aire sería venenoso.

Todo esto lo están causando los poderosos, los pobres y los muy pobres. Cada uno a su modo está destruyendo el Planeta Tierra. En la actualidad, una gran cantidad de familias éstan cocinando con leña. Día a día tiran árboles pero nadie va a los montes a plantar árboles, solo van a tirarla. Estas personas cuentan con el mismo cerebro que los poderosos, pero tan estúpidos los unos como los otros, porque de sobra saben el mal que están causando.

Otro de los errores del humano es el achacarle o hacer responsable a Dios de lo que sucede, por eso ya se hicieron las aclaraciones. El humano debe de tomar en cuenta que rezando u orando dentro de una u otra religión no resuelve nada.

El descontrol del Planeta Tierra quien lo ha provocado es el humano. Si quiere seguir viviendo y conservar su especie debe de ponerse a hacer lo que se debe.

Si el sistema del Planeta Tierra es especial, para proporcionar vida humana y para que el humano haga uso, debe de tomar muy en serio dos cosas. Una es hacer uso de los elementos razonablemente para conservarlos lo más que pueda; la otra es que todos los humanos tienen los mismos derechos de hacer uso de estos recursos sobre el Planeta Tierra que es la madre de todo ser viviente, porque es quien los alimenta. Pero los humanos no han sabido corresponder.

La mayoría de los recursos sobre el Planeta Tierra son transformables. No se debe abusar porque los minerales son recursos que sí se pueden agotar. Aunque surgen otros a su debido tiempo, pero hay que volver a aprender a usarlos. Los planetas aptos para vida humana son hechos para sostenerla por millones de años.

El Planeta Tierra es demasiado joven pero sin embargo está a punto de destruirse. Todo se debe a la avaricia y flojera del humano que nada más trata de explotar sin reconstruir. El humano no ha sabido usar su cerebro para lo que llama "civilización". Lo único a lo que le ha servido es para ir en retroceso, y ahora para que pueda avanzar tiene que estudiar sus raíces que es donde se encuentra la sabiduría para su existencia.

Imagínense los terrícolas si todos se pusieran a trabajar para construir y para conservar la vegetación. Solo con los árboles viejos tendrían madera para todo lo que necesitan. Están haciendo todo lo contrario: todos sus esfuerzos son para destruir, provocando incendios, quemando basura que tienen a su alcance (basura = materia orgánica). No toman en cuenta que es la alimentación de la tierra, y a la vez la piel del planeta. Con la civilización, en su mayoría el hombre del Planeta Tierra se ha vuelto estúpido, haciendo todo lo contrario a lo que debe.

En todas las ramas está actuando mal, principalmente en la agricultura, que es lo más preciado. Se debería cuidar a su máximo, por ser el único medio de vida para los humanos y los animales de cualquier especie dentro y fuera del agua. Los mares se alimentan de la vegetación, ya que sin vegetación el mar no podría sobrevivir. ¿Qué está haciendo el humano? Cuando cosecha, quema los esquilmos[2], supuestamente para que no le estorben para la siguiente siembra por no trabajar, por gustarle lo fácil, por flojera.

Ahora el hombre obliga a la tierra a volver a dar cosechas con fertilizantes, que la queman. Al punto que hay tierras sin poder producir, ni siquiera malas hierbas. Protegiendo la tierra con materia orgánica se mantiene un equilibrio y una producción continúa.

Todo este desorden lo hacen los campesinos y los gobernantes amafiados con los grupos poderosos, que controlan los grandes aserraderos y la construcción de armamentos que gastan la mayor parte de los recursos, la riqueza del Planeta Tierra.

Se creen tener cerebros brillantes, pero están demostrando todo lo contrario usando el cerebro para la maldad, destruyendo todo y a su propia especie. Colocan en peligro la vida del propio Planeta Tierra que tiene un valor muy superior por millones de veces a todos los humanos que lo poseen.

Para ello, vamos a hacer una comparación aparte de lo que ya anotamos de la brevedad de procrear humanos y de lo tardado para crear un solo planeta. Los humanos están creyendo todo lo contrario, porque ellos toman en cuenta que lo más valioso es la vida humana, y es cierto, sobre los planetas con vida humana. El ser humano es el único animal que lleva una computadora universal que le sirve de cabeza para poder guiar y controlar razonablemente a los demás animales.

Desgraciadamente, el animal llamado “hombre”, que existe sobre el Planeta Tierra, está muy desorientado destruyéndose los unos a los otros por egoístas y avaros, sin tomar en cuenta que el mismo derecho que ellos tienen a la vida la tienen todos los seres que existen sobre el Planeta Tierra, ya sean vegetales o de otras especies.

Pero eso sí, cuando el humano se enferma de muerte, se pone a pensar. Él se cree intocable por el dinero o bienes que posee, abusando y humillando a quien no tiene dinero ni bienes.

Pero si esto sucede se debe a que el espíritu que fue el responsable de que su cuerpo se portara mal —en apariencia ya que el cuerpo

---

2. Nota del publicador: Derivados de frutos y provechos que se sacan de tierras y ganados (palabra mexicana).

humano es material inerte—, ese espíritu que está a punto de perder su cuerpo o material inerte, cuando ve que se le acaba su tiempo y su goce, está temeroso porque le llegó el momento de pagar sus abusos y el castigo puede ser de noventa y nueve años, o bien se le manda a que la atmósfera lo queme o bien se le manda reencarnar para vivir en la miseria. Esta es una de las razones de que la existencia de la vida humana sea tan dispareja.

Otra razón es que los responsables —en primer término— son los gobernantes que en vez de frenar a los avaros se amafian con ellos, y de sobra saben en el momento de su muerte todo el mal que causaron, y también saben que la única forma de enmendar lo malo que han hecho sería devolver lo mal habido en una forma correcta, con lo que se ganarían hasta un monumento.

Me estoy refiriendo a los grandes abusadores que han robado a los pueblos que su verdadero valor acumulado, es trabajo de los pobres y que por lo tanto el espíritu que hizo eso no tiene ningún derecho de volver a reencarnar.

Los explotadores de los pueblos siempre estuvieron amafiados con los ministros de su religión haciendo aparentar en ocasiones estar peleados o estarse peleando. En el fondo no es más que un engaño para el pueblo con los dioses imaginarios. Lo malo no es el engaño al que han estado sometidos los pueblos, sino los abusos que han cometido y que siguen cometiendo amparados en ese dios y religión inventados.

Si usaran esta asociación sin cometer abusos ni dándole privilegios, sería una asociación de reuniones, bien organizada en el que se podrían tener acuerdos para el progreso y bienestar de los pueblos.

Hay que reconocer que dentro de los que encabezan las religiones, hay una que otra persona honrada que se distinguen por haber dejado de ser ministro.

Estos engaños y abusos deben de terminar. Es indispensable que los humanos se reúnan pero no por engaño o para ser engañados, sino para tomar acuerdos que los conduzcan al progreso, en armonía y concordia, donde nadie se sienta superior ni inferior.

Lo que estoy dictando, Yo, como Energía Comisionada, se me hace como si estuviera insistiendo en una necedad. Los humanos están dotados de una súper computadora universal, para que comprendan y examinen lo que es bueno y lo malo antes de actuar, y efectivamente de sobra saben el mal que están haciendo.

El bien que están haciendo desgraciadamente solo llega al 20 %, mientras que la maldad abarca lo restante. Yo estoy obedeciendo órdenes de las Energías Supremas. Para poder anotar esto tuve que hacer una minuciosa investigación por todo el Planeta Tierra, de la cual ya mandé la información a las Energías Supremas.

Quiero señalar que es desesperante ver el sinnúmero de barbaries, que están cometiendo los humanos. Sobre todo los que se dicen tener estudios y ser científicos son Don Nadie, por no tener voluntad propia, y están al servicio de la maldad. Convirtiéndose en escoria humana, están destinada a regresar a la nada, porque la atmósfera tendrá que convertirlos en ceniza, por ser indeseables, espíritus nocivos para la esencia humana.

Como ya se dijo, las Energías Positivas que custodiaban a la segunda creación de humanos sobre el Planeta Tierra, se les dio la orden de que espiritualmente se pusieran en contacto con todos los espíritus de los jefes de las tribus que poblaban el Planeta Tierra para transmitirles el mensaje.

Orden fue dada por las Energías Supremas para que levantaran un plano bien trazado con ubicaciones por todo el Planeta Tierra para la construcción de las Pirámides que servirían para captar la energía del cosmos para poderla transformar y manejar. Desde que nació el Planeta Tierra, entraba energía del cosmos a él, al igual que a los otros planetas pobladores del Univerzo.

Al transformar esta energía, el humano tendría el contacto directo con las Energías Positivas que por órdenes supremas se les habían puesto para el buen funcionamiento, desarrollo y armonía entre los humanos. A las Energías Positivas se les había ordenado para eso el no hacer fronteras.

Desgraciadamente éstas no obedecieron. Se las ingeniaron para que la información que llegara a las Energías Supremas fuera conforme con las que ellas habían ordenado. Estas energías estaban haciendo todo lo contrario, como ya se anotó, impulsando a unas tribus para que fueran los dominantes a capricho de las Energías Positivas. Para lograr su capricho empezaron por hacer pelear a los humanos entre tribus, para obligarlos a la construcción de armas, con las cuales algunas tribus dominaron a otras a un 100 % o diezmaron considerablemente, quedándose con sus territorios.

Las Energías Positivas lograron inculcarles mentalmente a los invasores que destruyeran las Pirámides, así como todo monumento que encontraban a su paso. Evitaron que los jefes se pudieran comunicar con ellos al igual —al tú por tú— y quedar de acuerdo de cómo desarrollar los humanos, y resolver los problemas sobre el Planeta Tierra.

Eso hubiese significado que también iban a poder comunicarse con las Energías Mensajeras, que de vez en cuando visitan al Planeta Tierra para llevar información a las Energías Supremas. Es cierto que pueden demorar hasta millones de años antes de venir a visitar.

Las computadoras que revisan el Univerzo, planeta por planeta, registran informaciones de las Energías que en este caso indica que el Planeta Tierra se encuentra en perfectas condiciones de salud, lo que es una información irresponsable de la parte de las Energías Positivas.

Estas Energías privaron los humanos de sus derechos de poderse comunicar con ellas y poder aprovechar de los conocimientos tecnológicos desarrollados por los mayas. Estos conocimientos les hubieran conducido a poder comunicarse con todos los planetas aptos para la vida humana y viajar a otros planetas con la velocidad del pensamiento, como ya lo han logrado una gran mayoría de humanos viviendo en diferentes planetas del Univerzo.

Pero aún el humano del Planeta Tierra puede lograr este desarrollo si comenzara a hacer lo que debe, abandonando su avaricia, convirtiéndola en ambición creativa.

Cierto que las Energías Positivas fueron las responsables en primer lugar, interviniendo en la primera creación de humanos ya extinguida así como en la segunda creación de humanos del Planeta Tierra.

Ellas son las responsables de inducir a los humanos la creación de armas altamente mortíferas, como también a que pelearan entre sí. De igual manera son responsables los humanos.

Para las Energías Positivas —a estas alturas— que custodiaban el Planeta Tierra ya fueron quemadas por órdenes de las Energías Supremas. Ahora les toca el turno a los malvados humanos que atentan a la vida de otra persona.

Así que *la peste* que se avecina va a servir de una gran experiencia para demostrar que no hay poderosos cuando la energía divina interviene. Es la primera vez que interviene de esta manera en el Planeta Tierra, por haber fallado las Energías Positivas que eran las responsables de manejar el buen orden.

Tal vez pensaron que nunca se les iba a llegar el momento de que se les descubriera lo mal hecho, lo mismo les va a suceder a los humanos que creen que su poder es intocable por tener dinero y armamento, o siendo servidores de una religión que ellos creen los protege. La verdad es que el humano se dice estar viviendo la era de la civilización y de los grandes hombres de ciencia, pero en realidad su nombre es otro: "ERA DE LOS GRANDES IMBÉCILES CONVERTIDOS EN BESTIAS", usurpando el nombre de científicos. Si fueran científicos, no estarían preparando la tercera guerra mundial, que de llegar a desatarse, terminaría con todo vestigio de vida.

Y si digo que las religiones no son más que una conveniencia, esto se prueba con el hecho de que al comenzar la segunda guerra mundial pasada el mismo jerarca del catolicismo fue a bendecir los tanques y cañones que los alemanes usaron en la guerra.

Esta religión lo hizo así porque creía que eran quienes dominarían al mundo. Ellos querían ir de la mano con los triunfadores. Yo, como Energía Comisionada, doy cuenta que en la Edad Media comenzaron a formar reinos, hoy países. Algunos vividores empezaron a apoyarse en la religión, haciéndose jerarcas religiosos que a su vez eran generales en jefes, que reunían el mayor número de soldados para ir a masacrar a los habitantes de los pueblos que deseaban invadir, usando como pretexto que lo hacían por no pertenecer a su religión, ya que su dios era el único.

Por lo tanto, era y sigue siendo lo más absurdo en lo que se pueda pensar, de que un dios necesite de un ejército para que lo defienda. En primer lugar, sobre el Planeta Tierra jamás ha existido un verdadero dios ni por segundos y si lo hubiera habido, a los primeros que hubiera hecho desaparecer sería a los ejércitos que iban a masacrar a los habitantes de otros pueblos.

En diversas ocasiones cuando la comunicación era tardada por falta de transporte rápido, algunas religiones, como ya se dijo, amafiadas con los gobiernos, mandaban algunos monjes, que eran unos lobos vestidos de ovejas a otros territorios que no eran de sus dominios. Estos lobos vestidos de oveja, al encontrar a las tribus o pueblos que habitaban esos territorios, se hacían sus amigos mostrándose muy bondadosos. Cuando estos pueblos se confiaban y que ellos ya sabían con exactitud la ubicación de cada pueblo y sus costumbres —qué día o días del año se reunía la mayor parte o toda la población para festejar una fiesta— hacían planos de sus caminos de acceso a las poblaciones.

Una vez obtenida toda la información, se regresaban a su pueblo de origen para informar a sus jefes religiosos, quienes se ponían de acuerdo con el rey o cacique para lograr reunir a todos los soldados que más podían. Les daban la oportunidad a todo él que quisiera darse de alta en el ejército, a masacrar a las tribus o pueblos de los que ya tenían la información proporcionada por los monjes. Él que se quisiera enlistar para ir a cometer la masacre, le prometían que se podría traer todo lo que se encontrara y le gustara. Éstos llegaban cuando el pueblo estaba reunido para festejar sus fiestas. Arrojándose sobre ellos, sacrificando a todo el que alcanzaban ya fuera mujer, niño o anciano. No respetaban a nadie de ser posible los perseguían hasta no dejar uno vivo.

Yo ordeno que esto se anote, para hacerle un recuerdo a la humanidad, que lo sabe, y que algunos historiadores siguen copiando de los antiguos libros, para que los hechos de estos acontecimientos no se pierdan y la humanidad pensante saque sus conclusiones. Yo exhorto, como Energía Comisionada, a los escritores de todo el Planeta Tierra que vuelvan a escribir estos hechos históricos de la humanidad. En la actualidad esto hechos son desconocidos por la gran mayoría. Mientras no lo sepan no podrán formar un criterio propio. Las religiones siguen sometiendo a la población en el engaño, haciéndoles creer que si hacen males, pero si se confiesan a los ministros religiosos, se les perdonara con penitencia o dinero. Siguen sacándole, al cliente, dinero, vendiéndole indulgencias que equivalen a un pedazo de cielo o bien haciéndole creer que donando parte de sus bienes a la iglesia de la religión a la que él pertenece ya quedan limpios de toda culpa —otro de los grandes engaños y mentiras porque ninguna religión tiene ese poder o autorización—.

Por lo tanto, la humanidad debe de tomar en cuenta que la mejor religión es portarse bien. Reunirse en un gran número de personas es lo mejor para que su comunidad avance, intercambiando opiniones, para llegar a una conclusión que tome en cuenta las mejores. No como lo hacen algunas religiones o conferencistas que se apropian del derecho de hablar y de opinar solo ellos. El mundo solo hace el papel de espectador sin tener ninguna participación en la reunión, aceptando o no todo lo que dicen pero sin dar su punto de vista, porque no se les valora. Esto no es una religión, sino una imposición aunque ya sin armas pero al fin y al cabo una imposición.

Ya es tiempo de que la humanidad actúe correctamente siendo respetuosa para que se le respete, en lo que creen o en lo que no creen.

Por eso, es necesario que la humanidad conozca a fondo la trayectoria histórica desde el nacimiento de todas y cada una de las religiones, de las ya extinguidas —como de las que aún siguen ejerciendo—. Es necesario que la humanidad se dé cuenta que al transcurso de los miles de años, que lleva viviendo esta creación, hay sufrimientos de diferentes índoles causados por las religiones. Ha habido épocas en que las religiones se han dedicado a masacrar a la gente, y atemorizando a los sobrevivientes para poderlos someter a su antojo, hasta lograr crear grandes divisiones entre la humanidad.

Desde luego estas religiones no eran el gobierno, pero sí estaban amafiados con el grupo o grupos que representaban el gobierno. Esto sucedía o sucedió por todo el Planeta Tierra. Aún en estas fechas en que se está escribiendo este mensaje. Las religiones o sus representantes se visten de ovejas y se hacen aparentar humildes, sumisos y bondadosos. Predican diciendo mentira tras mentira, pero en el fondo la mayoría se quita el traje de oveja que es falso y les queda el verdadero, que no es de lobo, sino de hiena.

Entre los religiosos de todas las sectas del mundo se encuentran las que se dedican al tráfico de drogas y de armas. Lo hacen quienes tienen niveles más bajos de rango dentro de su religión. Los de alto rango son los principales promotores que provocan las guerrillas y las guerras, amafiados con los grupos poderosos dentro o fuera de los gobiernos. Los que manejan realmente las religiones son gente sin escrúpulo. Lo único que les importa es vivir entre depredadores, poder darse la gran vida, viviendo como zánganos, con sirvientes y vehículos para su uso personal, y todas las comodidades que deseen.

Haciendo un poco de historia en todas las invasiones de un pueblo a otro, los que les han causado más males a los pueblos invadidos han sido las religiones con sus ministros. Llegan primero con los soldados como espías para preparar el terreno, o llegan revueltas con los soldados vestidos de oveja para después dominar a los pueblos a invadir, ¡organizándose ya como religiosos inculcándoles su ley!

¿Cómo probar esto? Muy sencillo, al que se niega a someterse a la nueva religión que le están inculcando, lo sacrifican valiéndose de una y mil artimañas.

Aún en esta era que está viviendo la humanidad del Planeta Tierra, en las décadas pasadas, los religiosos no solo hacían lo que se acaba de anotar sino que se dedicaban a destruir los templos y los grandes edificios, quemando todos los archivos, así como asesinando a los sacerdotes de dicho templo. Todo esto para borrar los vestigios de la civilización de los pueblos invadidos.

Causando con ello una gran pérdida para la humanidad, en el terreno tecnológico y científico, tomando siglos para volver a reponer parte de los avances tecnológicos y científicos.

Esto lo digo porque Yo, como Energía Comisionada, conozco el procedimiento de avance científico de los planetas con vida humana. Se les mandan conocimientos de importancia esporádicamente, y estos conocimientos si no son aprovechados en su momento, se corre el riesgo de perderlos para siempre, porque la mayoría de ellos jamás vuelve.

Yo, al llegar a este planeta, me he dado cuenta que los hombres en quienes han recaído los conocimientos de avance científico —sobre todo de beneficio para la humanidad— a los que les ha ido bien, los han juzgado locos o han pasando desapercibido. Estos conocimientos que llegaron pueden no volver y morirse junto con ellos.

A los que les ha ido mal, precisamente los religiosos en complicidad con los gobernantes o grupos poderosos por una u otra razón, les han causado daño. Acusándolos de tener pacto con el diablo han llegado a quemarlos en una plaza pública. A otros se les ha hecho prisioneros de por vida. Algunos les han asesinato directamente o indirectamente.

Todos los casos han sido por la intervención de las religiones, por lo tanto éstas son las que más problemas han ocasionado a la humanidad, y mañana, tarde y noche siguen dividiendo.

Para que los pueblos puedan tener un verdadero avance científico y tecnológico, primero tienen que liberarse de su monotonía, que los tienen clavados en una sola forma de pensar y de actuar. Están influenciados por los zánganos tanto religiosos como políticos, así como capitalistas.

Los partidos políticos al igual que los religiosos crean diferentes sectas, y los políticos al igual que los religiosos dicen que el único partido que es bueno y que va a defender al pueblo es el que representa el orador en turno.

¿Cómo demostrar esto? Nada más con que el pueblo piense un poquito, entre más dividido esté, menos posibilidades tiene de sacudirse a los explotadores que son en su mayoría unos vende patrias.

Los usurpadores de puestos de gobierno ponen como pretexto estar defendiendo y aplicando la democracia. En realidad, están matando a personas que exigen que se les respeten sus derechos. Lo mismo sucede con los otros partidos que se dicen ser socialistas, comunistas...

Esta aclaración la hago, como Energía Comisionada, para que el hombre norme su criterio y comprenda que se necesita respetar los derechos de los demás, para que le respeten los suyos, si desea seguir conservando su especie, su esencia humana sobre el Planeta Tierra por muchos millones de años más.

Como ya se anotó, si el planeta muere por vejez, la esencia humana tiene derecho a que se le de el pase a otro planeta que tenga condiciones para vida humana. Este viaje/traslado es posible solo por órdenes de las Energías Supremas.

Si el humano terrícola se enmienda, esto va a suceder en el Planeta Tierra, o de lo contrario la esencia humana del Planeta Tierra desaparecerá convertida en ceniza para siempre, quemada por el cosmos.

Esto sucedería, si los humanos se pasan de tontos y no hacen caso a todo lo que se les está diciendo en este mensaje y lo que van a ver y a vivir en muy poco tiempo.

Todo esto que se está escribiendo y que se dará a conocer por todo el Planeta Tierra, al comenzar *la peste* es una oportunidad que le están dando las Energías Supremas a la humanidad del Planeta Tierra, así como advertencia única de manera sencilla y clara.

Esta decisión tomada por las Energías Supremas provocará dolor entre los humanos, ya que *la peste seleccionadora* extinguirá a todas las personas echadas a perder por las diferentes causas que se conocen fuera del orden y que a continuación se mencionan.

Una de las principales es el engaño usado por los políticos y religiosos para cometer toda clase de abusos, corporales, asesinatos y robos. Estas personas mencionadas siempre están amafiadas con los grupos capitalistas productores de armas, así como los que encabezan el tráfico de drogas, aunque en este caso el principal responsable es la persona drogadicta, por usar estimulantes, con todo conocimiento del mal que las drogas le ocasionan, así como del mal que le está ocasionando a su familia y a la humanidad.

Como todos estos males y perjuicios son con conocimiento de causa, a quien no le alcanza el perdón se tendrá que morir, muerte causada por *la peste seleccionadora* que estará manejada por un enorme equipo de Energías Comisionadas, que serán las encargadas de verificar la balanza.

En una misma familia hay miembros muy bien equilibrados para usar su cerebro y otros que son un verdadero desastre y que sin duda *la peste* los eliminará. Les va a causar dolor a los que sobrevivirán, pero no es lo peor, porque su muerte sirve a purificar a la humanidad. Ya existe la orden que la atmósfera queme la esencia espíritu cuyo cuerpo será penado por *la peste seleccionadora*. Convertido a ceniza, jamás volverá a reencarnar, por lo tanto no volverá a causar males.

Esto no quiere decir que los que quedan "sean unos santos", todo el mundo puede divertirse para disfrutar de la vida, siempre y cuando no perjudique a los demás.

En el fondo, todo lo que va a suceder no es ningún sacrificio en vano, porque de esto depende que todo el mundo viva con tranquilidad, teniendo que comer, viviendo en paz y trabajo, como Dios manda. La única forma de bienestar es a través del trabajo.

Si el hombre razona como debe ser, notará que debe darse la tarea de reforestar el Planeta Tierra en donde sea apto para árboles frutales y árboles madereros en los lugares indicados, así mismo, que seleccionar los cultivos por regiones aptas para ellos.

Debe de tomarse en cuenta que la tierra, para producir bien, debe de contar con suficiente materia orgánica, para que se vaya enriqueciendo y a la vez que se engrose la piel del planeta.

Como ya se dijo la corteza del planeta es la única que tiene facultad de producir los alimentos.

Si algo impide el arrastre de la corteza terrestre, que se detiene al fondo del mar, por ser el límite, hay una erupción que se convierte en un gigantesco volcán, para poder escupir todo el azolve[3].

Cierto que para que esto suceda, pasan varios millones de años, pero como no hay fecha que no llegue, lo conveniente es evitar el desgaste porque con ello se obtienen dos ventajas: la primera es que mientras exista tierra arable hay alimentos, y la otra es que tarda más años la eliminación de los residuos acumulados que llegan al fondo del mar que es lo que ha sucedido en ocasiones pasadas.

Prueba de ello es que existen montañas lejos del mar donde se encuentran fósiles de varias especies marinas, sobre todo las que tienen caparazón. Los geólogos y todos los investigadores al no saber cómo llegaron esos animales marinos a convertirse en fósiles en las montañas, no les queda más que decir que ahí fue un mar, pero es un error. El mar desde que nació el Planeta Tierra siempre ha estado en el mismo lugar.

Resulta que la erosión manda a algunos lugares con un oleaje muy fuerte, casi pura agua, como si el agua hubiera estado ahí detenido. Las piedras quedan lisas y algunas tienen hoyos, como sucede en el lecho de los ríos, o a las orillas del mar. A pesar de lo que parece ser una evidencia la teoría que en algún momento fue mar en esos lugares es una teoría errada.

Es cierto que la Tierra ha sufrido desequilibrios de compensación, y en algunas regiones a las orillas del mar, han emergido o sumergido. Esto solo ha sucedido a las orillas del mar, pero jamás en montañas altas en tierra firme.

Cuando las erupciones suceden dentro del mar por desazolvarse[4], hay lugares en donde cae gran cantidad de arena y en ocasiones queda suelta y hay lugares en donde se convierte en asfalto.

Los humanos no sufrieron de las erosiones pasadas que hizo el mar, porque éstos todavía no existían sobre el Planeta Tierra. Existía creación pero de otros animales. Los primeros habitantes de la Tierra fueron las plantas. Las plantas primitivas fueron gigantescas, pero muy frágiles para que pudieran descomponerse. Su vida máxima

---

3. Nota del publicador: Suciedad que obstruye un conducto (palabra mexicana).
4. Nota del publicador: Acción para quitar lo que azolva, obstruye un conducto de agua (palabra mexicana).

era de cinco años, porque su misión era crear la corteza terrestre, para que una vez creada le sirviera al Planeta Tierra de piel.

En esos tiempos, el Planeta Tierra no tenía nombre, solo se conocía por el número de registro de la galaxia. Es con un número que las Energías Supremas registran todo lo que compone este Univerzo. Al tener humanos, éstos lo bautizaron con el nombre que ellos creían conveniente. A ese momento, las Energías Supremas también registraron ese nombre, aunque el efectivo sigue siendo el número con el cual se registro el planeta al formarse. Capas por capas se fueron acumulando despojos de planetas muertos por vejez para completar la creación del nuevo planeta.

Existen áreas de depósito espacial donde se mandan los sobrantes de planetas para limpiarlos y para que puedan ser aptos para volver a recibir vida. Son de estas áreas que se toman componentes para el nuevo planeta y entra al fundido final. Los nuevos planetas al nacer, para que sean fuertes y no se desintegren, tienen que arder por miles o millones de años, de acuerdo a su tamaño y su uso, por las Energías Supremas.

En el caso concreto del Planeta Tierra, una vez que ya se le produjo la corteza, se empezaron a extinguir las plantas primitivas. Enseguida vino el nacimiento de plantas de toda índole, los pastos y gramíneas para dar granos.

Una vez bien establecidas estas plantas, empiezan a nacer los animales de cuatro patas y también los cien pies. Los dinosaurios existieron en la segunda creación sobre este planeta y les tocó vivir la última erupción que hiciera el mar para desazolvarse.

Por lo tanto, todavía se encuentran pisadas marcadas de dinosaurios en algunos materiales de los que el mar arrojó. Estos animales lo atravesaron antes que se solidificara el suelo, como cuando un cemento está fresco y quedan marcas en el piso. Al secarse prácticamente se convierte en piedra. Estos animales dejaron sus huellas marcadas en la lava que el mar arrojó. Les costó la vida porque no soportaron sobrevivir a las quemaduras sufridas.

El nacimiento de los humanos es millones de años más tarde al de los dinosaurios. Cuya misión fue aplastar, apisonar el planeta y crear materia orgánica.

Aclaración: La primera creación de dinosaurios nació 3,3 millones años antes de los humanos de la primera creación. Estos humanos bautizaron el planeta, con el nombre de "Planeta Bueno". Los humanos conservaron el planeta por 100 millones de años. Aún esta creación de humanos, haciendo lo que se debía, hubiese podido llegar a vivir cientos de millones de años más sobre este planeta.

Los dinosaurios de la segunda creación nacieron 1,6 millón años primero que los humanos que aún no llegaron a vivir más de 50 mil años. Los dinosaurios se extinguieron para darles el paso a los humanos que ya empezaban a poblar la Tierra por segunda vez.

Para el humano este mensaje es su última oportunidad y debe aprovecharla. Por ningún motivo o concepto volverá a tener otra oportunidad. Si desaprovecha ésta o viceversa si la aprovecha, se le seguirá ayudando con ciencia aún más avanzada de la que el humano conoce en la actualidad en materia de producción, para el bienestar y así seguiría en ascenso, hasta que llegue el momento de que pueda construir naves, como ya lo hacen en otros planetas los humanos para viajar a la velocidad del pensamiento que es la civilización máxima.

Para poder llegar a esto, necesitan una concentración mental muy fuerte y a la vez masiva. Es indispensable que exista armonía entre grupos. Armonía de tal manera que el grupo organizado haga un conjunto mental para llegar a finalizar la meta que se propone. No hay nada más fuerte que la mente.

Al organizarse en grupos, con fines benéficos, resultara el progreso masivo de los pueblos. Un hombre solo solamente podrá organizarse en lo personal o a lo mucho una parte de su grupo familiar. Sin embargo haciendo equipo entre personas, con las cuales se entiendan, podrán hacer avanzar la humanidad. El objetivo de este progreso debe ser colocar las ideas y el conocimiento al alcance de todos.

Los objetos los más útiles para quienes los usen, y los conocimientos para que tengan la oportunidad de formarse un criterio ya que todo el mundo es libre de hacer lo que quiera. El que quiere obrar mal tendrá que pagar las consecuencias, inclusive por ignorar este mensaje que les permite si lo siguen no cometer más errores.

Como ya se dijo, se avecina una tremenda sequía que de pasar, moriría el 80 % de los humanos y un gran número de especies animales por el descontrol biológico que han causado al Planeta Tierra debido a la tala de árboles, así como la contaminación del medio ambiente, de ríos, lagos y mares. Y pensar que todo esto es controlable, pero que los dueños de las empresas se valen del que no conocen la forma efectiva de controlar los desperdicios industriales. La verdad es que no quieren gastar dinero. Los funcionarios se conforman o cobran una multa que dicen ser para el bien de la nación. La verdad es que la mayoría se lo roban.

Ya existe la autorización para *inducir lluvia por inercia* que se maneja con energía a tiempo y distancia, a otra dimensión o dimensiones según el caso o proyecto.

Esta autorización fue dada por las Energías Supremas como la última oportunidad que tienen los humanos del Planeta Tierra de enmendar sus errores. *La lluvia por inercia* les permitiría reforestar todo el planeta y empezar a obtener cosechas en abundancia. Debo de aclarar que el *inducir lluvia por inercia* no será toda la vida de los humanos. La lluvia debe caer por medios naturales que están desviados por falta de vegetación. Actualmente no funciona el patrón, como se le dotó al inicio para que se proporcionara la lluvia adecuada. Esto solo se consigue volviéndose a reforestar las montañas y las partes no accesibles por los cultivos agrícolas. La misma naturaleza indica para qué sirve una región y para qué sirve la otra. Las llanuras fueron hechas para siembras y pastizales, siempre y cuando un 10 % de éstas tenga vegetación, vegetación que el humano puede distribuir como quiera, es decir donde no le estorbe y donde sirva y deba estar.

Las montañas fueron hechas en algunos lugares para mantenerse en un 100 % cubiertas de vegetación lográndose manejar de diferentes formas. Los árboles viejos pueden ser cortados, procurando que siempre existan suficientes árboles pequeños para que estos reemplacen a los que se cortan. Si el terreno se presta, lo más recomendable sería, donde existan grandes extensiones, que hagan plantaciones de una misma clase de edad. De esta manera que se pueda cosechar todos los árboles al mismo tiempo y a la vez plantando nuevos árboles donde el terreno va quedando desocupado, debido al uso de las maquinarias.

La otra alternativa para reforestar las grandes montañas y desiertos, es una vez probada *la lluvia por inercia* tirar semillas de pastos por avión. Una vez que están enraizadas sirven de cama para las semillas de los árboles que también tienen que ser esparcidos por avión, sobre las montañas y en los desiertos, y en donde el ascenso es difícil para el hombre. El hombre tiene que plantar árboles con sus propias manos donde le sea accesible, para que el volumen de árboles aumente lo más pronto posible. Un árbol sirve al Planeta Tierra como vegetación activa, produciendo alimentos que necesita para intercambiar. El árbol comienza a ser activo cuando llega a 5 m de altura, o a defecto cuando llega a diez años de vida.

El humano debe de tomar en cuenta que para que el planeta funcione normalmente entre los demás planetas, debe dar y recibir. Para intercambiar necesita de muchos millones de árboles por cada país. Estos países deben empezar a plantar de inmediato donde haga falta. El plazo máximo en que deben plantar los árboles es de veinticinco años. Es con mucha decisión y deseos de seguir conservando su esencia espíritu que el humano lo va a lograr. De no hacerlo va a perder su esencia para siempre.

Es posible que algunos humanos al leer este mensaje van a decir para que insistir tanto en lo mismo; bien, les voy a decir el porqué. En primer lugar porque las órdenes recibidas son de dejar todo perfectamente bien aclarado y por otro lado porque los humanos son tan olvidadizos que cometen una y cien veces el mismo error.

Estoy capacitado para dictar este mensaje de mil maneras pero jamás ningún humano me podrá ver para decir “esa es la Energía que dictó el mensaje”. Que no piensen que lo digo por la desesperación de ver los humanos conducirse peor que las bestias. “Bestia” se le denomina a los animales que solo reciben un patrón de comportamiento para poder luchar por su existencia, conformándose con solo tener qué comer y que su instinto, solo les ayuda a defenderse para sobrevivir.

En cambio al humano se le dotó como ya se mencionó de una supercomputadora universal que pertenece a la sabiduría máxima del Univerzo.

Qué desesperante es ver el comportamiento y el mal uso que los humanos están haciendo de esa supercomputadora que se les dotó como cabeza de su esencia espíritu. La computarización está constituida por elementos que pertenecen al gran Univerzo. Las Energías Supremas pueden manejar los elementos respetando reglamentos y leyes Univerzo. No se permite ni se tolera los errores, aunque sean órdenes.

Por eso es que cuando la esencia humana destruye su planeta como es el caso sobre el Planeta Tierra, la ley es que la esencia humana que tuvo la culpa, la atmósfera la quema por indeseable. Los humanos terrícolas están en riesgo si no se ponen a hacer lo que se debe.

Si el humano llega a captar este mensaje y obedece, no solo dejará de fabricar armamentos pero también tendrá que destruirlos por ser nocivo para él y para el propio planeta. Los armamentos son tan sofisticados que con tan solo estarlo probando están agrandando las fallas que tiene el Planeta Tierra. Estas fallas fueron provocadas por la detonación de bombas que detonó la creación pasada sobre el Planeta Tierra, y que le costó su extinción.

Los científicos actuales conocen perfectamente bien de donde a donde se encuentran las fallas aunque desconocen la causa que las originó. Lo que sí saben es que al probar el armamento que están fabricando, las fallas se están agrandando y los que se dicen científicos, repito, lo saben de sobra, pero su avaricia de poder los ciega a la realidad.

Desgraciadamente, si el globo terráqueo es destruido por causa del hombre —no se le perdona a nadie—.

Hay buenos elementos en todos los niveles sociales que son los que hacen que las cosas aún estén marchando más o menos regularmente.

Todo esto se está diciendo para que el hombre recapacite tal y como debe ser. Para eso se le dotó de cerebro que es algo de lo más perfecto en el Univerzo. No es justo que lo esté usando mal, porque todos sus actos van en contra de la naturaleza que le da de comer. Si no come, no vive y esto él lo sabe. ¿Cómo es posible que sea tan tonto?

Los dirigentes del Planeta Tierra en su mayoría no tienen el valor de organizar al pueblo correctamente para evitar tanto desorden, destrucción y contaminación causadas sin importarle nada a nadie. Ahora que se dice que los pueblos están civilizados, pues hoy es cuando se está menos civilizado. Todo el mundo habla de hacer obras buenas y de llevar un control ecológico pero en la práctica hacen todo lo contrario.

En décadas pasadas todo el mundo cuidaba de la naturaleza y por lo tanto la lluvia era abundante con excepciones por un desequilibrio en el sistema planetario, pero la mayoría de los años el sistema de lluvia era normal. En la actualidad también llega a haber fuertes sequías e inundaciones en determinados lugares pero hoy son más frecuentes, causando mayores males que anteriormente. Hoy son provocadas biológicamente.

A pesar de los adelantos está sucediendo un fenómeno de rebote en maquinaria y fertilización, donde la agricultura ya no es rentable. En estos mismos lugares cuando la lluvia era abundante se cosechaban altos rendimientos por hectárea, a pesar de que no había fertilizantes ni maquinaria, pero existía el control biológico. El Planeta Tierra contaba con muchos billones de árboles, hoy extinguidos por la mano del hombre.

En la pesca pasa lo mismo, a pesar de todos los reglamentos que el propio hombre hizo.

No los respeta y los demás no los obedecen. Pescan animales que aún no han procreado, por lo tanto es un pillaje que se está haciendo a sí mismo.

Todas estas anomalías deben de evitarse sobre el Planeta Tierra.

Si quiere sobrevivir el humano, necesita evitar todo lo malo hasta donde le sea posible o de otra manera resignarse a que desaparezca para siempre su esencia humana. En el Univerzo, las esencias que causan la destrucción de su planeta no son admitidos en ningún otro planeta por indeseables.

Este mensaje es una constancia que todo lo malo que hace el humano lo hace con conocimiento de causa y efectos, de sobra sabe que está haciendo mal.

Por lo tanto no necesita que se les diga más, pero esa es mi encomienda. Debo cumplirla a través de quien se está escribiendo, quien no tiene ninguna responsabilidad de lo que se diga en este mensaje. Deben de tomar en cuenta que esto no es "ciencia ficción", sino una realidad que va a comprobar la existencia de las Energías Supremas, es decir los verdaderos Dioses.

Desde luego que hay un solo Dios a la cabeza, la comprobación será con varias cosas reales y verídicas que se darán a conocer a su debido tiempo para crédulos e incrédulos.

Todo esto es en beneficio del hombre si lo sabe aprovechar. Las Energías Supremas no tienen por qué dar explicaciones a los humanos y sin embargo lo están haciendo a través de una orden que estoy cumpliendo como Energía Comisionada.

Algo más que debo informar sobre una de las medidas tomadas por las Energías Supremas para proteger a la humanidad desvalida, es que todas las monedas van a tener el mismo valor, llámense como se llamen, sean del país que sean. Esta medida se efectuará de la siguiente forma para que no existan discusiones dentro de los gobiernos. Esto no va a requerir de arreglos diplomáticos ni de convenios o acuerdos de ninguna naturaleza. Muy sencillamente *la peste seleccionadora* terminará con todos los funcionarios de gobierno o gente del pueblo que se oponga a desobedecer a esta orden.

Lo mismo sucederá con quien se niegue a exterminar las armas de alto poder. Las armas que se deben de conservar son las convencionales que en su oportunidad, se les señalará cuales son.

Otras órdenes a obedecer: que todos los ciudadanos de los países que componen el Planeta Tierra sean soldados para proteger a su pueblo. Todos tienen la obligación de aprehender a quien o quienes hayan hecho algún mal fuera de orden, así sean funcionarios públicos. Se van a cambiar las leyes o si ya existen como en algunos países, se tendrán que respetar y llevar a la práctica.

El ejército va a depender del pueblo para defender sus derechos llamándole la atención a quien actúe mal en contra de los demás ciudadanos o bien someter a los malhechores. Es necesario plena comprobación de los delitos cometidos reales para no culpar falsamente como en la actualidad. A pesar de haber cortes y jurados accesibles al público, en la mayoría de los casos, los jueces consignan de acuerdo a sus intereses, o bien de acuerdo al dinero que se pidió, sin importarles de donde venga el dinero.

Para que esto cambie, también va a intervenir *la peste seleccionadora*, y en lo sucesivo también habrá elecciones para elegir al jefe de la defensa nacional por el voto popular.

Ya no será el presidente de la república quien lo decida, sino el pueblo. Este lógicamente elegirá a su gabinete al igual que el señor presidente. Estos dos personajes van a ser las dos autoridades máximas en cada país y van a depender de las cámaras de diputados y senadores que son quienes representan al pueblo. Como en estos días estos son los principales corruptos, también *la peste seleccionadora* tendrá que dar cuenta de quien sea mal elemento.

En la actualidad ejercen varios partidos políticos, todos con la finalidad de involucrar al pueblo para que los grupos económicos y políticos fuertes sigan explotando a los pueblos. Los dirigentes de los partidos de oposición también reciben su parte del botín arrebatado al pueblo. Si esto no fuera así ya se hubiera hecho un solo partido de oposición.

Para terminar con todas estas anomalías, los pueblos tendrán derecho a nombrar tres candidatos para ocupar el puesto público que fuera y, quien obtenga más votos, será quien ocupe el puesto representando a todos los ciudadanos hayan o no votado por él.

Ya que no habrá partidos, sí no uno solo en el que el pueblo esté unido, ya que la riqueza tiene que estar repartida equitativamente de acuerdo con el trabajo desarrollado por cada persona. Para esto tiene que existir una perfecta organización tanto de producción como de consumo para que nadie, absolutamente nadie, se quede sin comer.

¿Cómo? Muy sencillo: el único que produce es el hombre a través del trabajo. Lo que sobra es trabajo y donde producir. En la actualidad se está mal organizado por lo avaro y abusivo de los grupos poderosos. El Planeta Tierra tiene la facultad de procrear y de producir los alimentos; el día que ya no quede lugar en donde producir para alimentar a la población, tiene también la facultad de esterilizar a las hembras, en la medida que sea necesario. Los planetas aptos para tener vida animal con o sin humanos están programados para regularizar su población a través de esterilización y cuando ya van a morir por vejez esterilizan a todas las hembras varios años antes de su deceso.

Si los pueblos están mal y pasan hambre se debe a todo el descontrol, ocasionando por los capitalistas de los países que tienen dominados a los gobernantes débiles porque no se han unido.

Por eso es indispensable modificar y aplicar las leyes a quien robe así sea el dirigente del país y a sus cómplices. Es necesario sustituirlos de sus cargos si los delitos ameritan encarcelarlos.

Esto sucederá cuando todos los ciudadanos tengan la facultad de proteger los intereses de la nación, claro que en la actualidad tiene el derecho de vigilar los intereses de su patria, pero no se le toma en cuenta para nada.

Pero esto se tiene que acabar por ser órdenes dadas por las Energías Supremas. Para esto son necesarias dos cosas: primero, *la peste seleccionadora* para que haga comprender a los humanos, y la otra es que el pueblo debe de estar informado con la verdad para que así sepa cómo debe de actuar.

Como ya se dijo, todos los ciudadanos van a ser soldados para proteger a su pueblo; por lo tanto, el armamento convencional va a estar repartido entre los soldados y los ciudadanos a quienes les toque servir al pueblo.

No por eso habrá enfrentamientos entre países y pueblos, ya que habrá leyes internacionales muy estrictas que protejan a todos los ciudadanos del Planeta Tierra sin importar color o raza.

Ya que al entrar en vigor esta orden dada por las Energías Supremas, a quien asesine a otra persona se le condenará a trabajos forzados de por vida a menos que sea en defensa propia, se va a hacer la aclaración de que a quien se le condene a trabajos forzados se le va a pagar para que siga sosteniendo a su familia.

Muchos de los asesinatos suceden porque en la actualidad hay mucho ego dentro del Planeta Tierra, hay personas mal vivientes que se dedican a fastidiar a otras personas, hasta que las obligan a hacer lo que no deben, pero, para evitar todo esto, a estas personas mal vivientes o conflictivas se les va a castigar fuertemente.

La orden es para que todos los humanos vivan en armonía y en mutua cooperación entre sí, ya que en la actualidad hay un abuso desmedido contra el más débil empezando con que el mayor verdugo, el engranaje gubernamental a nivel Planeta Tierra, empezando con que para tener esbirros tiene un 80 % más de los empleados que necesita.

Por lo tanto, a ese 80 % más de los empleados que necesita, los convierte en zánganos; aún cuando sea en contra de su voluntad, por tener necesidad de comer. Estas anomalías están causando bastantes problemas a la población, por ser dependientes al Estado. Trabajan pero tienen un sueldo muy inferior al de los zánganos. Ese sueldo no les alcanza casi ni para comer, como es el caso de los encargados de la juventud para que no sea analfabeta.

De todas estas anomalías gran parte de la culpa la tiene el pueblo por dejarse dividir por los partidos políticos hipócritas. Al llegar a las cámaras, los diputados electos representantes hablando de todo menos de unificar al pueblo en un solo partido de oposición, es decir un partido que luche porque el trabajo sea remunerado dentro de lo justo como ya se mencionó.

En la actualidad todo el engranaje gubernamental en su mayoría, se dedica al robo, empezando con los diputados. Desde que son candidatos ya tienen la consigna de aceptar todo lo que le conviene al poderoso. Cuando hacen escándalo dicen que se pelean, pero solo es para desorientar al pueblo, ya que en el fondo son valores entendidos.

Prueba de ello es que todos los partidos hablan de defender al voto del ciudadanos haciendo todo un drama para defender al voto popular, pero en el fondo son hipócritas porque si no lo fueran ya hubieran hecho un solo partido de oposición, para que el pueblo eligiera al que mejor le conviniera, para poder reemplazarlo si no le respondiera.

Esto se va a tener que hacer y para que el funcionario no sea corrupto, se le va a pagar bien de acuerdo a su jerarquía, pero como ya se dijo, habrá solo los funcionarios indispensables a los que se les castigará al igual que a cualquier ciudadano que cometa anomalías, porque en la actualidad los funcionarios cometen atraco tras atraco y los demás encargados de someterlos, lo que hacen es aplaudirles.

Y todavía tienen el descaro de televisar los altos funcionarios del gobierno de las cámaras de diputados para ver cómo andan de cuentas. Todo el mundo sabe que hay fraude tras fraude, y que estos funcionarios lo arreglan todo en una hoja de papel al grado de que el pueblo le sale debiendo. Los diputados hipócritas lejos de decir que se tiene que ir al terreno de los hechos para explicar el papel presentado claramente, aplauden de pie sin pedir cuenta alguna.

Ya más clara su posición de hipócritas no puede ser.

Esto se anota para que el pueblo piense y actúe unificándose en un solo frente. Sin dejar de pensar que la única manera de que los pueblos estén bien es la producción y el trabajo bien organizado. Al conocerse este mensaje, los trabajos a desarrollar van a ser bien calculados para ambas partes para que exista equidad. Tan malo es que el trabajador cobre de menos como cobre de más. Todo está basado en la producción y por ejemplo en el campo no puede tener los sueldos remunerados al igual que el trabajo de fábrica o de industria. A pesar que la mayor importancia la tiene el campo por su producción de alimentos. Pero, para poder proteger a los trabajadores campesinos, se tendrá que hacer un minucioso estudio de los ingresos líquidos del país, para darles una participación de acuerdo a las horas laborales dentro del año.

Todas las familias campesinas tienen que tener un seguro médico al igual que todo el mundo, ya que en la actualidad las familias más desprotegidas sobre el Planeta Tierra son los campesinos, a pesar que gracias a ellos viven los demás sectores, pero que hasta ahorita no se les toma en cuenta. A todos los trabajadores que llevan la carga pesada ya sean obreros o campesinos son a quienes se les paga demasiado poco y se les trata mal por su pobreza a que los tienen sometidos los demás sectores.

¿Cómo es posible que los jefes de Estado y todos sus partidarios lleguen a amasar fortunas estratosféricas muy superiores a los adeudos que le dejan a toda la nación?

Todas estas brutalidades cometidas por el hombre se deben a su avaricia que lo ha cegado, impidiéndole que use debidamente lo que él conoce como cerebro. Su verdadero nombre es computadora universal con cinco planos a desarrollar, que el hombre llama "cinco sentidos". Es el mismo sistema de que están dotados los humanos que habitan en los diferentes planetas aptos para tener vida humana, que se cuenta por billones en lo inmenso del Univerzo.

Se le dota al humano de esta perfectísima computadora para que pueda desarrollar trabajo de toda índole, como lo es la agricultura y la industria, así como trabajos diversos, dentro de la investigación de toda índole.

Desgraciadamente en el Planeta Tierra por la avaricia del hombre, no se ha podido usar más que en primer plano. Imagínese el hombre si empieza a usar el que sigue hasta llegar al quinto plano, que es con el cual se puede viajar a la velocidad del pensamiento.

En el Planeta Tierra los humanos creen que tienen un fuerte avance científico, pero la realidad es que todavía no se ha podido usar el primer plano de la computadora. El máximo desarrollo que han logrado del primer plano lo han empleado para la destrucción de su especie y de su propio planeta.

El Planeta Tierra a pesar de estar tan maltratado y de ser tan pequeño, en comparación de otros planetas donde los humanos han alcanzado una gran civilización, todavía cuenta con los elementos necesarios y suficientes para que sus habitantes puedan viajar a otros planetas a la velocidad del pensamiento.

Estos humanos han tenido la voluntad de hacer lo que se debe, y no cualquier cosa como lo está haciendo el terrícola. Su insaciable avaricia es lo malo. Se puede tener bienes terrenales sin llegar al acaparamiento desmedido pero todo dentro de la producción y no dentro del agiotismo[5], que es el que está acabando con los pueblos del Planeta Tierra.

Para que los pueblos del Planeta Tierra avancen hacia el progreso fuerte productivo para que con ello lleguen al económico, tiene que abandonar el agiotismo para entrar en una era de ayuda mutua, donde los réditos de los dineros prestados no vayan más allá del uno y medio por ciento anual.

Para esto, el Estado solo podrá prestar y recibir préstamos si fuese necesario, pero como el Estado tiene la facultad de acuñar dinero y la facultad para hacer que los deudores morosos paguen, aún cuando sea con trabajo, y como de aquí en adelante el verdadero patrón será el trabajo y producción como valor efectivo, el oro y la plata serán valor secundario, ya que el verdadero valor lo tienen los alimentos y estos son los que deben de constituir la riqueza de los pueblos, porque estos son la vida y nada puede tener el valor de la vida.

Desgraciadamente, los humanos del Planeta Tierra están tan echados a perder que no queda más solución que aplicar *la peste seleccionadora* para quitarles lo podrido y se dediquen a hacer lo que deben de hacer para el progreso y bienestar de los pueblos. Con *la peste*, los funcionarios de gobierno tendrán que hacer un buen uso de los impuestos que paga el pueblo. El pueblo realmente debe pagar los impuestos que le corresponde ya que de ahí depende el bienestar de los ciudadanos.

Los impuestos sirven para convertirse y mantener clínicas,

5. Nota del publicador: Intereses usurares excesivos (palabra mexicana).

escuelas, parques, jardines, carreteras al servicio del pueblo; también son necesarios centros culturales y de diversión.

Para agricultores e industrias que no tengan dinero para moverse, el Estado es quien tiene que prestarles los medios y el dinero que necesiten sin importar el tamaño del área agrícola, así como el tamaño de la industria o artesanía. Si el trabajo lo hace el artesano en lo personal tiene derecho a que se le preste dinero —si los que representan al Estado no alcanzan a cubrir los gastos de dinero así como el demás papeleo faltante, lo tomarían de los impuestos— ya que al haber una alta producción la entrada de impuestos también debe de permitirlo, pero que si no alcanza, acuñe dinero.

Este manejo debe de ser interno dentro de los países y el internacional debe de ser a través de la producción, el intercambio. Ejemplo: al igual que ahora, si un país "X" le vende a otro país "X", 150 millones en productos y le compra 100 millones en productos, le tiene que quedar en efectivo 50 millones y si las dos monedas valen lo mismo es correcto; pero si una vale más que la otra es un robo porque un kilo de trigo usando los mismos métodos cuesta lo mismo en trabajo en el país que fuere llámese como se llame, ya que el trabajo del humano tiene el mismo valor en cualquier punto del Planeta Tierra siendo trabajo similar.

Este mensaje es para que la humanidad perteneciente al Planeta Tierra disfrute por igual su trabajo ya que la única forma es producir y la producción es la única fuente de riqueza.

Como prueba de que este documento está dictado por una Energía Comisionada por parte de las Energías Supremas, se van a aclarar algunos de los misterios que existen para la humanidad. Por mucho que se acerquen los científicos a la realidad con querer saber el pasado así como querer estudiar las formaciones que se encuentran sobre el globo fuera de lo normal para ello usan el carbono 14, pero que no funciona en un 90 % debido a que no hay permiso para esa información.

Esto se debe a que el hombre no se ha prestado para el progreso real. Todo lo que descubre de importancia le busca la forma de utilizarlo en contra de la humanidad. Es la razón por la que no han podido usar debidamente el carbono 14 ni avanzar a lo que sigue al carbono 14.

Una de las cosas que el hombre terrícola nunca ha podido comprender es lo de los glaciares.

Efectivamente hace muy pocos años, de acuerdo a la vida del planeta, que la Tierra se cubrió en su totalidad por nieve pero esto sucedió antes de que naciera la creación actual de humanos y de animales que hoy la pueblan.

Algunos humanos creen que han existido glaciaciones en diferentes épocas, pero esto no es así. Desde que nació el Planeta Tierra ha existido un solo glaciar que la cubrió en totalidad de nieve. Esto fue para purificarla de los microbios ya que iba a dar a luz por segunda vez a otra creación de humanos y de animales de toda especie. Las bombas que hicieron detonar les costó la vida a la creación pasada de humanos pero también a todas las especies animales. El Planeta Tierra sufrió quemaduras y perdió un 30 % de su capacidad energética. Al volver los humanos ya no volvieron a ser como la primera creación extinguida de más de dos metros, siendo las mujeres las que medían mínimo dos metros. Según las regiones fluctuaban las estaturas entre tres y cinco metros.

En cuanto a los animales domésticos, los vertebrados eran altos y anchos. Por ejemplo, las vacas, su altura era de dos y tres metros de altura y de cuatro a cinco su largo, por lo tanto había vacas que producían ochenta litros de leche al día. Los machos eran mucho más grandes, por lo tanto había toros que al sacrificarlos para comerse la carne producían hasta tonelada y media. Los caballos eran por el mismo estilo. Había también otro animal que utilizaban para el trabajo que tenia la pezuña abierta, su esqueleto era idéntico al de los caballos actuales, pero su altura era de tres a cuatro metros y medio de largo. Sucesivamente todo era gigantesco incluyendo los árboles.

En realidad el Planeta Tierra era un verdadero paraíso. El hombre de la primera creación sobre el Planeta Tierra usó la civilización para autodestruirse al igual que hoy lo está haciendo el hombre de la segunda creación.

En infinidad de ocasiones se han encontrado gigantescos esqueletos, tanto de animales como de humanos, y aún se encuentran todavía algunos sepultados que serán la evidencia inequívoca de lo que se está anotando. La persona a quien se le autorizó escribir este mensaje también ya se le autorizó para que en su momento recabe las evidencias, como la base nuclear sepultada bajo las arenas del Sahara, que pertenecían a la creación extinguida donde están esqueletos de hombres de más de cinco metros de altura, los soldados encargados de la base ubicada dentro de una selva de gigantescos árboles. Lo que hoy es conocido como el Sahara era una de las mejores tierras del planeta. Sus habitantes eran muy ricos, les sobraba la comida y fueron quienes más armamentos fabricaron. Al desatarse la guerra que los extinguió, la mayor parte de las bases nucleares explotaron quemando la corteza a tal grado que no les quedó vida ni a las raíces de los árboles. Se convirtió en un gigantesco desierto, el mar dejó de mandarle nutrientes por intermedio de la lluvia por no haber árboles que se encargan de captar los nutrientes y hacerlos circular por debajo de la tierra.

Afortunadamente ya hay la orden y la autorización de *inducir lluvia por inercia* para hacer llover hasta en los desiertos. Existe el permiso de hacerlo, pero para ello se tiene que usar energía en tiempo y distancia a otra dimensión o dimensiones. Para ello es necesario usar energía cósmica y se está usando.

Esta autorización es la última oportunidad que se le está dando al humano perteneciente a la segunda creación sobre el hoy Planeta Tierra. Para que la lluvia continúe, el hombre necesita plantar muchos millones de árboles sobre el Planeta Tierra. *La lluvia por inercia* sirve para que tenga la oportunidad de plantarlos para que el planeta entre a su normalidad y siga lloviendo de por vida planeta, dentro de la naturaleza planeta.

Desde luego se debe plantar árboles en las áreas no aptas para el cultivo, en los terrenos un poco accidentados y en los de cultivo en los linderos o canales, así como en los caminos para poder hacer el equilibrio ecológico.

Al Planeta Tierra le está haciendo falta agua dulce, debido a que los demás planetas son quienes se la proporcionan en calidad de esencia, a cambio de esencia producida por los árboles. Faltan muchísimos árboles para que el intercambio sea justo y equilibrado.

Con *la peste seleccionadora* se van a morir todos los explotadores y zánganos. Pero las familias de estos capitalistas que se quieran salvar, quienes hereden todas esas fortunas mal habidas, tendrán que darle trabajo al pueblo.

Información sobre lo que se dice, sobre el arca de Noé, es completamente falso, pero sí hubo diluvio. Esa legenda de un arca, fue invención por una religión que ocupó el tercer lugar al principio de la invención de las religiones en esta segunda creación de humanos y que se extinguió porque otras la dominaron por completo, pero sí siguieron con el mito del arca, porque les servía para engañar al pueblo, como se han extinguido muchas otras.

Diluvio sobre el Planeta Tierra como dice la leyenda jamás existió. Pero, es cierto que antes que naciera esta creación de humanos actual hubo un desazolve del mar como ya se mencionó. Quiero aclarar que este desazolve del mar sucedió después la extinción de humanos. La primera creación se extinguió en un 100 % por envenenamiento del aire.

Se debe de tomar en cuenta que la piel del planeta es la tierra que contiene materia orgánica. Los científicos más avanzados no han logrado entender cuál es el proceso de transformación —para lograr una corteza que cubra el planeta para su protección y a la vez fértil para producir toda índole de plantas—. Para que pueda haber humanos primero tiene que haber vida animal.

El humano no sabe todavía controlar la energía del espacio exterior a pesar de que tiene la autorización para hacerlo desde hace más de veinte mil años. Solo a través de esta energía la mente puede hacer cosas fuertes. Por ejemplo, la persona que está escribiendo este mensaje si no fuera porque está usando la energía del espacio exterior, no podría recibirlo porque la energía que está dictando esto es tan fuerte —en comparación al cuerpo humano— que si me le arrimo a diez metros de distancia a una persona que no esté protegida por esta energía, en menos de un segundo estaría muerta, y en cinco segundos quedaría hecha carbón.

Sin embargo llevo siete meses de estar en contacto a diario con esta persona y, lejos de perjudicarle mental y espiritualmente, se ha estado fortaleciendo. Y si digo espiritualmente, es porque si me acerco a una persona que no esté protegida con energía del espacio exterior, lo que se quema es el espíritu y con ello el material inerte que lo es el cuerpo.

Algunos de cientos de años después de la guerra nuclear que extinguió la primera creación de humanos, el planeta para poder lavar y curar las heridas ocasionadas por las quemaduras de las bombas tuvo que provocar fuertes aguaceros torrenciales.

Esto resultó en un inmenso arrastre de toda clase de materiales hacia el fondo de los mares haciéndolos desbordar seguida de una tremenda erupción para poderse desagregar de estas materias. Como no hay nada más sabio que la naturaleza —diseñado por las Energías Supremas—, el azolve fue arrojado y convertido en la lava a diferentes direcciones.

Así se formaron grandes montañas —llenas de fósiles de conchas o caparazones revueltos entre la lava—. En el mar sobrevivió parte de la fauna acuática —como los moluscos o todo tipo de animal con caparazón adherido al fondo del mar—. El agua logró purificar el aire para que no dañara a los animales que se encontraban a cierta profundidad. Los que habitaban superficialmente y que tenían que salir a respirar no sobrevivieron. Años más tarde se dio de nuevo la orden para que se reprodujeran las especies que habían muerto por causa de desazolve del mar.

El mar arrojaba mucha más agua que lava, y el agua que arrojaba iba en dirección opuesta al de la lava para evitar que el calor se expandiera. Es la razón por la cual en algunos lugares del planeta sobre las montañas, hay todas las evidencias de que hubo agua en exceso. Los humanos creen que ahí fue mar, pero no.

Cuando el mar se desazolvó hubo modificaciones sobre el planeta que aunque el hombre actual encuentra los vestigios, no es posible que los pueda descifrar. Hay lugares sobre el planeta que fueron cordilleras montañosas que se convirtieron en planicies donde el globo quedó muy dañado por la detonación del armamento que usaron para la guerra.

Como ya se dijo, la creación ya extinguida —desde luego es de imaginarse— que para hacer el cambio de llanura a montaña o viceversa, tuvo que ser a través de un derretimiento.

La transformación del Planeta Tierra sirvió a soldar las fallas, aunque cabe hacer la aclaración que esto molestó a los materiales que componen el planeta. Debido a eso, no se restauraron todas las fallas, fue donde el planeta perdió 30 % de su energetización.

Los movimientos fueron de tal magnitud que hubo una franja de tierra que se tuvo que separar por muchos kilómetros, convirtiéndose en mar el intermedio y que en la actualidad tan solo observando el mapa se ve claro cuál fue la parte desprendida, camino hacia el Oriente.

La falla más grande que le ha quedado al Planeta Tierra es la conocida como falla de San Andrés, que empezaba en lo que es hoy el Canadá, camino hacia el Sur. Esta falla fue causante de que se hundiera una isla en el Pacífico que contaba con bastantes kilómetros cuadrados de superficie y que estaba habitada. Su nombre fue "País de Oriente", lo cual se le conoce como la Atlántida y que los únicos vestigios que quedan sobre la superficie del agua es la isla conocida como Isla de Pascua en el Pacífico.

La creación de humanos pasada que se extinguió por su avaricia no llegó a tener ni siquiera la mitad de preparación, es decir de civilización, de la que tuvieran a estas fechas en que se está escribiendo este mensaje —lo mismo está sucediendo con esta segunda creación—. En México existen ruinas de casas donde habitaron familias que pertenecieron a la creación extinguida. Son tan rudimentarias, que quienes las encontraron creen que pertenecieron a la creación actual.

Estas casas cuevas o chozas eran de los ciudadanos marginados como en la actualidad. Así que si se desatara la tercera guerra mundial, como en la primera creación de humanos, ¿qué ejército iría a atacar a los habitantes de las cuevas o a los habitantes que viven aislados en simples casas? Los bombardeos irían dirigidos a las grandes ciudades así como a las bases de los gobiernos.

Esa es la razón por la cual las grandes ciudades de la creación extinguida desaparecieron de la faz de la Tierra, sin embargo hay evidencias irrefutables que aún todavía se pueden admirar por la creación actual. Evidencias ya encontradas, otras todavía no, pero que en su oportunidad se pueden demostrar. Como por ejemplo descifrar códices o códigos que informan sobre la historia de la humanidad. Estos fueron escritos por los responsables de guiar a los pueblos. Los códices describen acontecimientos históricos. Así como las leyes que regían los pueblos, sus creencias o religiones.

Si los humanos usaran el nombre de Dios solo para hacer el bien, aún con un Dios imaginario, éste les respondería porque el poder de la mente humana unificada mueve montañas. El cerebro puesto en una misma frecuencia bien sincronizada en una misma idea tiene la fuerza para hacer muchas cosas mentalmente.

Ejemplo: si hay una persona enferma de suma gravedad con infecciones de diferente índole, es decir en un 100 % para morirse, 100 personas perfectamente sincronizadas, pensando que van a aliviar a dicha persona, en veinticuatro horas estará sana.

Los grandes jerarcas religiosos, esto lo saben, razón por la cual se la pasan inculcándole a toda la humanidad lo que a cada secta le conviene. Es por eso que les conviene a los grupos capitalistas de amafiarse con sectas o religiones. Llegan a suceder muchas cosas increíbles gracias a esta sincronización. Un paciente desahuciado por la ciencia médica, es el último en darse por vencido. Si éste se aferrará a que se va a aliviar encomendándose a cualquier religión con millones de personas, sobre todo practicada por poblaciones humildes que toman muy en serio la religión, esa concentración de buena fe hace que el paciente se sane.

Otros casos similares ocurren, los religiosos y las personas que lo vivieron afirman que son milagros palpables y sí lo son, solo que la realidad es que esto sucede por la sincronización computadores-Univerzo. Si los clérigos de todas las religiones fueran honestos, todas las religiones aún siendo invención del hombre fueran buenas. Pero para encontrar religiosos honestos, hay que tomar una lupa.

Yo, como Energía Comisionada, no estoy tratando de desquiciar a las religiones, estoy cumpliendo órdenes de dejar todos los puntos lo más claro posible, desde luego que el lector y toda la humanidad están en plena libertad de tomar las cosas como mejor les convenga o les plazca. Al fin y al cabo saben que es bueno y que es malo, pero no se les olvide que la mejor religión es "NO LE HAGAS A OTRA PERSONA LO QUE A TI NO TE GUSTARÍA QUE TE HICIERAN".

En la mayoría de las veces, el nombre de Dios lo invocan para trabajar el exorcismo o brujerías, que es lo mismo. Lo cierto es que estafan a la gente económicamente. En resumen, estos grupos son la misma mafia que pertenecen a determinadas organizaciones internacionales que existen varias sobre todo el Planeta Tierra.

Los que se dicen ministros de las grandes religiones son los principales promotores de las guerras o guerrillas y todo para lucrar con ellas. Si a todos los grandes jerarcas religiosos se les sacara a la luz pública su verdadera actuación reflejaría todo lo contrario a lo que ellos predican.

Esto se anota para que el humano comprenda que la mejor religión es portarse bien con todos sus semejantes y con los animales y las plantas. A quienes lo hacen, sí que Dios los toma en cuenta. Gracias a mucha de esta gente se debe que más o menos se ha podido mantener controlado el planeta. Hay buenos elementos dentro de los humanos, gente pensante y ubicada.

Desgraciadamente, no tiene el apoyo para poder hacer grandes obras en beneficio de la humanidad y del propio planeta, por eso es que es indispensable *la peste* para quitar todo lo podrido de la humanidad y esto se publicará para que se sepa la razón de *la peste*.

No se había tocado el punto de las personas que practican el exorcismo, pero en esta ocasión es necesario librar a la humanidad de todas las lacras que le perjudican. La mente debe de usarse solo en las cosas positivas. Es una cobardía el estar enfermando y provocándoles diferentes problemas a las personas a través de exorcismos. Miles de personas se mueren al año por este problema en todo el mundo. Las personas que a cambio de esta energía negativa se desgastan hasta morirse.

En su oportunidad se escribirá un libro explicando el cómo son las energías y como deben de usarse.

Volviendo al mar, una de las pruebas que el mar hizo erupción para desazolvarse lo constituye el Cañón del Colorado en Estados Unidos donde se aprecian perfectamente las diferentes capas que contienen fósiles marinos.

Estas capas se formaron porque fue una región donde caía lava enfriada por el agua. Aquí fue diferente la caída del agua porque en otras regiones caía a varios kilómetros de donde caía la lava. En el Cañón del Colorado lava y agua caían con mucha fuerza al mismo tiempo.

Al soltarse la lava, el agua se la llevaba de regreso al mar y como en ese lugar la tierra se calentaba al rojo vivo, el agua hacía un arroyo bastante profundo lo que permitió aflorar bastantes corrientes subterráneas en un río caudaloso.

La creación pasada se extinguió en el momento preciso en que llegaba el desarrollar más fuerte y avanzado de la civilización, ya contaban con maquinaria para hacer túneles bajo tierra (como el que existe en Inglaterra que comunico la isla con tierra firme) y también con un sistema ferroviario (como lo que hoy se conoce en Japón).

Desgraciadamente, no se pudo consolidar los conocimientos que las Energías Supremas autorizaron. A estas alturas, estos humanos contarían con una de las civilizaciones más avanzadas del Univerzo porque ya tendrían la capacidad de hacer viajes a la velocidad del pensamiento.

Al humano actual se le va a dar la oportunidad de poder comunicarse con los habitantes de otros planetas, sobre todo con quienes ya han estado visitando el Planeta Tierra y que tienen la capacidad de entrar en conversación con los terrícolas en cualquier idioma que éstos hablen, pero que no tienen el permiso para hacerlo por el momento.

Se le va a dar el permiso al terrícola de empezar a construir aparatos como lo son los radios portátiles sincronizados a una central que será la que reciba y mande la señal de acuerdo con su capacidad.

Algunos serán para determinados países, otros para varios países, y otros para recibir y mandar señales a diferentes planetas —una señal es colocar en contacto a la persona con la que desea hablar o bien al lugar donde quiera hablar con quien le conteste como sucede hoy con las líneas telefónicas—. Pero esto será después de *la peste* si el hombre se enmienda.

Como ya se dijo, de haberse terminado la construcción de algunas pirámides en su totalidad en su plano original, el hombre hubiera logrado comunicarse con las Energías Positivas o sea los gobernantes para ponerse de acuerdo a discutir los problemas que estuvieran afectando al Planeta Tierra o a la humanidad.

Lo que quiero decir con esto es que los planetas con vida humana en el Univerzo estarían en contacto humano con el Planeta Tierra.

Habrá quienes al leer este mensaje piensen y digan si los visitantes de otros planetas que llegan al Planeta Tierra en los aparatos que el terrícola denomina como ovnis, si éstos tienen contacto con las Energías Positivas de su planeta porque no les informarán de las guerras y de lo mal que está el Planeta Tierra, para que éstas a su vez le informen a las Energías Supremas. Hay una ley ordenada por las Energías Supremas que ninguna Energía Positiva de un planeta "X" informe sobre lo que está pasando en otro que no sea el que tiene a su responsabilidad.

La agricultura de aquí en adelante tiene que hacerse en forma diferente a como se ha venido desarrollando.

Por obligación todo el mundo tiene que sembrar la tierra que tenga cultivable, porque en la actualidad hay zonas en que nada más se siembra para autoconsumo; otras la dejan sin sembrar por años y otras personas la siembran nada más para no perder el derecho de la tierra, pero dejan las plantas sin cultivar o bien un cultivo mediocre que de nada le sirve al planeta.

Se enseñará una agricultura más productiva que la actual, deben de existir ranchos en todos los climas y clases de terrenos para que puedan ser demostrativos ya que ya hay el permiso para hacer acoplamientos híbridos con diferentes plantas de común acuerdo con la Madre Naturaleza para que nazcan nuevos cultivos que no existen en la actualidad ya que se va a dar el origen para que nazcan nuevos productos de toda índole para aumentar la variedad agrícola a nivel Planeta Tierra.

Los fertilizantes que se usan en la actualidad se van a terminar porque esa es la ley de la vida, pero cuando esto suceda ya estarán en pleno auge los fertilizantes del futuro. La autorización de empezar, ya están dadas las órdenes, solo es cuestión de organizarse para hacer las primeras demostraciones de lo que se puede hacer a través de manejar energías cósmicas para que el hombre vea y se decida a poner discos y antenas para la captación de energía cósmica.

En cuanto a los animales domésticos también ya hay la orden de mejorarlos en forma muy superior, solo falta empezar a hacer las mostraciones, veterinarios con capacidad los hay, lo mismo se hará con la fauna silvestre, desde luego que todo esto será a nivel planeta.

Esto no es ciencia ficción ni sugerencias en vano, son órdenes a cumplir que se pueden empezar a desarrollar antes o después de *la peste seleccionadora*.

Ya algunas personas están usando tecnología de punta y se siguen buscando como tener nuevos conocimientos, pero esto jamás será en términos generalizados, el avance debe de estar al alcance de todos.

En cuanto lo que se refiere a pesca también ya existe la orden para usar nuevas técnicas de captura, y como tener los conocimientos para poder alimentar a la fauna marina.

Se le va a enseñar al hombre a mejorar las especies acuáticas, a eliminar a las que son nocivas. También se le van a enseñar nuevas técnicas al hombre para que pueda sacar metales y fertilizantes del fondo del mar, siempre y cuando se ponga a reconstruir su casa en común el PLANETA TIERRA.

Para esto es indispensable que en los puntos de entrada de energía cósmica se establecen discos y antenas a su debido volumen. El Sr. José Carmen García Martínez será quien reciba los planos y los estudios proyectos por ser el único intermediario sobre este planeta para Univerzo Creador.

Asimismo se le va a enseñar al hombre el cómo aprovechar los polos de la Tierra que cuentan con un enorme potencial en energía que a su debido tiempo se dará a conocer. Claro que para ello primero hay que reforestar el Planeta Tierra, de no hacerlo se acabará la vida para los humanos que la están poblando. Como ya se anotó, el terrícola tendrá avances que aún no se los imagina, porque para ello se va a usar la energía cósmica por todo el planeta. Es lógico que todos los países tienen que pagar los costos que son los terrenos, los materiales y la mano del obra.

Cabe hacer la aclaración que para llegar a hacer el desarrollo de todo lo anotado, primero se debe acondicionar con todo lo necesario para obtener del espacio exterior la energía necesaria, porque sin ella no podrá tener ningún avance sobre lo anotado.

El Sr. José Carmen García Martínez, productor de las verduras gigantes, ya tiene la autorización para hacerlo, de acuerdo a la información que le entrega Univerzo Creador. Toda la energía necesaria puede usarse tanto que es para el bien del Planeta Tierra, así como poder captar la información y regularizar toda esa energía para que no falte ni sobre.

Esto se anota porque el Sr. José Carmen García Martínez puede *inducir lluvia*, en donde haga falta, con ello poder reforestar, y energetizar las áreas pobres para que los terrenos queden tan productivos como los demás. La lluvia es con lo que se recuperarían los mantos acuíferos, con lo que el planeta recuperaría la presión que siempre tuvo el agua con lo que los mares recuperarían el agua que han perdido, y la están perdiendo, por falta de presión.

A través de usar energía cósmica se va a poder energetizar a los desiertos y todas las áreas que ya están agotadas sobre el planeta, lo mismo se va a poder fabricar maquinaria que se moverá con energía del sol para someter los desiertos al cultivo.

Este proyecto es uno de los más grandes de los cientos de

proyectos que tienen permisos para materializarse con nueva innovación.

Van a trabajar muchas personas bajo el control de quien tiene la autorización para hacer los estudios proyectos del Univerzo Creador. Se le va a estar guiando conforme a las necesidades. El Sr. José Carmen García Martínez tiene años usando la energía cósmica desde antes que se escriba este mensaje, aunque en una forma muy reducida por solo tener dos minidiscos costeados por el Sr. Dr. Ignacio Méndez Ramírez, rector de la Universidad Autónoma de Chapingo en 1986.

Si el Sr. José Carmen García Martínez quiere hacerlo, a nivel Planeta Tierra, puede hacerlo por saberlo suficiente para utilizarlo. Además de contar con información astral en el momento preciso, de todo lo que le es necesario en su momento como lo es para *inducir lluvia*, el sabe de control de tornados marítimos y terrestres, así como ayudar la agricultura y apagar incendios forestales (que se puede apagar en cuarenta y ocho horas).

Para hacer esto tiene permiso permanente previo para que se le entreguen los estudios proyectos. El Sr. García puede comunicar con los espíritus de los mayas, de quienes fue la invención de la lluvia y que siguen asesorándolo. También el Sr. García está autorizado para hacer contacto con los espíritus, quienes fueron reyes o jefes de Estado de cualquier época y que todavía existen en calidad de espíritus, porque algunos de ellos reencarnaron, otros fueron quemados por la atmósfera.

Cabe aclarar que los espíritus que tuvieron cuerpo humano fueron personas que tuvieron muchas responsabilidades y que hicieron cosas buenas y malas. Se les permite a estos espíritus permanecer hasta 9 000 años por si es necesario que proporcionen alguna información. Para algunos es voluntario el tiempo que ellos quieran permanecer como espíritus y para otros es obligatorio.

Para los que tienen permanencia voluntaria, pueden volver a reencarnar cuando ellos lo deseen, y los que tienen permanencia obligatoria, solo pueden volver a reencarnar cuando se les da permiso si es que alcanzan el perdón. Si no lo alcanza, la atmósfera los quema.

Las energías también nacen y mueren, aunque la vida es mucho más prolongada mientras permanezcan como energía. Algunas de ellas se les da permiso para tomar un cuerpo humano; con esto se transforman de energía a espíritu, entrando a la ley que rige a los humanos.

Las energías no han tenido cuerpo humano. Si las energías desean tener cuerpo humano, es porque es el mejor plano de vida en el Univerzo.

Los dioses son humanos, solo que a una dimensión muy superior a la del humano común y corriente.

Con esto se comprueba que todo se puede transformar de menos a más y de más a menos. No hay punto de comparación entre energía y espíritu. La energía tiene capacidad para viajar de un planeta a otro. Cuando se le da el permiso, puede aparentar tener un cuerpo humano a través de hipnotizar a todas las personas que lo ven.

Esto solo sucede cuando se le comisiona para trabajos muy especiales, como hadas madrinas, para ayudar a algunas personas, sobre todo a los niños en casos de peligro.

Como humanos, es urgente que se pongan a pensar, siendo todos hijos de la Madre Tierra, que el planeta nació al igual que los humanos y todo lo que existe sobre el Planeta Tierra es por órdenes de un ser divino supremo.

Los ejércitos del mundo deberían de ser más gloriosos y ser considerados por todos los pueblos por ser benefactores para todos los pueblos que caigan en desgracia como inundaciones, sismos, pestes —todos deberían de acudir en su auxilio— sin importar a que país vayan ni de qué país vengan.

Parece mucho repetir, pero ya es el momento de que el humano razone y piense como tal, y en lugar de estar tan dividido entre religiones y sectas se ponga a pensar que solo hay un Dios para todos y que ese Dios no necesita de grandes templos y mansiones de lujo para adorarlo, mucho menos de un ejército para representar lo.

Es tiempo que la humanidad piense y actúe, sacudiéndose esa enorme peste que son las religiones y que viene padeciendo por siglos.

Piense el humano que lo mejor es vivir en armonía entre todos los pueblos del mundo, y que todas las personas son libres de pensar como mejor les plazca y, además, deben de expresar sus pensamientos para así hacer una evaluación y ver que es lo que más le conviene a la humanidad para su progreso y bienestar, haciendo un intercambio comercial justo, ayudándose mutuamente todos los habitantes del planeta como hermanos que son, haciendo congresos dentro de cada país para organizarse mejor, para proteger su casa el planeta. Congresos internacionales para organizar lo más importante como lo es la protección del planeta.

Ahora bien, pueden seguir usando todos los templos ceremoniales pensando en que solo hay un Dios Univerzo que es quien proporciona la vida de todo lo creado. Y además, el humano, en agradecimiento a este Dios, debería de hacer festividades a quien le proporcione la vida como un Dios que sería al Sol, a la Luna, porque sin estos dos astros, la tierra no produciría nada; a la Madre Naturaleza, que su significado sería lo mismo que la Madre Tierra; el mar que viene siendo el espíritu del planeta.

Bien, si la humanidad quiere seguir teniendo ministros religiosos, bien puede, solo que implantando una ley justa dictada por el pueblo y no como ahora, que las religiones son las que dictan a su manera, como eso de la confesión que fue el gran triunfo de la religión. Con eso logró que todos sus afiliados se sintieran humillados y comprometidos a ser fieles a quienes manejaban lo religioso por ya saber todo lo de su vida, siendo esto antihumano y la peor de las vejaciones que le puede suceder al humano. Como jefe de familia como religioso debe de hacer notar a la juventud que no debe de hacer por ser malo, pero de ninguna manera inculcarle que se confiese ante ellos.

Volvamos con lo de las energías, no es la misma satisfacción de tener un cuerpo verdadero, en esto existe ventaja y desventaja. Lo ventajoso de tener un cuerpo humano es que puede disfrutar mejor las cosas a plena luz. El cuerpo humano tiene derecho a cinco reencarnaciones pasando de energía a espíritu y a reencarnar. Al terminar estas reencarnaciones se vuelve a la nada. Una de las oportunidades de reencarnar es cuando se le da el permiso un planeta de procrear humanos.

La esencia que forma los espíritus es mandada del planeta de donde habitan las Energías Supremas. Esta esencia va en átomo-espíritu donde van a nacer humanos. Una vez que el espíritu integra el cuerpo, empieza a evolucionar como seres humanos con la computadora universal que el terrícola denomina "cerebro".

Cuando a un planeta le faltan espíritus y a otro le sobran, me estoy refiriendo a planetas ya habitados por humanos, por órdenes de las Energías Supremas se mandan de un planeta a otro, transformando los espíritus en átomos que al llegar a su destino dichos átomos se vuelven a convertir en espíritus.

También existe un intercambio de espíritus entre planetas. Para esto no intervienen las Energías Supremas, porque las Energías Positivas de los planetas ya están autorizadas para hacerlo y la forma como se transportan estos espíritus es protegida en una cápsula que los transporta a su destino.

El objetivo de este intercambio siempre es llevar conocimientos que no existen en el planeta donde se les manda. Si cumplen con su misión, se les regresa a su planeta de origen en donde tienen derecho a otras cinco reencarnaciones, es decir cinco vidas humanas y así sucesivamente, cuantas veces se les manda y cumplan con una misión.

Se hace esta aclaración porque, desgraciadamente, no todos pueden cumplir con su misión por muchas razones. En ocasiones, las mismas Energías Positivas del planeta a donde fueron mandados los espíritus a enseñar nuevas tecnologías, las obstaculizan en lugar de brindarle su apoyo como es su obligación.

Pero como al darles apoyo, éstas también tienen que trabajar para poder hacer la organización sobre de lo que van a desarrollar estos espíritus y, como en algunos planetas, a las energías les gusta holgazanear que trabajar.

También se da el caso del Planeta Tierra, en donde las energías tuvieron preferencia por determinada raza o razas de humanos.

Como ya quedó anotado, los culpables de que no se terminara la construcción en su totalidad de las Pirámides fueron las Energías Positivas del Planeta Tierra que truncaron que el humano tuviera un súper desarrollo científico. Sabiduría y permiso para usarla se dan una sola vez. Si no se aprovecha, no vuelve.

Qué bueno que las Energías Supremas hayan hecho una excepción de poder usar la energía cósmica, a través de discos y antenas en vez de las Pirámides, que hay que seguirlas restaurando.

Yo, Energía Luz Terciaria, hago una aclaración de importancia, quedando el terrícola en libertad de aceptarla o no: el Sr. José Carmen García Martínez tiene el permiso para energétizar unos kilómetros para que el humano terrícola se dé cuenta que los desiertos y todas las áreas pobres se puedan transformar para que sean fértiles. Para ello hay que establecer los discos y antenas en sus respectivos lugares y tamaño.

Se aclara también que vienen otros conocimientos, como todos a su debido tiempo, y los que se dieron y no se aprovecharon no vuelven jamás, como lo es el caso de las Pirámides que se dio el permiso y el conocimiento para así levantar un plano a nivel Planeta Tierra y la fijación exacta de cada pirámide a construir marcada en dicho plano así como los conocimientos para levantar los planos arquitectónicos de cómo se iba a construir las Pirámides en su respectivo lugar.

En dichos planos ya estaba contemplado el desplazamiento de la base para poder llegar a la altura indicada, así como la clase de material a usar y el cómo colocar las piedras, ya que para dicha construcción de las Pirámides, las piedras se tenían que colocar en perfecta armonía al grado que se contaba con el conocimiento para que las piedras no quedaran ni siquiera un milímetro fuera de su lugar.

Esto lo hacían usando energía en tiempo a otra dimensión que es lo más exacto para hacer trabajos sin fallas de posición o de colocación. En estos conocimientos, los que hoy en día se dicen científicos, ni por imaginación les ha pasado por su mente como funciona.

Volvamos a lo de los espíritus que no cumplen con su misión por una o por otra razón. Estas razones se clasifican; ejemplo: cuando una persona pertenece a uno de estos espíritus y es obstaculizada, por todos los medios a su alcance tiene derecho el espíritu de regresar a su planeta de origen, siempre y cuando éste haya luchado por cumplir con su misión. Sin embargo, hay quienes aún tienen medios a su alcance, pero no lo hacen.

Al terminarse la vida del cuerpo que aloja al espíritu, la atmósfera lo quema por indeseable. Se dan otros casos con espíritus que vienen de otro planeta a cumplir una misión, pero que nunca lograron darse cuenta de ella. A éstos se les da la oportunidad de volver a reencarnar máximo dos veces más para que sean tres con la primera. Es muy remoto que en la segunda vez que este espíritu reencarne no se dé cuenta de su misión a cumplir.

Esto se anotó para que el humano se dé cuenta de cómo se transportan los conocimientos científicos de un planeta a otro. Todos los espíritus en el Univerzo son iguales, vengan del planeta que vengan.

Si los espíritus piensan de diferentes maneras, es porque al formarse un planeta apto para la vida humana, por órdenes de las Energías Supremas, el nacimiento está influenciado por diferentes energías pensantes. Al nacer, la persona queda influenciada por la manera de pensar de la energía reinante a la hora y en la zona de su alumbramiento.

Esto es con la finalidad que se cumpla un engranaje de actuación y de capacidad entre las personas. Es decir que así existe el intercambio en los trabajos que los humanos tienen que desarrollar para su existencia. Porque si todos sirvieran para lo mismo, no podrían sobrevivir por no poder hacer el intercambio indispensable para el acoplamiento de la vida humana.

El mismo intercambio sucede entre planetas para poder hacer la vida interplanetaria. Los planetas también están influenciados por diferentes energías.

Los planetas reciben energía del espacio exterior para mantenerse con vida. Esa energía los planetas la consumen como el humano consume los alimentos. Los volcanes de los planetas arrojan los desperdicios que, a su vez, en los planetas aptos para vida humana producen aire para poder mantener la vida en el Planeta Tierra. Y así sucesivamente, todos los planetas producen lo que necesitan intercambiar entre ellos para alimentarse, arrojando los desperdicios por los volcanes lo que produce aire y energía que sigue usando el cosmos.

Los temblores en los planetas son causados por la entrada de energía del espacio exterior y estos son más destructivos en donde el terreno es más flojo. Estas zonas pueden encontrarse en las llanuras como en las montañas. Lo que el hombre terrícola debe de hacer es observar las zonas en donde hay sismos con más frecuencia y que son muy destructivos. En las zonas en donde los sismos causan mucha destrucción, el hombre no se debe fincar para evitarse problemas.

Si la humanidad quiere reforestar para seguir subsistiendo, tiene que consultar la Madre Naturaleza para saber qué clase de árbol o de árboles se tienen que plantar según la zona del planeta.

El humano se va a preguntar cómo hacer esas preguntas. Eso no es su problema, el terrícola lo que tiene que hacer es lo que se debe, y no lo que se quiere. La Madre Naturaleza le entrega información al Sr. José Carmen García Martínez por ser intermediario del Univerzo Creador.

Parte de la información es cómo hacer cruzas de árboles, hay que consultarles primero a éstos, y también el Sr. José Carmen García Martínez tiene el permiso para consultar a todas las plantas, para así saber cuales serán los resultados antes de hacer la cruza. Las cruzas de árboles van a dar nuevas frutas y maderas.

Habrá árboles que den perfumes muy finos, y a la vez frutas y maderas diversas. Con las cruzas habrán maderas resistentes como el fierro a un 70 % al grado de que los camiones que carguen de tres a cinco toneladas podrán llevar chasis de madera.

Alguien positivamente inventó la frase que Dios dijo: "Ayúdate que Yo te ayudaré."

Se hace una aclaración para toda la humanidad, y principalmente a los científicos que también son los responsables de hacer el bien. El Planeta Tierra no nació como se explicó anteriormente. Lo que el humano terrícola conoce como cometa son fragmentos de desperdicios en el espacio que se acumulan en determinado punto del Univerzo para servir para un nuevo planeta.

Hay otra forma de hacer nacer nuevos planetas y es el caso del Planeta Tierra. En el Univerzo se encuentran planetas demasiado grandes que en ocasiones se llegan a desintegrar por su enorme peso y como esta desintegración ya está prevista por las Energías Supremas, estos fragmentos intencionalmente se incendian para dar origen a nuevos planetas. Una vez ya incendiados, se transportan al punto en donde van a permanecer y al estar ardiendo y circulando es como toman la forma esférica.

Además como se les programa para cumplir determinada misión, al estar ardiendo, se le están proporcionando los elementos que van a necesitar para su función a desempeñar. Duran millones de años ardiendo hasta que es apto para lo que va a usarse. En el caso del Planeta Tierra, es un fragmento de un sol que estalló en cinco partes, y este planeta quedo justo en tiempo y distancia frente al Sol. Se le agregaron los materiales que iba a necesitar para que quedara apto para la creación de plantas y animales, así registrado por el Univerzo.

Las otras cuatro partes son la Luna, Venus, Saturno y Marte, que tiene vida congelada o sedentaria. Si algún día las Energías Supremas lo deciden, lo pueden llevar para que quede justo a tiempo y distancia frente a este sol, para que tenga vida como el Planeta Tierra.

Pero estos planetas son menos consistentes que los que se forman a través de los cometas. Por lo tanto, el Planeta Tierra se desintegraría al estallar una guerra nuclear más.

La peste seleccionadora que está programada es para acabar con todos los ladrones y malvivientes. No entran los que cultivan plantas que producen drogas, porque si a estas plantas las creó la naturaleza es porque son necesarias. Ellas no tienen la culpa de que se les dé mal uso. Estas plantas son indispensables para los medicamentos de los humanos y animales, así como lo es para curar plantas.

Los que cultivan plantas que producen drogas están a salvo de *la peste seleccionadora*.

Hay plantas que sí deberían de ser eliminadas, como lo son algunos cactus en los desiertos que son tipo matorral y muy fibrosas, con excepción de las tunillas agridulces que producen estas plantas y que también tienen utilidad hoy en día sobre el Planeta Tierra, se han creado pastos parásitos que están acabando con los pastizales que sirven para alimentar el ganado doméstico y la fauna silvestre, pero ya hay la orden de eliminarlo por todo el planeta, solo hace falta que el hombre responda haciendo lo que debe.

En cambio a la zarzamora, a pesar de su inmensa cantidad de espinas, se le puede dar buen uso.

Hay algunos árboles que son nocivos para algunas personas y para algunos animales y, sin embargo, son medicinales como lo es el caso del árbol conocido como "chechen" en el estado de Quintana Roo.

Y, así como este árbol, hay cantidad de plantas muy venenosas que, sin embargo, sabiéndolas usar son muy útiles al hombre y a los animales; ejemplo: para el sida normal y provocado, y los cánceres malignos, aún cuando vayan avanzados en un 70 %. Lo importante es saber cómo hacerlo y para no perder el tiempo adivinando y probando lo que no debe, lo correcto es preguntar. Preguntar es fácil, lo difícil es aprender a hacerlo. Solo las personas que tienen el permiso lo pueden hacer y de acuerdo a lo que se les autorice.

Los verdaderos chamanes pueden curar a personas que la ciencia médica ya desahució, siempre y cuando las personas desahuciadas todavía tengan derecho a la vida.

La humanidad tiene muchas dudas de acuerdo a las incógnitas que encuentra. Por ejemplo, existen piedras talladas tan grandes que el hombre se pregunta: ¿Cómo las moverían? Algunas piedras labradas se encuentran colocadas a bastante altura. Bien, hay dos formas para lógrarlo.

La primera forma pertenece a la creación pasada, ésta usaba grúas grandes y transformables capaces de manejar la gravedad del espacio. Hoy les falta aprender a manejar la gravedad espacial, que fue usada para el acarreo de piedras para la construcción de las pirámides. Vinieron humanos de otros planetas para ayudar en la construcción de las pirámides en sus naves interplanetarias.

Cuando ya se iban a ir, les hicieron a sus amigos terrícolas varias obras rudimentarias pero monumentales para los terrícolas, que existen en diferentes formas por todo el planeta. Viajar para ellos era como ir a la esquina a media cuadra.

Para los humanos que viven en el Univerzo, los que están usando energía del cosmos son los más privilegiados, porque tienen la capacidad de hacer estudios y saber dónde va a haber desastres de gravedad con miles de años de anticipación. Ejemplo: al construir una pirámide en un territorio que más tarde los humanos llamarían "país de oriente", se dieron cuenta que se iba a sumergir. Les informaron a los pocos habitantes que vivían en esa isla de muy grande superficie, y les hicieron obras monumentales que se iban a quedar sobre la superficie del agua. Hoy se conoce como Isla de Pascua.

De ahí se fueron a hacer obras similares a lo que hoy es Perú. Sabían que iban a llegar gente de lo que fue país de oriente.

Cuando los extraterrestres vinieron en sus naves para ayudar en la construcción de las pirámides, había un lugar donde a sus habitantes les gustaba jugar a la pelota. Les hicieron grandes y chiquitas pelotas de piedra, para que perduraran de por vida planeta.

Estas pelotas y todo lo demás se cortaron con rayo láser, y se usaron cepillos y pulidoras que traían en sus naves.

La segunda forma pertenece a esta creación, como lo es el caso de las Pirámides. Usaron rampas de madera en algunos casos como en las de Egipto. Los hombres eran ayudados por elefantes que tiraban cuerdas que dependían de un collar. Las cuerdas subían y bajaban, en lo que hoy se conoce como carrucha. En las Pirámides de Egipto llegaron a trabajar hasta tres mil quinientos hombres por día. Las piedras y materiales eran acarreadas en avalanchas con ruedas y ejes de madera, untados con grasa elaborada de plantas.

Estas rampas tenían un mecanismo muy parecido a las escalinatas de banda que hoy se usan en las estaciones del metro. De esta manera, subían las piedras hasta donde las necesitaban.

Se dice muy parecido porque las de hoy, es un motor que mueve unas cadenas en círculo fijo y las rampas que se usaron para construir las Pirámides también. Los cables se enredaban en un mecanismo que tenía ganchos para que no se deslizara la rampa en caso de accidente —como un corte de gravedad del espacio— o bien, cuando llegaba a su objetivo. Esto demuestra la capacidad que ha tenido siempre el hombre.

Desgraciadamente en la actualidad, el Planeta Tierra ya no cuenta con líderes como de esos tiempos con esa capacidad de manejar la gravedad. La avaricia los ha corrompido y cegado a la realidad. Las estúpidas guerras destruyeron las Pirámides, dejando varias por terminar para que funcione el circuito que componían las pirámides. En estas fechas los habitantes del Planeta Tierra ya podrían viajar a otros mundos con vida humana con esta tecnología.

En la actualidad ya existe el permiso de usar la energía del espacio exterior y se está usando como ya se dijo, con la diferencia que con las Pirámides la iban a poder usar todo el Planeta Tierra. Esta energía se va a utilizar no cuando se quiera ni para lo que venga en gana, sino para lo que se autorice. La persona autorizada va a poder usarla en todo el mundo a través de personas seleccionadas que se les informará, quienes son y qué es lo que van a hacer y por cuánto tiempo.

Desde luego que los inventos que se realicen se seguirán por siempre, para ello a las personas elegidas se les entregará los planos y todas las instrucciones del material a usar y el cómo hacerlo, para ello se les estará asesorando hasta que los estudios proyectos estén materializados o funcionando.

Esto se debe a que las Energías Supremas ya le perdieron

la confianza al hombre del Planeta Tierra; así es más funcional organizar a un solo hombre a quien se le ordenará lo que se puede y debe de hacer, en donde sea necesario, trátese de lo que se trate.

De momento, tiene prioridad el inducir lluvia donde haga falta, en segundo término el control de tornados marítimos y terrestres, control de incendios, por ser tan dañinos con la sequía, le sigue la agricultura en todas sus ramas y la reforestación que ya es vida o muerte, no solo para el humano, hasta para los animales y el propio planeta.

Por ello es indispensable ponerse de inmediato a trabajar en la ubicación de los planos en donde se va a inducir lluvia y digamos artificial, luego se deben plantar los árboles para provocar lluvia por naturaleza.

Desde luego que para ello hay que poner discos con mayor captación de energía del espacio exterior, indispensable para lograr los avances del futuro de la humanidad sobre este Planeta Tierra, ya que con el uso de esta energía habrá más alimentos con menos costo y los avances serán generalizados, avances para el bienestar de la humanidad y para la reconstrucción del Planeta Tierra que es el sostén y casa para la humanidad y esto debe de ser en muy breve tiempo.

Como ya se dijo, corre el riesgo de quedar desértico por falta de vegetación por ser ésta la que produce la esencia de mayor importancia para la alimentación planeta en el intercambio que es como recibe la esencia agua el Planeta Tierra, pero si el hombre recapacita, todavía está a tiempo de reparar el mal que le causa al Planeta Tierra y a la vez a sí mismo, ya que al estar acabando con la vegetación, está acabando con su propia vida.

El *inducir lluvia por inercia* es para todo el Planeta Tierra claro con los discos de captación a su debido tamaño y, con sus respectivas antenas, les van a servir para usar en forma amplia energía en el tiempo y distancia a otra dimensión o dimensiones, las que servirán para uno y mil usos.

Ejemplo: el hombre se podrá comunicar a todo el Planeta Tierra sin la necesidad de los satélites ni de usar cables ni operadores en gran escala, ya que se reducirán en un 80 % y así, sucesivamente, habrá avances increíbles si el hombre se decide a luchar por su sobrevivencia haciendo lo que debe y no lo que quiere ya que eso ha sido su desgracia, el tener una avaricia desmedida.

Las dimensiones trabajan de la siguiente manera: se mueven a la velocidad del pensamiento y tienen la facultad de viajar de un planeta a otro porque son microorganismos exclusivos para estar en contacto.

Es decir que existen conductos o viaductos por los que todos los planetas del Univerzo están comunicados entre sí a las computadoras manejadas por las Energías Dioses.

Como ya se dijo, las computadoras sirven para vigilar y controlar la circulación de los planetas, así como cuando presentan síntomas de vejez, y éstos tienen que ser preparados para morir para que al desintegrarse no causen problemas de vialidad.

Y sí, los síntomas son por agotamiento, no son por enfermedad como el caso del Planeta Tierra. La solución es curarlo ya que las computadoras cuando un planeta se encuentra enfermo, solo lo registran cuando presenta síntomas de agotamiento.

Hay planetas aptos para vida humana pero que todavía no se les da la oportunidad de procrearlos; pero que, en cambio, ya tuvieron la oportunidad de procrear animales en todos los casos.

Ésa y la de crear cereales es primero, así como frutas, pues a veces el exceso de animales llega a agotarles la vegetación y se toman las mismas medidas que se tomaron en el Planeta Tierra, una peste; pero, si los humanos en el Planeta Tierra hicieran lo que se debe y no lo que quieren, no hubiera sido necesario.

Pero volvamos a las dimensiones: se les llama “dimensiones” porque poseen diferentes frecuencias, como son las que existen en el propio planeta, es decir, como en el caso de la Tierra, la dimensión que se usa para comunicarse por radio es una con diferentes frecuencias; la que usa para la televisión es otra, y la de los satélites y las que usan para comunicarse con las naves que el humano manda, es otra.

Pero, por no poder usar la energía del espacio exterior, no puede recibir mensajes, ni mandarlos a otros planetas con vida humana. Bien, las dimensiones son núcleos de moléculas superiores a los átomos que también son moléculas que pertenecen a otras dimensiones muy diferentes porque éstas son invertidas para hacer el negativo y positivo en cada planeta con o sin vida humana, así como los muchos otros elementos, todos indispensables para la vida de los planetas y del propio Univerzo.

El cosmos se compone por zonas muy diferentes una de la otra, así como se ve la superficie del Planeta Tierra, esto se debe a que cada zona tiene su uso que es de donde nace la energía espacial.

Es decir que también el espacio se siembra y se cosecha, todas las energías nacen y mueren y el Univerzo es quien las produce. Por esa razón, en ocasiones las Energías Supremas reniegan en contra de los humanos, porque al estar dotados de una computadora universal, de sobra saben qué hacen bien y qué hacen mal, estén preparados o no.

Todos los planetas preparados para vida humana tienen glaciares como lo que el terrícola conoce como Antártida. El funcionamiento de este hielo es captar la esencia agua dulce y esencia agua salada, prueba de ello es que el agua salada en la Antártida es más concentrada en sales porque aquí es donde se distribuye a todo el planeta y al igual que el agua dulce, como es necesario que el planeta tenga sales en su interior. De la Antártida salen venas de agua dulce y saladas para todo el planeta. Pero antes de todo esto, la esencia elaborada por el inmenso laboratorio de la Antártida es procesada, ya que la esencia recibida para transformarla en agua y sal tarda de treinta años de los que usan los terrícolas. De hecho aquí es por donde le entra la vida al planeta.

Al estarse elaborando, estas esencias producen tanto calor que es suficiente para calentar todo el planeta. Pero ya sale condensada en esencia, que se esparce por todo el planeta de mayor a menor cantidad de esencia, de acuerdo con las estaciones del año. De hecho, de aquí de la Antártida salen todas las estaciones climatológicas para todo el planeta, regularizadas por la esencia calor que se manda, ya que ésta al hacer contacto con los rayos del Sol es como se convierte en calor.

En este aspecto, el humano ha estado equivocado, creyendo que el Sol calienta por sí solo. Si así fuera, las montañas más altas serían las más cálidas. Pero como el calor es de acuerdo con la esencia que llega y como entre más alto es menos, llega a las montañas altas que están bañadas por nieve.

Esto se anota para que el hombre se dé cuenta que las estaciones, es la Antártida que las produce, así como produce agua salada, agua dulce y sal. La salida de la esencia calor lo es por los lagos que nunca se congelan en la Antártida. Esto sucede porque así fue diseñado el planeta por las Energías Supremas, y el Polo Norte su funcionamiento es en primer lugar, jalar la esencia calor producida por el Polo Sur.

La lluvia es función del mar de acuerdo con la comunicación que existe con la vegetación; las cosas no están por estar, todo tiene su funcionamiento y además un funcionamiento indispensable. Y el hombre lo que debe de hacer es dejar las cosas en su estado original. Ejemplo: puede servirse de los árboles manteniendo el número más o menos estable. A las montañas heladas no debe de molestarlas ya que éstas son las que le ayudan a la Antártida a producir el calor de que disfruta el Planeta Tierra. Como ya se dijo, en el Polo Norte se atrae la esencia que convierte en calor, pero juega otro papel todavía más importante, es el que recibe toda la energía con que cuenta el Planeta Tierra.

La energía eléctrica es derivada de la energía gravitacional y a la fricción de los dínamos, es condensada para poderse usar. Así dos razones del porque el Polo Norte esté congelado: una es porque cuando se cubre de nieve está recibiendo energías y cuando se derriten los hielos, manda estas energías al resto del planeta. Y porque también manda corrientes de agua dulce.

Los que se dedican a las matemáticas y científicos llegan a calcular más o menos la cantidad de agua que resultaría si estos hielos, de los que hemos hablado, se derritieran dicen ellos, se inundaría tal y cual lugar. Pero es todo lo contrario: automáticamente todo el planeta quedaría congelado y moriría todo vestigio de vida, porque si esto sucediera, también el aire dejaría de circular y también dejaría de circular el oxígeno y el hidrógeno y, sin el hidrogeno, nada puede vivir.

El fuego es una energía y sin el hidrógeno no trabajaría, por eso es importantísimo que el hombre busque la manera de reducir el smog. Porque éste daña la capa de hidrógeno que cubre al planeta y para esto, más que otra cosa, lo que hace falta es voluntad de parte de los gobiernos porque en la actualidad ya se puede reducir hasta en un 80 % y en unos cuantos años se podrá evitar en un 99 %, debido a que ya se van a empezar a consumir los combustibles del futuro por ya existir el permiso de usarlos.

Además el Sr. José Carmen García Martínez tiene el permiso para purificar ríos, lagos y el propio mar, claro que los demás humanos deben cumplir con lo que les corresponde, se informa y anota cuales son las energías que hacen mover al Planeta Tierra físicamente y al igual que el humano tiene un espíritu que es una energía que tiene vida planeta, es decir, todo de lo que está compuesto el planeta es materia inerte, pero que tiene vida mientras tenga esa esencia espíritu planeta.

Y al revés si el planeta, material inerte, por alguna razón llegara a morir repentinamente, todos sus órganos dejan de funcionar. Lo que demuestra que lo uno sin lo otro no puede vivir físicamente. Bien, para el espíritu esencia planeta el estómago lo es el mar, razón por la cual el mar siempre tiene oleaje; los demás órganos ya es la vida Univerzo.

Todas estas cosas juntas hacen la energía central de la Tierra a la que el hombre jamás tendrá acceso directo. Sin embargo, hay dos energías en tiempo y a otra dimensión pueden hacer peticiones a la energía central para que la humanidad viva mucho mejor.

Lo importante de esto es que ya hay el permiso para hacer el contacto con estas energías, usando la energía del espacio exterior. Estas energías anotadas y muchas más son el funcionamiento Univerzo, es decir la vida planeta con o sin vida humana.

Una aclaración más, los que se dicen científicos opinan que los continentes pueden retirarse o acercarse más uno del otro porque éstos son placas. Qué cosas tan más absurdas piensa esa gente,

¿cómo es posible que crean que los continentes sean placas sueltas sin incrustar? Esto únicamente podría ser posible si la Tierra se incendiara al rojo vivo, como sucedió cuando tuvo que soldarse las grietas. Para ello, tuvo que separarse una por una por lo que le ocasionó los estallidos de las bombas, que detonaron los humanos de la creación extinguida. Sólo que en esa ocasión únicamente se incendió sobre las fallas para así soldarse, quedando pendiente la "Falla de San Andrés".

Cierto, el cuerpo del planeta es como el del humano, se desintegra pero no se descuartiza a menos que le pongan un explosivo que lo vuele en pedazos.

Relacionado con las corrientes marinas, son las arterias del planeta, las que le dan vida al mismo planeta y a todo lo que existe sobre él. Dichas arterias producen un calor que es el vapor que forman las nubes y mantienen al mar en constante oleaje, por tanto es el corazón del planeta que está latiendo. Al latir produce nitrógeno. El oleaje provoca que las nubes se carguen de agua y de hidrógeno.

Es así que el agua se purifica y sirve de vehículo a las nubes. El hidrógeno es el que hace contacto con la Tierra en donde va a caer el agua. Los rayos centallas o truenos están provocados por el nitrógeno, al hacer contacto con la tierra. Por lo tanto, sí es posible *inducir lluvia por inercia* plantando parques de árboles ubicados astralmente diseñados por la Madre Naturaleza, que es la manera que los mayas aprendieron a manejar *la lluvia por inercia*.

Pero hoy en día hay el permiso para usar productos químicos para ahorrar tiempo. Pero para que funcione y se mantenga, la naturaleza debe intervenir.

Los planetas que el terrícola llama "soles" o "el Sol", su verdadero nombre es "Faro Universal". Éstos tienen la facultad de crear vida de diferente índole porque con sus rayos llevan membranas de desarrollo celular, las cuales son fecundadas por átomos, en este caso por átomos que existen sobre el Planeta Tierra. Para ello hay un procedimiento y es como si la Luna hiciera contacto sexual con el Planeta Tierra.

Los faros tienen zonas que funcionan al igual que ya lo explicamos. El Polo Sur y el Polo Norte del Planeta Tierra son las zonas de intercambio de energía. Es por estas zonas que los planetas reciben la esencia, que le da vida al planeta y a todo lo que está sobre él. En estas zonas llegan sus rayos.

Pero no a todos los planetas van las mismas membranas o esencia vida ya seleccionadas, porque la vida de cada planeta a donde llegan sus rayos es diferente.

Estos planetas faros, para poder elaborar esas membranas, tienen que estar ardiendo mientras tengan vida. Los elementos que se están quemando son proporcionados por el Univerzo y estos planetas tienen que ser muy grandes. Para poder resistir el inmenso calor, tiene una sustancia como el asbesto de la tierra que resiste el calor solo que mucho más resistente. El globo faro está forrado por una capa de veinte kilómetros de espesor, pero no es pura agua, tiene materiales rocosos y de ahí le sigue una capa de agua por otros diez kilómetros de espesor y de ahí le siguen diferentes materiales congelados a una temperatura de 500 grados bajo cero como los mide el Univerzo.

Y así, como esto anotado, el Univerzo tiene millones de secretos como éstos.

Algunos científicos han llegado a mencionar que el Sol emite explosiones tan fuertes que la lava sube tan alto o se aleja tanto que comparan la distancia como la que se encuentra entre el Planeta Tierra y su satélite la Luna. Esto es algo completamente absurdo, si así fuera ese material candente ya no regresaría a su lugar de origen, es decir al Sol.

Todos los planetas que pueblan el Univerzo tienen más o menos la misma distancia, con excepción de sus planetas satélites que tienen muy poca gravedad para ser manejados según un patrón, que llegan a funcionar como planetas independientes.

Las explosiones en el planeta faro que alumbra al Planeta Tierra, son volcanes. Estos volcanes no son mayores que los volcanes en actividad del Planeta Tierra. Estos se abren en el planeta faro y las demás superficies están muy calientes, pero de ninguna manera ardiendo en llamas como las que conoce el terrícola. En su mayoría son lodos "vaporizantes" o los géiseres como se conocen en la Tierra. Son las pequeñas llamas de esos vapores que son precisamente los rayos que van a los demás planetas. Lo que causa el alumbramiento es la fricción que sufren dichos rayos al viajar. Como el Planeta Tierra está siempre en fricción, siempre está alumbrado. Pero de ninguna manera el sol está ardiendo con fuego como el que conocen los terrícolas a pesar de que el planeta faro es quien proporciona esa energía fuego al Planeta Tierra por el intermedio de los rayos.

Todas estas cosas se anotan para que el humano se dé cuenta de lo insignificante que es él en el Univerzo y que sin embargo se le han otorgado bastantes facultades por los dioses, facultades que mal ha gastado por su avaricia. Este mensaje es para que el hombre del Planeta Tierra se centre, quien está viviendo con un cuerpo humano, teniendo un espíritu maldadoso, en su mayoría desaparecerá para siempre del Univerzo para que no siga corrompiendo a los demás.

Todo ser humano tiene derecho y libertad de pensar como mejor más le plazca no de hacer lo que no debe, y es lo que está haciendo. Desgraciadamente en su mayoría, el humano terrícola recibe el castigo de sus fechorías después de muerto. Solo una minoría paga en vida. El humano tiene esa falsa ilusión que los representantes de su religión están facultados para perdonarlo. Ellos están viviendo del engaño, contando una y mil proezas de sus imaginarios dioses mito.

Los humanos preparados en la lectura superior saben de antemano que Dios existe, pero que jamás estará al alcance de que le vea humano alguno. Las personas que encabezan las grandes religiones son personas con estos estudios superiores por lo tanto, con toda ventaja y alevosía están engañando a los pueblos. Para imponer las religiones usaron la ley del más fuerte, lo que costó millones de asesinatos y robos. No eran religiones eran ejércitos perversos.

En la actualidad sigue siendo lo mismo con la diferencia de que tiran la piedra y esconden la mano, y algunos jerarcas religiosos sí abiertamente están haciendo pelear a su pueblo. Si en verdad fueran religiosos, tratarían de unificar a todo el mundo diciéndole la verdad sin hacer ninguna distinción de raza o color.

Cuando se empezó a escribir la Biblia su verdadero nombre fue "libro de acontecimientos" y lo comenzaron a escribir los monjes tibetanos hace unos 18 500 años, pero aún no vivían en lo alto de la montaña, vivían en las costas de lo que hoy es la India, y esta organización se componía de diferentes razas.

Se puede decir que eran más científicos que los de hoy, porque en primer lugar su idea era organizar a todos los humanos del planeta. Esa organización había aprendido a comunicarse a través de viajes astrales con todos los hombres que hacían cabeza de todos los pueblos que cubrían el Planeta Tierra. Se estuvieron comunicando de esta forma por 6 000 años, por tener un permiso astral al igual que los mayas. Sin ningún inconveniente, por ser de común acuerdo con las Energías Positivas del planeta de quienes era la responsabilidad de guiar a los humanos por buen camino. Por lo tanto estas personas eran sus ayudantes, pero cuando las Energías Supremas dieron la orden de levantar el plano por todo el globo terráqueo para marcar todos los lugares donde quedarían las Pirámides, ésta fue la razón por la que Energías Positivas del Planeta Tierra que no habían tenido cuerpo humano se pusieron celosas, demostrando su estupidez y su egoísmo. En ese tiempo los monjes tenían contacto con las Energías Positivas y con los jefes de las tribus, y para todo les consultaban y les pedían permiso, ya que eran las responsables directamente de guiar el comportamiento de los humanos por buen camino.

Estos monjes tenían permiso astral para cooperar, claro, estos monjes siempre iban a estar visibles como humanos dirigentes frente a los demás. Las Energías Positivas siempre iban a ser invisibles para los humanos, aún cuando ellas estuvieran dirigiendo a los humanos.

Algunas de estas energías buscaron la manera de desbaratar a este grupo que se le daba el nombre de "organizadores" por saber el pasado y prever el futuro. Estas energías supuestamente positivas lograron inculcar mentalmente a algunos jefes de tribus que consideraran estos monjes como sus enemigos, a los que había que eliminar. Fueron a matarlos y los que lograron escaparse se refugiaron a lo alto de las montañas. Al darse cuenta, los dioses que manejan Univerzo Creador de esta situación, dieron la orden que la atmósfera quemara estas energías. En esa ocasión se les dio permiso a espíritus que habían tenido cuerpo humano para ser Energías Positivas para el Planeta Tierra.

De momento respondieron a las órdenes recibidas, y este grupo se volvió a organizar, pero al estar por terminarse todos los trabajos en las pirámides volvió a suceder lo mismo.

En la actualidad es indispensable escribir la historia de todos y cada uno de los pueblos sobre la Tierra para que la humanidad esté en condiciones de opinar y de actuar con conocimiento de lo que ha sucedido. Ya que en la actualidad, la historia de los países está fabricada para favorecer a los invasores y a los poderosos trepados en el poder, trepados en las religiones.

Los humanos se preguntarán si para todos es el mismo el cerebro, es decir la computadora universal, porque en la actualidad se encuentran humanos viviendo en tribus, en un estado tan primitivo.

Pues para ello influyen diferentes factores, el primordial es que las Energías Positivas del Planeta Tierra hayan agarrado partido. A las razas protegidas por ellas, les inculcaron mentalmente de una manera fuerte, que se apoderaran del territorio que más pudieran y que extinguieran de ser posible a sus ocupantes. Lo peor es que esto sigue sucediendo.

Como ya se dijo, esto sucedió después de que ya había todo para la terminación de las Pirámides, inclusive algunas ya se habían terminado y otras estaban por terminarse sus acabados.

Estas Energías Positivas para el Planeta Tierra que ya habían tenido cuerpo humano fueron quienes les inculcaron la invención de las religiones para tener el pretexto de pelear y de hacer invasiones fuera de orden, pero los verdaderos responsables son los dioses que manejan el Univerzo Creador. Esto, Yo, Energía Luz Terciaria, lo digo por mi cuenta.

Los que encabezaban religiones mandaban según ellos a religiosos como exploradores para saber en qué lugares del planeta había pueblos aislados para después ir a sacrificarlos y quedarse con sus tierras. Esto sucedió muchos años después de que la segunda creación actual de humanos dejaran de vivir en armonía sobre el Planeta Tierra.

Las primeras Energías Positivas que tuvo la creación actual, nunca habían tenido cuerpo humano, pero nunca les inculcaron a los humanos la pelea a muerte ni apoderarse de más territorios del que necesitaban, y siempre los humanos estaban dispuestos a compartir lo que había sobre el Planeta Tierra.

Cuando hubo la orden para la construcción de las Pirámides, a estas energías lo que ya no les pareció fue que con la construcción de las Pirámides los hombres que encabezaban los pueblos casi se iban a poner al tú por tú con ellas. Por eso hicieron caso omiso de su promesa de cumplir con todo lo que les encomendaron, las Energías Comisionadas mandadas por los dioses, no cumplieron. Al contrario inculcaron a los humanos la necesidad de pelear por fronteras y hacer invención de religiones, que no era más que el pretexto para poderse amafiar en grupos fuertes para sacrificar, robar y esclavizar a los más débiles. El segundo pretexto era que las religiones, al fijar fronteras, los sobrevivientes de los pueblos perdedores tuvieron que huir a las montañas y selvas y perder su civilización.

Esto sucedió en los continentes que a continuación se ubica en Asia. China fue el centro de la civilización más fuerte y las tribus o razas más numerosas, era la raza amarilla que hoy se conoce como China. Su territorio era pequeño, pero se organizaban grupos y se iban a poblar a otros lugares sin que hubiera el más mínimo problema por el territorio que iban a ocupar y así sucesivamente era en todos los continentes.

Desde luego esto sucedió antes de fijar fronteras porque para tomar un territorio, bastaba que estuviera deshabitado o bien si había alguna tribu habitándolo. Se le preguntaba a la tribu si estaba de acuerdo en ceder un pedazo, por lo regular siempre estaban de acuerdo. Cambiaron de parecer cuando las Energías Positivas les inculcaron mentalmente fijar fronteras para tener sus dominios. La idea era hacer pelear a los hombres.

Bien con esta nueva idea, China fijo sus fronteras atemorizando a sus vecinos que en su mayoría eran su misma gente. Como se les perseguía encarnizadamente con el fin de liquidarlos, éstos huyeron lo más lejos posible. Cogieron diferentes rumbos, unos de ellos se fueron a las Islas Filipinas.

Pero éstos que huyeron, trataron de extinguir a los pocos habitantes que tenían las islas. Los sobrevivientes montaron en las montañas a vivir como animales salvajes por no tener otra solución. El mayor salvajismo se registró en lo que los terrícolas conocen como el continente europeo. En el continente africano hubo poco cambio de vida ya que las tribus más o menos se quedaron con su mismo territorio y el que menos problemas tuvo fue el Antártico.

El continente americano se acomodó de la siguiente manera: las partes sobrepobladas en estos tiempo eran Perú, Uruguay, Canadá y parte de lo que hoy es Estados Unidos de Norteamérica. Así que solo se recorrieron al centro. Esto se dice para que comprendan que la unión hace la fuerza.

Si en la época que se está viviendo, siglo XXI, época de Cristo, un grupo de familias de los hombres que se dicen científicos tendría que huir y aislarse, lo más probable es que casi todos morirían de hambre. Los sobrevivientes a las tres generaciones ya muy poco hablarían de la civilización que los obligó a huir para salvar su vida. A la cuarta ya ni lo mencionarían, y además todos serían analfabetos.

A grandes rasgos, esto fue lo que sucedió al fijar fronteras por primera vez. De ahí en adelante, las invasiones han sido frecuentes, abusos y robos cometidos por los poderosos que lo siguen haciendo del día y noche.

Cuando se levantó el plano para la construcción de las Pirámides y se empezó la construcción de las mismas, todavía reinaba la armonía fraternal y todo el mundo cooperaba sin importarle en que territorio se estuviera construyendo la Pirámide.

De antemano sabían que era para el beneficio de toda la humanidad y al verdadero Dios, ya que todo el mundo estaba consciente que aunque nadie le había visto, existía y que por lo tanto ellos no debían creer en nadie más ni tener más creencias, obedecían al código universal que era escrito por hombres de todas las razas.

Como ya se anotó, la antigua organización de hoy los tibetanos, su principal lema era el respeto a la naturaleza porque se les inculcaba que estar en armonía con la naturaleza era estar en armonía con Dios. Hoy se desquiciaron, hay animales de dos patas adorando a los de cuatro patas.

Y para que a ellos se les respetaran sus derechos, había que respetar los de los demás. Para esas fechas ya había códices de leyes para gobernar y leyes para juzgar los delitos. Como nadie le hacía a otro lo que a él no le gustaría que le hicieran, los códices de leyes para castigar eran usados muy pocas veces, es decir, tenían un amplio sentido de lo que vale y es la vida.

Quien vino a descontrolar esa energía entre los hombres fueron las Energías Positivas del Planeta Tierra y en segundo lugar la invención de las religiones que fueron las que acabaron con todos los códices que estaban apegados a la realidad, conteniendo la verdad escrita. Substituyendo estos códices por lo que hoy se conoce como la Biblia que no fue más que conveniencia de los gobernantes religiosos de todas las religiones y sectas que no eran más que unos sanguinarios y aves de rapiña.

En el futuro el hombre solo debe de creer que existe un solo Dios y que este no necesita de representantes en la Tierra u organizaciones que construyan grandes edificios que sangran a los pueblos y que los siguen sangrando.

El hombre debe de reunirse para platicar y ver la mejor forma de organizarse para protegerse teniendo los suficientes alimentos, escuelas para la educación de sus hijos, mandar una plegaria al creador siempre sin que se les olvide proteger a la naturaleza que es la mejor oración a Dios y la única forma de obtener los alimentos.

Desde luego que es indispensable que siga habiendo gobiernos como los hay en la actualidad. El matrimonio civil es el que da la protección a los ciudadanos. Son estas instituciones que deben seguir facilitarlo.

Lo demás queda a criterio de los hombres siempre pensando que existe un solo Dios y que ninguna raza es más ni menos. Dijimos que las Energías Supremas son los dioses pero con una sola cabeza. De no ser así sería un inmenso problema aún para guiar a los planetas. Ahora para acoplarles los elementos a todos y cada uno de ellos, ya que son diferentes composiciones. Existen planetas que deben quedar muy exactos en sus posiciones y en sus componentes, hablando químicamente. Si les falta un 5 %, no trabajan y si se les pasa el 1 %, estallan en billones de billones de partículas. Esto ha llegado a suceder y todo por un descuido de segundos.

Esto se anota para que el humano se dé cuenta que las Energías Supremas, es decir los dioses, no pueden atender los problemas de los humanos directamente porque los planetas con vida humana se cuentan por billones.

Los habitantes de los planetas que están usando la energía del espacio exterior tienen idea de lo inmenso del Univerzo. Pero no así el terrícola, por no estar usando la energía del espacio exterior. Si tuviera idea de lo inmenso del Univerzo y las oportunidades que pudieran dárseles. Todo depende de cómo se siga portando, porque de seguir los humanos actuando como lo están haciendo en su mayoría, lo más probable es que la esencia espíritu que pertenece a los humanos del Planeta Tierra desaparezca para siempre no tan solo de la faz de la Tierra sino del Univerzo por indeseable.

Ya que de sobra sabe que hace mal, como ya se ha repetido una y otra vez esta frase, y lo hago para que no quede lugar a duda, quiero hacer una aclaración relacionada con quienes fueron las últimas Energías Positivas del Planeta Tierra y que no cumplieron con su cometido. Estas fueron las Energías Positivas de la época del budismo y la peor de todas, ya que con estas Energías Positivas al frente de los problemas de los humanos del Planeta Tierra, dejarían que los humanos provocaran la primera guerra mundial y la segunda y casi la tercera.

A todos se les ha hecho juicio y han sido condenados a ser quemados por la atmósfera para que desaparezcan para siempre del Univerzo, ya que éstas no tienen ninguna excusa porque al autorizarles ser Energías Positivas se les hace saber sus obligaciones y sus contribuciones, así como lo que les sucederá si no cumplen.

Desde luego que para cuando se les castiga, hay otras en su lugar, claro, esta orden dada por las Energías Supremas para que éstas desempeñen como Energías Positivas de cualquier planeta "X". Naturalmente que es más riguroso el castigo para la esencia energía que para la esencia humano, por ser mucho mayor la responsabilidad de las primeras y porque se les da una preparación muy superior.

El humano que hace mal lo hace con pleno conocimiento de causa, por lo tanto es imperdonable. Esto se anota para que el humano se dé cuenta de que la mejor religión es portarse bien dentro de ley y derecho.

Esto se dice porque si alguna persona es muy buena o presumida de ser buena gente y está ayudando a un flojo para que no trabaje o a un vicioso para que compre la droga, entonces está haciendo mal. Se debe de ayudar a las personas que no pueden valerse por sí solas por su edad, por enfermedad o invalidez y a las personas que están aportando algo para la humanidad.

El humano debe de tomar en cuenta que la base de todo es la producción y la reproducción de la especie humana ya que el único que produce es el humano. Como ya había quedado asentado —el repetirlo no es por demás como ya se dijo—, el día que el Planeta Tierra ya no tenga capacidad para alimentar a su población, él mismo se encargará de esterilizar a las hembras de todo índole en la medida que sea necesario.

Pero por el momento, poniéndose el hombre a reconstruir lo que él mismo ha destruido sobre el Planeta Tierra, se necesitaría cuatro veces más su población. Es decir, que en lugar de una persona fueran cinco para poder reconstruir el planeta en mil años.

Recursos los hay desde ahora, al punto de que los gobiernos están autorizados para acuñar monedas o reimprimirlas. Aunque de momento sea inflación, pero al salir la cosecha deja de serlo porque los alimentos valen más que el propio oro.

Ésa es la razón por la que todas las monedas de todos los países deben valer lo mismo, para que los países más listos dejen de estar explotando a los que tienen gobernantes más débiles que con tal de tener dinero en lo personal, pierden toda su dignidad como hombres y como jefes de Estado.

La peste va a dar cuenta de todas esas personas que son la lacra de la humanidad cuando su obligación es organizarse para la prosperidad. Ya surgirán varios líderes, en cuanto tengan libre el camino.

Hoy bloqueado por las mafias, un líder debe de ser enérgico y a la vez noble, pero con inteligencia porque mucho depende de la manera de razonar y de contestar y saber catalogar de quien vienen las palabras.

La computadora universal que tiene el hombre es de acuerdo con su capacidad intelectual, su espíritu —el cuerpo es materia inerte y nada tiene que ver ni con lo bueno ni con lo malo—. La responsable directa es la esencia espíritu con múltiples variantes para hacer el engranaje.

Como ya quedó anotado, hay diferentes energías que influyen en los humanos a la hora de su nacimiento, para que de esa manera existan diferentes maneras de pensar así como, para que el hombre se desarrolle en trabajos diferentes logrando hacer lo que él es apto.

Este patrón de conducta permanecerá por la vida con cuerpo humano y al morir éste y al volver a reencarnar en otro cuerpo, le toca patrón diferente. Jamás el mismo. Esa es la razón por la cual las huellas digitales del humano son diferentes y también se incluyen las de los animales, que son diferentes las de uno a las de otro, aún las de las mismas energías que también nacen y mueren al igual que el humano. A diferencia que algunas de ellas viven miles de años como lo cuenta el humano, pero años Univerzo para energías, lo máximo es 150 años. Muy rara vez han existido energías que su vida se prolongue a 162 años Univerzo.

Las Energías Supremas manejan el Univerzo con computadoras que miden el Planeta Tierra por años lunas, que corresponde a once días Univerzo.

Sobre el Planeta Tierra hay plantas longevas que si se les preguntaran cuantos años tienen, ellas contestarían tantos años, pero basados en lunas porque ellas sí miden el tiempo de acuerdo a la ley Univerzo ya que su energía protectora sí tiene la facultad de entrar a otras dimensiones y así darse cuenta de las leyes Univerzo.

Esto no quiere decir que ella pueda intervenir en los destinos Univerzo, pero si va a hacer muy valiosa su información ya que ya existe la autorización para consultarles todo lo que se desee saber sobre plantas de toda índole.

Con esto se van a acabar las incógnitas y dudas con las que siempre ha vivido el humano terrícola por haber caído en la desgracia de no haber terminado la construcción de las Pirámides, para así usar la energía del espacio exterior para todos los pueblos.

Los hombres de ciencia terrícolas, algunos de ellos sostienen que todo es transformable, pero desgraciadamente no es así: todo tiene que volverlo a producir el Univerzo, como a quien se le gastan un par de zapatos teniendo que usar otros porque aquellos ya son desechos.

Que cierto, de alguna manera, va a producir materia orgánica que sirve para alimentar plantas, pero que jamás va a volver a ser un par de zapatos porque es muy diferente la esencia que da lugar al nacimiento de otra vaca.

Si el humano tuviera la capacidad de ver el inmenso laboratorio que tienen todas y cada una de las plantas para poderse desarrollar y producir, y que sí sería necesario que el humano pudiera darse cuenta para que no fuera tan desperdiciado. Ejemplo: si una persona al comer consume 200 gr de “X” comida, ¿por qué servirse 300 gramos o 400 gramos para luego tirarla al cesto de la basura? Lo correcto sería que se sirviera 150 gramos o los 200 gramos, y en caso de no quedar satisfecha, servirse una porción más que crea terminarse.

Con esta medida, los alimentos abaratarían su costo y alcanzarían para millones de personas que se están muriendo de hambre y se mueren por desnutrición año con año. La humanidad que sí tiene la oportunidad de tener alimentos a su alcance, desperdicia por día a nivel globo sobre Tierra un millón novecientas cincuenta mil toneladas diarias de alimentos ya cocinados.

Y además, educar al pueblo sobre todo a las amas de casa que cuando tengan verduras o frutas a punto de echárseles a perder por la razón que ya no las alcanza a consumir, las lleven al lugar donde las autoridades indiquen para transformarlas en alimentos útiles.

Así como las personas que viven en zonas áridas, que por la pobreza de la tierra no produce por el momento; que si se hace lo que se debe, la única tierra que no produce es la que no se siembra. Porque, por mala que parezca, la tierra sirve para producir algo, pero esto será cuando ya exista una perfecta organización que la va a haber con el cambio que viene de acuerdo con las órdenes dadas por las Energías Supremas.

Esto que se está escribiendo, es el mensaje para que la humanidad se dé cuenta el por qué de las cosas. Pero la orden es *la peste* como ya quedó asentado; quien ha hecho males, *la peste* dará cuenta de él, ya que las Energías Supremas jamás ordenan dos veces. Y si así fuera, que sería del Univerzo si no hubiera una estricta ley.

Ya que las energías que lo comandan con diferentes grados y cargos se cuentan por billones bajo las órdenes de una sola, que representa al único Dios Univerzo responsable de liderar a los demás dioses que son Energías Supremas.

Pero que obedecen fielmente a la Energía Suprema que le toca estar al frente para resolver los problemas Univerzo y que también tiene sus consejeros y ayudantes, como cualquier jefe de Estado terrícola, con la diferencia de que estos consejeros y ayudantes sí son fieles en un cien por ciento.

Si el hombre terrícola se enmienda después de *la peste seleccionadora* y surgen líderes limpios, hay probabilidades de que a estos líderes que surjan se les de el permiso de poder consultarle a las Energías Positivas del Planeta Tierra.

Desde luego sirviendo como intermediario quien esté manejando la energía del espacio exterior, ya que el derecho de poderse comunicar los jefes de Estado directamente con las Energías Positivas del planeta ya se perdió por transcripción del tiempo.

Ya que los avances y las oportunidades similares o mejores vienen, pero jamás las mismas, y para la creación terrícola actual ésta es la última oportunidad de poder usar la energía del espacio exterior a través de la persona autorizada para ello, ya que esta persona podrá hacer trabajos en tiempo y distancia a otras dimensiones, desde luego usando la energía del espacio exterior para lo que se autorice, ya que nada podrá hacer sin previo permiso que tendrá que solicitar a la energía de turno, representando a las Energías Supremas en el Planeta Tierra.

Ya hay la orden para que exista una energía representante de las Energías Supremas permanentemente sobre el Planeta Tierra, quien está autorizada para estar en contacto permanentemente con la persona que maneje la energía del espacio exterior, para lo que se le autorice, ya que nada podrá hacer sin previo permiso. Se tendrá que solicitar a la energía en turno, representando a las Energías Supremas en el Planeta Tierra ya que está haciendo contacto con la persona que empieza a manejar la energía del espacio exterior y, a su vez, esta energía ya tiene el permiso para comunicarse a determinada computadora que es manejada por las Energías Supremas. Por lo tanto, es la única energía intermediaria entre las energías del espacio exterior y la persona que empieza a manejar la energía del espacio exterior.

En el Planeta Tierra, esta persona fue elegida por las Energías Supremas debido a que ya posteriormente se le había mandado la autorización para que demostrara que sí es posible tener contacto con la Madre Naturaleza, ya que él tenía y tiene la facultad de poderse comunicar con las energías que comandan a la Madre Naturaleza sobre el Planeta Tierra.

Aparte de que esta persona ya tuvo como maestros a químicos que fueron dos científicos, alemanes en apariencia, durante catorce años. De lo que aprendió con estos científicos fue como sacar las fórmulas para las plantas gigantes, así que para él, es manejar productos químicos simplemente.

Claro que para poder manejar la energía que sea necesaria en los diferentes proyectos, hay que establecer discos y antenas para la captación de dicha energía, como lo ordenen los dioses que manejan Univerzo Creador.

Por lo tanto, él puede obtener información sobre productos que se pueden usar para múltiples cosas, así como obtener la información de el como poderlos usar y en que dosis.

Lo mismo está facultado para poder localizar corrientes de agua subterráneas, cual fuere su profundidad.

Además de poder distinguir la naturaleza del agua salada o dulce, azufrosa, útil para riego, o si contiene substancias tóxicas y no sirve ni para riego, existen corrientes subterráneas con capacidad para poder aflorar por su propio pie, solo que a éstas no es fácil el encontrárseles ya que algunas de ellas su misión es llegar a una parte del planeta y a éstas por ningún motivo la Madre Naturaleza va a permitir que se les encuentre.

Lo mismo sucede con los minerales de toda índole, ya que el Planeta Tierra de ley debe tener en sus entrañas minerales para poder hacer formaciones como lo hace el cuerpo humano a través de sus órganos. Y ese es otro de los problemas que está creando el humano, explotando despiadadamente todos los recursos no renovables sin darles tiempo para su reproducción que es milenaria, razón por la cual se les denomina "recursos no renovables".

Y esto solo en cuanto a metales se refiere que son los que están cubiertos, porque lo que se refiere a arenas y piedras jamás se reproducen. Y lo que está adentro del mar, a través de muchos años sí crecen. Lo que el hombre terrícola llama "islas" o "piedras de coral", pero en realidad es que en el fondo del mar se acumulan substancias recogidas del espacio exterior que son transformables en diferentes materiales para restaurar los desgastes del lecho marino.

Ya que la sal destruye tanto a la roca como a los demás materiales y es indispensable que el fondo del mar se mantenga. Los arrecifes de coral, como ya se anotó, son acumulaciones de substancias llegadas del espacio exterior, indispensables para nitrógenar[6] el agua, así como para magnetizarla y que no sea dañina para la fauna marina, ya que sin estos alimentos la mayor parte de los animales marinos no podrían vivir porque la sal los mataría.

Estos elementos llegados del espacio exterior, les crea un anticuerpo para así poder resistir a la inmensidad de sal viviente que existe en el mar. Porque aunque el humano ni siquiera lo ha pensado, la sal no es un elemento muerto, sino un elemento vivo. Las salinas que explota el hombre son los desperdicios de la sal. Para poder limpiar lo sucio de las aguas, a petición de la esencia sal, se mueve el oleaje, como dicen los humanos "aunque usted no lo crea".

Con la conveniencia y la inconveniencia de que éstos en las áreas más cercanas al mar destruyen las cosechas y en las partes más lejanas las favorecen. Por lo que en las playas se debe de poner plantas que les favorezcan las sales.

Lo que se va a anotar es factible, aunque el hombre no lo crea, con el uso de la energía del espacio exterior es posible provocar ciclones a deseo, o evitarlos a conveniencia de los humanos, pero únicamente a través de las personas que manejan la energía del espacio exterior.

Por no haber sabido aprovechar en su tiempo la orden dada por las Energías Supremas, que autorizaba los gobernantes a poder manejar la energía del espacio exterior, por no haber acabado las Pirámides, influenciadas por las Energías Positivas convertidas en negativas, hoy por segunda y última vez el humano terrícola tiene la oportunidad de volver a usar la energía del espacio exterior.

Y si digo volver a usarla, es porque los egipcios y los aztecas y mayas por ser un gobierno de coalición, ya la estaban usando y dejaron de usarla por las invasiones solo que hoy, como ya quedó anotado, será manejada por un solo hombre.

Hago la aclaración y recordatorio una vez más de que todo lo que se pueda hacer para controlar la lluvia será parcialmente y solo se

6. Nota del publicador: Poner nitrógeno.

logrará si el humano tiene deseos de seguir viviendo sobre el Planeta Tierra. Para restaurarlo se necesitan dos cosas: que aumente la población responsable y que se dedique a la reconstrucción. Para lograrlo tendrán por lo menos que pasar mil años.

Piense el humano que todos los millones de hectáreas que hay sobre el planeta terreno, abandonados por improductivo, se reforesten para producir olivos, magueyes, nopales, manzanas, duraznos, chabacanos, cerezas, ciruelos y vid, así como cítricos y árboles para madera y muchas otras especies que son adaptables a los diferentes terrenos y climas. A través de estos árboles, gramíneas y leguminosas se producirían muchos millones de toneladas de alimentos anuales.

El humano como pueblo y sus gobernantes tienen que dejar de producir armas. Una persona teniendo nada más como alimento, dátiles y agua puede sobrevivir por años. Una tonelada de oro y agua encerrada en un lugar donde no haya otra cosa más, máximo el humano duraría vivo cincuenta días con el agua y las reservas de su organismo.

Si una persona se le pusiera en una celda donde el piso, paredes y techos fueran todo de oro puro y no se le dejara ni siquiera agua, viviría máximo siete días, porque el propio oro lo mataría.

Entonces, ¿por que razón el hombre es tan estúpido y le da más valor al oro que a los alimentos? Debe de tomar en cuenta que todo lo que existe sobre el Planeta Tierra es para que lo disfruten los humanos.

Claro que tiene que haber leyes y reglamentos, y que cada quien debería de vivir de acuerdo al trabajo desarrollado. Desgraciadamente por el abuso del gobierno y de las religiones que se han amafiado para proteger a un puñado de familias, que son la minoría a nivel del globo terráqueo —provocando el desbalance económico— causando con ello, que quien más trabaja es quien menos tiene por no haber un reparto con equidad en los pueblos de todos los países.

Ya que los países que a través de sus armas hacen que su moneda tenga un valor más alto que las de los demás, es un abuso imperdonable, vuelvo a repetir que un saco de trigo tiene el mismo valor cualquier sea el país.

Los gobiernos tienen que buscar un sistema de protección obligatorio que sea funcional para todos, cualquier sea la nacionalidad o el país. Todos los trabajadores aunque sean independientes —obreros sueltos o vendedores— tienen que tener seguro para atención médica, así como seguro de vida. Para estos seguros hay que hacer un minucioso estudio, ya que habrán casos donde el patrón pague los seguros cuando le queden ganancias abundantes, pero que si no las hay, paguen ambas partes.

Más o menos esto sería socialismo, porque socialismo, quiere decir "sociable", lo que no tiene nada que ver con los partidos políticos ni las religiones. Si digo esto es porque en todos los países, los partidos en el poder son igual de pillos.

La peste seleccionadora terminará con quien no obedezca las leyes que se publicarán por órdenes de las Energías Supremas. Éstas indicarán cómo deben funcionar el pueblo y los gobiernos —ya que todos los humanos tienen que ponerse a trabajar en lo que les corresponde—, ya que la obligación es de todo el mundo: sacar adelante al Planeta Tierra y con ello sobrevivir el humano.

De no cumplir, las Energías Supremas van a dar la orden que se restaure el Planeta Tierra, el humano no va a resistir. En primer lugar, la lluvia ordenada por las Energías Supremas traerá muchos nutrientes acumulados para las plantas, que dañarían el organismo humano, provocándole diarrea y muerte.

Por eso se hacen todas estas advertencias, aunque parezcan estúpidas, recalcando tanta vez lo que el humano ya sabe lo que debe de hacer para su sobrevivencia, pero desgraciadamente no lo hace y si no se le aprieta, nunca va a hacer lo que debe, y esto debe de ser pronto, o de lo contrario será demasiado tarde.

En la actualidad han aparecido enfermedades incurables porque el hombre no sabe cómo hacerlo y por mucho que lo intente no lo logrará hasta que se dé el permiso para su control.

Aunque el hombre cree que lo puede resolver por sus conocimientos adquiridos en lo que llaman "Universidad", pero está muy equivocado. Los conocimientos para hacer el bien o el mal se dan de tres formas. La primera es por orden de las Energías Supremas, la segunda es por órdenes de los Dioses que manejan Univerzo Creador y que son los responsables de vigilar el comportamiento de las Energías Positivas del Planeta, y la tercera por las energías negativas, al origen del mal que crea el humano.

Los Dioses forjaron al humano a la perfección a su semejanza, dotándolo de una supercomputadora universal para decidir y que no sea un robot.

La irresponsabilidad de las Energías Positivas del Planeta permitió que grandes grupos de espíritus maldadosos, con cuerpo humano, se organicen para hacer el mal. El jefe a la cabeza siempre representaba religión y gobierno. Cabe señalar lo que la gente llama "Satanás" es un mito. Los que hicieron las guerras encabezando religión y gobierno, sí fueron reales. Afortunadamente en muy pocos planetas con vida humana existen estos satanases que en el Planeta Tierra se cuentan por millones.

Estos problemas, que son muy nocivos para la humanidad de los planetas donde no se cumple con la ley universal que estipula que en los billones de planetas que cuentan con vida humana, todo el planeta debe ser un solo pueblo, dividido por territorios bajo las órdenes de un solo gobierno comprometido a cumplir con las leyes bajo el control del propio pueblo. De no hacerlo se le destituiría la humanidad para el bienestar del planeta.

Los Dioses que manejan Univerzo Creador también deben de aceptar su parte de responsabilidad por confiar en información ficticia que les mandaban las Energías Positivas.

La peste seleccionadora va a dar cuenta de todos los malvados.

Quiero hacer una aclaración que va a desconcertar un poco a la humanidad, sobre todo a los fanáticos de la una o de la otra religión que existe sobre el Planeta Tierra. Como ya se indicó, las Energías Positivas del Planeta Tierra eran espíritus que ya habían tenido cuerpo humano y que se les había autorizado para pasar a ser Energías Positivas. Pero las Energías Supremas, al darse cuenta que no cumplían con su misión encomendada, comisionaron a otras Energías Positivas para que se hicieran cargo del Planeta Tierra. Parte de la misión fue quemar en la atmósfera las que no habían cumplido. Como lo fue por grados, de mayor a menor: Atenea, Orfeón, que por cierto pertenecía a los hebreos, Jesucristo, Aquiles, Orfeón Segundo, que pertenecía a la raza negra ya que el otro también pertenecía a la Judía, al igual que Jesucristo por ser híbrido, Krishna, que pertenecía a Turquía, pero que la gente cree que era hindú, Karma, el "mensajero"... Solo Aristóteles siguió prestando servicios como Energía Positiva, habiendo sido humano, por siempre haber estado en contra de lo que se hacía mal.

Hago la aclaración de que estos personajes jamás tuvieron el poder de un Dios, ya que ni siquiera tuvieron la oportunidad de tratar con las Energías Supremas a través de un solo intermediario. Tal vez, si hubieran cumplido con su misión, hubieran llegado a tener esa oportunidad.

Las Energías Supremas, al ordenar que se escribiera este mensaje, me escogieron como Energía Comisionada para hacer un estudio minucioso de todos los problemas que aquejan a la humanidad sobre el Planeta Tierra. Observé que el más agudo de los problemas era el HAMBRE, a causa de los explotadores y malos gobernantes.

Al llegar, me encuentro con que había un espíritu que había venido de otro planeta a reencarnarse sobre el Planeta Tierra con la misión de fomentar la producción agrícola del Planeta Tierra. Vi que él venía a acabar con el hambre de la humanidad terrícola desvalida, pero me encuentro con que se le ha juzgado y lejos de recibir apoyo, ha tenido presiones y más presiones a pesar de lo que ha demostrado. Me doy cuenta también ya tenía el nombramiento como intermediario con Univerzo Creador y que era la persona a quien le traía Yo la ratificación.

Entonces me dije: este es el hombre que necesito, empezando con que él ya tenía el permiso y la autorización para lo que estaba haciendo. Pedí autorización para ello a las Energías Supremas y no tan solo me lo concedieron, sino que me autorizaron para que lo ayude con el manejo de la agricultura para que nazcan nuevos cultivos que no existen sobre el planeta. La encargada para entregar las fórmulas para que nazcan nuevas plantas es la Madre Naturaleza.

Además autorizaron que sea el único hombre sobre el Planeta Tierra que maneje la energía a espacio exterior, con previo permiso para lo que se va a emplear.

Así que al salir este libro a la luz pública, la humanidad se va a dar cuenta de que esta persona sí está tratando con las Energías Supremas, nada más con un mensajero impuesto de por medio que soy yo, la Energía que está dictando este mensaje, de nombre Luz Terciaria.

Vendrán después de mi otras Energías Comisionadas por el Univerzo que aparentarán ser como cualquier humano.

Aclaro que esta persona ya desde que fue comisionada para los temas de agricultura, ya estaba predestinada para sobresalir y dar servicios indispensables para la humanidad, no como Energía Positiva, mucho menos como un Dios, solo como un humano.

Esto lo digo porque a través de esta persona va a haber avances positivos para la humanidad que nadie podrá hacer, que solo ella por tener ya la orden dada y ratificada por las Energías Supremas. Ya existe el permiso para empezar a llamar la atención mundial mostrando que lo imposible es posible y sin complicaciones.

Se podrá manejar los desperdicios reactivos de lo que se use en beneficio de la humanidad, claro, a través de laboratorios para liberar a la humanidad de esa amenaza. Así como muchas otras cosas muy importantes como *el inducir lluvia* en donde haga falta, control de tornados marítimos y terrestres, apagar incendios forestales, purificar el medio ambiente, así como los ríos, los lagos y el propio mar, en cuarenta y ocho horas de haber empezado a trabajar.

Es necesario aclarar lo que va a cambiar, y que la humanidad piense y acepte que existe un Dios verdadero, pero uno solo a la cabeza universal del que el hombre forma parte. Se aclara, los dioses son humanos y se cuentan por millones, que viven en diferentes planetas por todo el Univerzo, con la diferencia que ellos tienen billones de problemas a resolver.

Repito, como ya se dijo, las Energías Supremas son muchas, pero con una sola a la cabeza, a la que le toca estar al frente, a quien obedecen fielmente. Así que para los humanos la recomendación es que no se engañen ellos mismos, haciéndole caso cuando un zángano se les pare enfrente, ya que la única manera de honrar a Dios es ser respetuoso de todo y por todo.

Voy a hablar de lo que la gente llama "brujería" o "exorcismos", pues son energías pero negativas. Precisamente a través de esos espíritus que se fugan del control y aunque usted no lo crea, estos espíritus se amafian con espíritus que aún tienen cuerpo humano. Además, los exorcistas o brujos de alguna manera han aprendido a manejar las energías naturales que son indispensables para el desarrollo sobre el planeta, como lo son las ondas radioactivas que transportan las imágenes a los aparatos llamados "televisor". Así como las ondas llamadas "sonoras" que son las que sirven para radio, y que tan solo sabiendo usar estas ondas se puede curar o enfermar a una persona, sin importar la distancia que exista de por medio.

Razón por la que hay quien cure y quien enferme, y lo curioso es que absolutamente nadie de las personas que manejan estas ondas, ya sea para brujería o para radio y televisión, saben a fondo como manejarla. La mayor parte de los brujos ni siquiera saben que existe, empezando con que algunas de estas personas no saben leer.

Por eso es que hay tantas incógnitas, dentro de los que manejan estas energías. Estas personas de generación en generación traen ese conocimiento sin saber leer porque hubo la orden y el permiso al momento que se construyeron Pirámides por todo el Planeta Tierra. En ese tiempo no había medios de comunicación, es por eso que se les autorizó a los humanos para hacer viajes astrales.

Ya que se comunicaban telepáticamente para que así pudieran ayudar a los visitantes de otros planetas a levantar un solo plano por todo el globo terráqueo y empezar a construir las Pirámides que les iban a permitir usar la energía del espacio exterior.

Una vez fortalecidos con esta energía, iban a poder dialogar y discutir los problemas y los avances con las Energías Positivas.

Desgraciadamente, todo lo que iba a ser la grandeza máxima, solo les quedó los monopolios de la maldad que precisamente existen en los países capitalistas. Un ejemplo entre varios: en Estados Unidos del Norte, existe la llamada organización de los Rosacruces, que cuenta con personas muy capacitadas intelectualmente. Tienen un alma y conciencia negra, es decir, un espíritu de lo más malvado que puede haber, que se dedican a imprimir literatura para diferentes países para capturar a personas inocentes a su mafia.

Esta literatura empieza con llamarles la atención con mensajes cómo: "conocerse a sí mismo", "conozca su futuro", "triunfe en el amor, en los negocios", "tenga dominio sobre los demás", etc.

Usan estos inocentes como receptores de energías y les roban a lo largo de sus estudios. Lo peor es que no pueden renunciar a la organización porque sobre sus cabezas pesa la maldición. Las personas que agarran el anzuelo pasan por un proceso de selección. Estas organizaciones tienen personas con mucha capacidad para estudiarlas y saber si les convienen.

Para esto existe todo un equipo experto encargado de analizarlos, según tengan la capacidad de hacer el bien y el mal, y también observan a los que no sirven ni para una cosa ni para la otra.

Estos mafiosos están de acuerdo con su gobierno para mover guerrillas en otros países para desestabilizar a estos gobiernos y así poderlos manejar a su antojo. Comercialmente, estas mafias les deja al gobierno buenos dividendos, ya que tienen comercios en todos los países que controlan, en donde venden también los materiales para curar y para enfermar.

Cosa increíble, pero sin estos materiales el exorcismo o brujería no funcionan, porque las moléculas de cada persona son diferentes a las de las demás, y a través de estos elementos hacen el control así como lo hacen en los aparatos.

Pero con *la peste*, toda esta clase de gente va a desaparecer no solo de la faz de la Tierra sino también del cosmos, es decir que toda la esencia indeseable se va a quemar, porque esas son las órdenes de las Energías Supremas.

La humanidad debe de tomar en cuenta que la vida con cuerpo humano es para disfrutarla. El futuro que tienen los espíritus de las personas después de muertas, en el plano que sigue, tienen la autorización de pensar al igual que cuando tuvieron cuerpo humano.

Además hay autorización para visitar de vez en cuando a su lugar de origen, a sus familiares, aunque no se puedan comunicar por no tener el permiso. Sin embargo existen excepciones, en donde se les da el permiso a determinados espíritus para venir a comunicarse con algunas personas, que sean de sus familiares o no. Cuando pasan los espíritus al plano donde vuelven a reencarnar, ahí pierden la noción de lo que fueron. No obstante, todo lo pasado lo llevan grabado para siempre hasta ser quemados por la atmósfera, ya que todo espíritu no tiene derecho más que a cinco reencarnaciones. Se les comisiona a otro planeta con vida humana para determinada misión, en el donde van a reencarnar de dos a tres veces máximo. Si cumplieron con su misión, tienen el derecho de regresar a su país de origen en el planeta en que vivieron sus cinco primeras vidas y desde luego, para vivir otras cinco vidas más, siendo una persona privilegiada por haber cumplido su misión como embajador de un planeta a otro.

Esto no es ciencia ficción, es tal y como son las cosas que el humano desconoce.

Ahora todo depende de que la humanidad se centre y se decida a luchar por su sobrevivencia, haciendo lo que se debe de hacer. Ésta es la última oportunidad que tiene esta creación de humanos sobre el Planeta Tierra y que su esencia espíritu siga existiendo en el espacio sideral.

Todo depende de que el humano se decida a hacer lo que debe y mucho de lo que debe de hacer queda anotado en este libro. Éste saldrá a la venta al público antes de comenzar *la peste*, ya que antes la gente no lo creería y existiría demasiada especulación y eso sería lo de menos. Lo malo serían las represiones sobre el escritor, QUE NADA, PERO ABSOLUTAMENTE NADA, tiene que ver con todo esto, que pase o no pase, ya que no existe poder humano capaz de provocar lo que se está anotando. Una vez que esto comience, no habrá poder sobre la Tierra que lo pare hasta terminar con su propósito de quitar, "lo que no sirve, que no estorbe".

Habrá quienes se liberen de morir a causa de *la peste* aún ya teniéndola, si se arrepienten de buenas ganas y den marcha atrás, poniéndose a hacer lo que deberían de haber hecho desde un principio, en que tuvo la oportunidad como funcionario o como representante de empresa.

No existe poder humano que pueda provocar una peste como la que se está describiendo, es porque ésta va a ser seleccionadora y precisamente atacará a las personas poderosas y las drogadictas. En fin, a toda persona malviviente sin importar credo o religión, ya que también es necesario desarraigar a los religiosos malvados de todas las sectas por ser una plaga y unos provocadores de las guerrillas y las guerras, al igual que los altos funcionarios de los gobiernos.

La diferencia entre una peste provocada por los humanos con armas químicas es que arrasaría parejo. La *peste seleccionadora* termina nada más con quien debe.

En la época de la construcción de las Pirámides y muchos años después, el hombre, para explotar madera, sembrar, cosechar, pescar y para muchas otras actividades, siempre pedía permiso a la Madre Naturaleza, permiso que siempre les era concedido, pero que jamás abusaban de él. Y cuando por descuido del hombre se llegaron a quemar grandes extensiones, en esos lugares llegó a existir sequía continua, hasta por siete años, lo que obligaba a abandonar los pueblos.

En esta vez si el hombre no se pone a hacer lo que debe, no tan solo va a abandonar su pueblo, sino que su esencia espíritu se perdrá para siempre en el Univerzo por indeseable. Así que todo depende, de cómo razonen los humanos después de *la peste*, —porque en un primer momento, solo se va a llevar a los maldadosos actuales y luego a los que surjan—, y de que conozcan este mensaje, ya que es la última oportunidad para los terrícolas.

El Planeta Tierra aún es joven y puede tener mucha prosperidad si el humano se pone a reconstruirla, olvidándose que él quiere que todo se lo resuelva Dios, cosa totalmente absurda, ya que el único responsable de luchar por su sobrevivencia es el propio humano.

En las mentiras que hoy están en la Biblia, la única idea original y buena es lo que se le hace decir a Dios: "Ayúdate que Yo te ayudaré". Que quiere decir traducido a la realidad, si no trabajas no comes y eso debería de ser la ley.

El hombre tiene que desarrollarse a su máxima capacidad en este siglo. *La peste* va a servir para templarlo. Desde luego que la vida es para disfrutarla, a nadie le hace mal tomar vino moderadamente, deben de eliminarse por completo las bebidas artificiales que contienen sustancias químicas.

Ya que una mente es sana si su cuerpo lo es, y si la persona está drogada, no puede tener mente sana, ya que el pensamiento es lo más ligero que existe. La mejor manera para controlar sus pensamientos es que la persona sea sana.

Como ya se mencionó, habrá estatutos dictados por las Energías Supremas para que los gobernantes y pueblo en general tengan una base de cómo deben portarse, ya que en la actualidad los estatutos o leyes existentes aunque aparenten ser buenos, están hechos para favorecer a los grupos poderosos. Ya que son modificables a voluntad de los grandes jerarcas y los representantes.

De ahí, tomada la decisión por las Energías Supremas de desatar una *peste seleccionadora*, ya que los equívocos o errores tienen una tolerancia para que la persona se enmiende, pero esta clase de personas mencionadas ya rebasan el límite de tolerancia, y mientras estén vivas y sin tener un freno fuerte como lo será *la peste*, jamás se enmendarán.

Sin embargo, hay probabilidades de que algunas personas aún estando seleccionadas para contraer *la peste*, si se arrepienten de buenas ganas como ya se dijo, se salvan. Y claro que hay personas que aunque traten de arrepentirse de mil maneras, su mal ya no tiene remedio.

En este libro se están anotando informaciones científicas con palabras muy simples y sencillas, pero que mencionan informaciones aún desconocidas para los hombres de ciencia.

Cierto que hay quienes tengan una investigación muy amplia y además científica, pero que desgraciadamente, no ha servido más que para la destrucción de la humanidad, y del propio globo terráqueo, ya que esta información es proporcionada por energías negativas, las cuales están haciendo más o menos lo que hacen los políticos, una cosa buena para lograr hacer diez malas.

Antes de continuar, quiero hacer una aclaración: las dimensiones se cuentan por millones, pero para los humanos después de que han adquirido un cuerpo, se encuentran en la primera dimensión del planeta, no así del Univerzo. Al morir, éstos entran a la segunda dimensión —como ya quedó asentado—, que de acuerdo con su comportamiento en vida, se les selecciona para saber que espíritus deben y tienen derecho de volver a reencarnar. Y quienes ya no lo tienen, existen dos razones: una, lo es su mal comportamiento que tuvieron en exceso cuando tuvieron cuerpo humano; la otra razón, lo es cuando ya tuvieron cinco cuerpos humanos, ya por ley Univerzo tienen que morir esos espíritus.

Pero hay dos diferencias entre los que ya no tienen derecho a volver a reencarnar. La primera es que el espíritu ya tuvo cinco cuerpos humanos, de inmediato se les despide hacia la atmósfera para que ésta los queme. Mientras que el espíritu que ya no tiene derecho a volver a reencarnar por haberse portado demasiado mal, para podérselo expedir hacia la atmósfera, primero se le deja, sobre el planeta al que perteneció, como castigo noventa y nueve años de los que usa el terrícola.

Y a los que se les castigó, que va de 15 a 49 años, porque a los que se castigan de 50 a 99 años es por delitos pesados, ya que quince años se calcula un lapso normal para que a los espíritus se les autorice volver a reencarnar. Pero para ello, de todas maneras tienen que salir fuera de la órbita de su planeta con la diferencia de que éstos van protegidos, para que la atmósfera no los queme, ni a la salida ni al regresar.

Para que el humano más o menos se dé una idea cuando el espíritu se le muere o se le acaba el cuerpo humano y pasa de segunda dimensión a otro planeta para humanos, sigue con los mismos conocimientos y experiencias que tuvo en vida. Por lo tanto, guarda buenos recuerdos, así como rencores. En la segunda dimensión, sigue unido a la computadora universal, la cual el terrícola llama "cerebro", y sigue haciendo uso de ella.

Actualmente, las nuevas Energías Positivas encargadas de custodiar a los humanos y el Planeta Tierra todavía no entran en acción decisiva, debido a que las órdenes son, de que esperen hasta que entre en acción *la peste*, ya que ella será la reguladora de la balanza con energías que manda Univerzo Creador.

Mientras tanto hay energías sobre el Planeta Tierra temporalmente mandadas por las Energías Supremas para investigar a fondo varias cosas entre ellas, saber cómo los espíritus con cuerpo humano en la primera dimensión han logrado usar la computadora universal sobre el Planeta Tierra y como la usan en la segunda dimensión.

Lo asombroso es que el uso de la computadora universal en la segunda dimensión es muy superior al de la primera dimensión. Desde luego, los espíritus amafiados con energías negativas inventaron el cómo fabricar todo el armamento bélico.

La primera dimensión es la única dimensión donde los espíritus con cuerpo humano tienen la facultad de hacer y deshacer.

La dificultad del espíritu que tiene cuerpo humano es la avaricia y la pereza. El espíritu que ya no tiene cuerpo, tiene la facultad de seguir usando la computadora universal, tiene todo el tiempo del mundo, ya que su alimentación es a base de microorganismos que flotan en la atmósfera, ya no tienen la necesidad de luchar por sustento. La única dificultad que tienen en la segunda dimensión es que no tienen el permiso para inculcar la maldad, lo hacen telepáticamente fuera de ley Univerzo. El espíritu de esa dimensión puede ser visible y comunicarse con la persona que tengan permiso, pero no con quien ellos quieran. Lo que haga o no haga, el responsable es el espíritu que tiene el cuerpo humano, no el espíritu de la segunda dimensión.

Dentro de la ley Univerzo dictada por las Energías Supremas, existe el permiso para que el espíritu, que ya dejó el cuerpo humano, siga usando la computadora que poseía en vida. También existe el permiso para que el humano, cuando un espíritu que ya dejó el cuerpo humano, lo está fastidiando lo queme, desde luego simbólicamente. Esto lo hace invocando a una Energía Positiva, que ésta tiene obligación de analizar para darse cuenta si el espíritu, que ya no tiene cuerpo humano, tiene alguna razón para acercarse al humano con cuerpo, o si solo se trata de un espíritu chocarrero, como los suele llamar la gente.

En este caso, la Energía tiene la obligación de inmediato obligar a ese espíritu chocarrero a salir para que no moleste; si no lo hace, se le obliga a salir de la atmósfera de la Tierra para que la atmósfera Univerzo lo queme y así muera para siempre.

En cuanto a los espíritus que están en contacto con un cuerpo humano con permiso, éstos solo harán cosas buenas, pero los que se contactan sin permiso, hay el riesgo de que estos espíritus aconsejen cosas fuera de orden. El mayor responsable sería el que tiene cuerpo, también el que no lo tiene si inculca cosas malas intencionalmente.

Es un ejemplo, los espíritus que enseñaron como desarrollar la energía atómica no lo hicieron de mala intención, pero sí, lo enseñaron en un mal momento. Ellos empezaron antes de la guerra dando los últimos detalles cuando la guerra empezaba en vez de detenerse. Estos espíritus, por ser responsables de su mal uso, fueron obligados a salir para que la atmósfera los quemara.

Lo mismo va a suceder con todos los humanos que son responsables de estar haciendo mal uso de estas energías. Si se usaran con buen fin, sería un gran avance científico para la humanidad. Ya se le hubieran dado los conocimientos para evitar la radiocontaminación que causan los desperdicios de los productos radioactivos. Tienen uno y mil usos benéficos y también —así como son de peligrosos usarlos en armamentos belicosos— lo son usándolos para producir electricidad, ya que estas plantas causan una tremenda contaminación.

En la actualidad, los gobiernos más que por necesidad construyen plantas nucleares para producir energía eléctrica teniendo un costo económico y medioambiental muy elevado. Ellos lo que quieren es hacer grandes inversiones para poder robar. Tan es así, que algunas de estas plantas junto a ríos caudalosos tienen mucha más capacidad de producción. Mismo si estas plantas tengan un costo muy inferior, su mantenimiento es elevadísimo y el peligro es aún más elevado. Ya existen diferentes formas de producir energía eléctrica sin contaminación y eso los gobiernos lo saben.

Existen países que carecen de ríos, pero pueden aprovechar la energía de sus zonas con fuertes vientos o geotérmica de sus tierras. De no contar con la una ni con la otra, la propia electricidad tiene capacidad para producirse a sí misma. Pero la idea de estos gobiernos es hacer un presupuesto para robar tanto a través de la construcción que de los servicios y los impuestos.

Si recalco tanto estos abusos es porque de alguna manera son la causa del descontrol del Planeta Tierra. La pobreza obliga a hacer muchas cosas indebidas, por ejemplo, robar para poder comer, talar los montes para sacar el sustento. Si los gobiernos con los dineros que se roban les proporcionaran fuentes de trabajo, no lo harían y así sucesivamente. La obligación de los gobernantes es proveer para todos los habitantes del país. Lo que ha faltado es voluntad tanto de los gobernantes como también del pueblo. Esto tiene que cambiar rápidamente o todo el mundo perecerá para siempre. En agosto de mil novecientos noventa, ya que las cosas llegaron a su máxima tolerancia para restablecerse sin intervención externa.

— Yo, José Carmen García Martínez, pregunto a usted, Energía Luz Terciaria, ¿llegara *la peste seleccionadora* sin publicar el libro?

— Claro que no. Primero se tiene que publicar el libro, pero no se me ha dado la oportunidad de poderlo hacer.

Los gobiernos como Inglaterra y Estados Unidos, seguidos por Francia y España, haciéndose ilusiones de grandeza ya empezaron a prender la mecha con Irak, para provocar una tercera guerra mundial, cuando su pueblo pobre agoniza por hambruna.

Como se trata de petróleos, estas potencias aparentan ir como mediadoras para evitar la catástrofe, pero en realidad son quienes la están provocando. Por lo tanto, llegó el momento de que *la peste* comience a engendrar los virus, para cuando se dé la orden de actuar. Desde luego, *la peste seleccionadora* empezará por los soldados en el frente al mismo tiempo que por los gobernantes provocadores, entre ellos los productores de armas que son los causantes de que esté peligrando el planeta.

Para el humano de cualquier planeta, lo más valioso que posee es su planeta, afortunadamente el 99 % de los planetas que tienen vida humana sí están cuidados esmeradamente por sus habitantes, y el 1 % de mayor a menor están maltratando a su planeta como lo es el caso del Planeta Tierra. Es la estupidez más grande que comete el humano al estar destruyendo su propia casa. Si la destruye, jamás tendrá el permiso de ir a poseer otra, es decir pasar a otro planeta. Si el humano del Planeta Tierra se diera cuenta que en el Univerzo hay muy pocos planetas con vida humana que tengan las condiciones tan agradables para la vida, como el humano la disfruta en el Planeta Tierra, tal vez lo cuidaría.

Es posible que al quitarle toda la chatarra[7] humana al planeta, los que queden se pongan a cuidarlo, porque ya van a saber porque se quitó la chatarra humana. Si les llamo de esta manera, es porque están demostrando ser más estúpidos que las lombrices, porque están haciendo cosas muy fuera del sentido común.

¿Cómo es posible que los humanos lejos de dedicarse a construir y dedicarse a producir bienestar se dediquen a destruir y a producir malestar por su insaciable avaricia, dedicando el 43 % de toda la producción mundial en bruto a la construcción de armamento que no sirve más que para la destrucción en sí del hombre y del propio planeta?

Al comenzar *la peste* tendrá que empezar por los jefes de Estado, que son los responsables por prestarse a servir de marionetas a los grandes capitalistas que son responsables de todos los problemas y conflictos mundiales. Éstos van a tener una agonía prolongada porque algunos de ellos van a poder arrepentirse.

---

7. Nota del publicador: en el contexto de la frase "escombro", "decadencia".

El terrícola ha gastado vidas humanas, que es lo que más vale, también ha destruido la corteza del planeta. Cierto que existen productos químicos con los cuales es posible reparar la corteza terrestre. Al hombre todavía no se le ha dado la oportunidad que conozca esos productos, porque lo más seguro sería que los usara para la destrucción del planeta, como lo hace con los radioactivos. Estos productos se tendrán que usar para la reconstrucción del Planeta Tierra con esta u otra creación. Las órdenes definitivas ya están dadas por las Energías Supremas, para que si, con todos los acontecimientos que van a suceder el humano, no se enmienda, se le elimine en un 100 % todo lo podrido.

Solo se escogerá a los espíritus buenos para darles el permiso de viajar a otro planeta con vida humana, para que reencarnen entre los habitantes de ese planeta para así dejar libre al Planeta Tierra, hasta que se le dé la orden de volver a procrear humanos, en la forma como ya quedó anotada.

Esta medida de parte de las Energías Supremas no es drástica por dos razones: la primera es que el humano está dotado de una computadora universal y la otra es que se le está dando una oportunidad que ni siquiera merece, porque de sobra sabe el mal que está causando y porque, hasta el que no sabe leer ni escribir, sabe lo que es bueno y malo.

Entonces, ¿por qué hacer todo mal? Por ejemplo, las personas que viven en las ciudades, que se dicen más cultas, no solo botan sus excrementos a los ríos a través de los drenajes, pero también tiran toda clase de aceites y toda la basura que pueden.

La gente que vive en el campo quema los montes y los residuos de las cosechas, haciendo más pobres las tierras cada día, tira árboles y más árboles, pero jamás planta uno solo. Los funcionarios sacan o dan los permisos para talar los montes siendo muy pocos los que los reponen, cuando hasta el más humilde campesino puede reponer un árbol.

Los representantes de la agricultura a nivel gobierno en su mayoría jamás le han metido las manos al campo, se mueren por vejez sin llegar a comprender jamás lo que es el campo. Lamentablemente, son quienes hacen los programas y dan las órdenes.

Pero, a pesar de lo maltratado del globo terráqueo, todavía se pueden obtener alimentos en abundancia para una población muy superior a la actual. Está dado el permiso y la autorización para empezar a producir en abundancia a través de los sulfatos, diversos reactivos y algas marinas que ya son los fertilizantes del futuro, que van a ser fuertemente usados en todos los cultivos de cualquier especie de planta. Por lo tanto, también habrá más y mejor alimentación, también para el reino animal.

Lo que se acaba de anotar es posible, ya está plenamente demostrado con la producción de las verduras gigantes de Valle de Santiago en el estado de Guanajuato, México, y que muy pronto se empezarán a producir en varios lugares, como ya se hizo en el estado de Tamaulipas (Norte de México), aparte de hacer otros avances agrícolas de forma que ni el mismo hombre ha soñado jamás.

Existe el permiso y la autorización para comenzar de inmediato sin importarle el lugar ni las plantas a desarrollar. El desarrollo será sorprendente. Los fertilizantes del futuro no contaminan la tierra ni el agua.

Y esto ya debe de empezarse de inmediato a trabajar fuertemente en todos los niveles, ya que las soluciones son varias y diferentes, y que deben de empezar a realizarse de inmediato para que exista credibilidad.

Para que todo el mundo tenga la oportunidad de pensar y de actuar relacionado con este mensaje, todo el mundo que quiera puede leer o escuchar este mensaje, quedándose con la libertad de seguir actuando como lo vienen haciendo las personas o cambiando su manera de actuar en señal de que captaron el mensaje, y de que tienen el deseo de seguir viviendo y que, por lo tanto, van a restaurar a su Planeta Tierra.

A lo menos se cree que después de *la peste*, sí va a cambiar la gente de opinión y de manera de actuar, debido a que los muertos se van a contar por miles y millones, porque hasta este nivel llega la chatarra humana.

Claro que existe gente que vive dentro de lo normal sin problemas físicos, que sí está haciendo lo que debe, por comprender su responsabilidad ante la Madre Naturaleza, a pesar de los que estorban. Mientras otros sufren de adicción a cualquier droga, físicamente están hechos pedazos, porque prefieren la droga que a los alimentos.

Entre mejor se coma, se vive mejor y la salud es la mejor manera de disfrutar la vida, todo el mundo lo sabe, pero se deja influenciar por lo peor. Además que por todos los medios, hay agentes de publicidad oficiales, grupos con permiso y grupos clandestinos, que de una o de otra manera les benefician ganancias económicas a los gobiernos. En su ambición de llegar al poder, permitiendo el anunciar productos nocivos para la salud, no deberían permitir su producción.

Así que la única forma de acabar con todos estos vicios es iniciar *la peste seleccionadora*, ya que todos los gobiernos del planeta están involucrados en el tráfico de drogas.

Parece ser un mal sin remedio, pero no lo es. Si los gobiernos en su mayoría fueran honrados, las Energías Supremas en lugar de dictar este mensaje y promover *la peste*, hubieran ya ordenado la construcción de un aparato acoplado a una computadora para detectar el uso de droga, indicando su naturaleza y origen, proporcionando rápidamente todo tipo de información útil como las redes de distribución, los responsables oficiales o clandestinos, así como quienes hacen el aporte financiero para todas las operaciones de drogas y si reciben dinero de las mafias para lavarlo. Este aparato también permitiría detectar varios otros tipos de fraudes administrativos, electorales, crímenes o colusiones, señalando con detalles las órdenes dadas y sus autores. Este aparato también podría ser utilizado para identificar las aptitudes individuales y pronosticar el desarrollo posible a futuro. Ya ha habido personas que han intentado construir un aparato más o menos con estas características.

El sistema de vida en los planetas con humanidad varía de un planeta a otro. Creo que al humano no le gustaría ser un robot;

entonces el poder hacer y deshacer tiene un precio y se llama la "responsabilidad".

Puede ser que *la peste seleccionadora* acabe de una vez con algunas personas que se comienzan a drogar, pero que su hábito va a ir en aumento, y de lo contrario hay personas que en la actualidad permanecen drogados del día a la noche, pero que al leer este mensaje van a dejar de hacerlo.

Puede ser que a algunas de ellas, *la peste* les respete la vida, porque estará manejada por energías, y cuando estén decididas a tener un cambio radical en su vida y comiencen a trabajar para cambiar.

Lo que va a sobrar es trabajo, habrá comida en abundancia. La producción estará basada en la abundancia, no en las horas de trabajo.

El hombre debe de tomar en cuenta la velocidad con que hace las cosas y no perder el tiempo en hacerlas. Para todo, tendrán que existir mayores avances. Las carencias lo urgen.

Es necesario parar de inmediato y para siempre las guerras entre los humanos. Esto se hace para quien quiera crear conciencia, ya tenga las bases.

Si este mensaje se publica antes de que se desarrolle *la peste*, es porque la orden es avisarle al humano. Hay personas que les va a ser muy útil si este mensaje se publica anticipado a *la peste*. Por ser dotado de una computadora universal, se le dejó libertad de pensamiento.

Como todas las cosas primero son mentales, el humano está en libertad de actuar como mejor le plazca. Se habla de las religiones por ser necesario, ya que éstas han sido y serán las mayores promotoras de los conflictos mundiales.

Mientras no se les frene, seguirán teniendo hipnotizados a todos sus seguidores en la Tierra dentro de una u otra religión, cometiendo asesinatos a diestra y siniestra, amparados según ellos en su religión y por sus jerarcas. Si Satanás existiera, no sería tan malvado como los jerarcas de las religiones, más cuando tiran la piedra y esconden la mano.

Cuando ha habido invasiones de una nación a otra y que van los religiosos para imponer su religión que el invasor ejerce, éstos siempre han cometido las peores de las atrocidades: saqueos; destrucción de centros ceremoniales y de sus ciudades de los invadidos, que más que centros ceremoniales eran verdaderos archivos científicos; violación de mujeres y violencias sin nombre, que a continuación se cita y que ha sucedido sobre todo el planeta.

Señalo un solo caso en concreto, cuando España invadió América, aún entre paréntesis, porque la realidad es que América se autoinvadió sola por los traidores a la patria de estos mismos países, desgraciadamente los sigue habiendo.

La religión católica es la que más males le ha causado a la humanidad y le sigue causando.

En la actualidad hay dos países fuertes sobre el Planeta Tierra.

Uno por sus armas y sus múltiples robos, endeudando todos los países que puede. Aparte de tenerlos endeudados, logran a través de la religión convencer grupos de oposición a tomar las armas contra sus propios gobiernos. Claro también que hay ocasiones que las guerrillas se deben a que el pueblo ya no soporta a sus gobernantes apoyados por este mismo país poderoso. A cambio de apoyo permiten el saqueo de sus países. De una forma o de otra, él hace pelear a los pueblos y así poderlos explotar vendiéndoles armas y prestándoles dinero. Este país se queda con la mayor parte de la producción, con la cual puede seguir apoyando fuertemente a los religiosos para que le sigan haciendo el juego.

[8]El otro país fuerte, es fuerte al plano geográfico y también por su armamento, pero que ya está siendo minado fuertemente por la religión católica, con el apoyo moral y económico por el país saqueador ya mencionado. Aparentemente va a desmoronar al que él considera su mayor opositor para poder liderar al mundo, pero está muy equivocado, porque todo lo que está haciendo fuera de orden se le va a revertir, empezando con que ya en la actualidad su propio pueblo es uno de los más endeudados del planeta, por los capitalistas de ese mismo país.

Existen gobiernos de otros países que están haciendo mal uso

8. Nota del publicador: Este comentario corresponde a la situación internacional del momento en que fue dictado el libro.

de los recursos económicos del país, por un lado obligados por la presión de las transnacionales y por tener líderes sin coraje.

Volviendo a lo de la invasión, los españoles trajeron perros entrenados para atacar los que les echaban encima a los nativos, y en ocasiones dejaban a los perros hasta que mataban a los nativos, y en ocasiones se llevaban los cuerpos para que los perros se los comieran.

También en varias ocasiones ya de consumada la invasión, hubo españoles que arrebataban niños de los brazos de sus padres para dárselos de comer a los perros, ¿esto es la religión católica?

Si Satanás existiera, ni él se atrevería a hacer lo que los humanos han hecho, protegidos por las religiones que han cometido un sinfín de barbaries. Y a pesar de que la humanidad tiene muchos de esos hechos sangrientos y delictuosos registrados, lo estúpido no se le quita, aceptando todo lo que el invasor le inculca.

A pesar de todas las barbaries cometidas, de todo ello no tan solo lograron que los pueblos acataran esa religión, sino que se convirtieron en fanáticos que es lo peor, aún en estos tiempos que se dice que los pueblos están civilizados al desatar guerras mundiales.

Así que a estas alturas no queda más solución que *la peste* para acabar con toda la escoria humana, que de sobra sabe el mal que está provocando, empezando con que los más preparados intelectualmente son los que más males están creando a la humanidad y al propio planeta.

Ya se han anotado informaciones de interés científico, en parte se ha hecho para demostrar que lo que se está escribiendo no es ciencia ficción, sino la realidad de las cosas, duela a quien le duela, y el que la debe que la pague. Porque solo así las cosas pueden cambiar para seguir su verdadero cauce, señalando a los culpables y castigándolos, desapareciéndolos para siempre de la faz del Univerzo, porque solo así estos espíritus no vuelven a causar males.

Esta medida ya es indispensable en el Planeta Tierra, porque los espíritus maleantes ya están muy engreídos y todo porque las Energías Positivas del Planeta Tierra no han sabido cumplir con su encomienda. Todo lo contrario, fueron los que inventaron y provocaron las guerras.

Por lo tanto, de aquí en adelante correrá con la misma suerte de los espíritus de los humanos si no cumplen con su cometido. Los humanos son la mejor perfección después de las energías en el Univerzo, por lo tanto no deberían de ser dinámicos y prácticos. Las Energías Supremas tienen la firme decisión ya tomada de liberar al Planeta Tierra de morir prematuramente. Así que el humano con lo aclarado y anotado en este mensaje, ya sabe lo que les espera.

Los estudios proyectos formulados y autorizados por orden de Energía Suprema, proyectos astrales, serán entregados al Sr. José Carmen García Martínez, quien está escribiendo este mensaje, por ser la única persona a nivel planeta que está sirviendo como intermediario a través de su grupo de nombre Desarrollo y Equilibrio, A. C.

Para demostrar lo efectivo de esta energía, va a haber varias demostraciones en breve lapso de tiempo. Posiblemente antes de que el público conozca del mensaje, cosas que hasta ahorita los científicos de todas partes no han podido lograr. Por ejemplo, la interpretación de todos los códices que existen sobre el Planeta Tierra; así como toda clase de escritura que perteneció al pasado que explican como poder sacar la información de las construcciones de los pueblos que pertenecen al pasado; porque quedaron desalojados de lo que era su fuente de vida; en qué año se comenzó su construcción; el cómo se imaginaban a sus dioses o en que creían; cuales fueron sus enfermedades, su tipo sanguíneo, ya que hubieron pueblos que pertenecieron a un solo tipo, pero esto fue ya en la creación extinguida. Ya que en esta creación actual sí hubo tribus que pertenecieron a un solo tipo, pero que nunca vivieron en un pueblo bien construido como los que se han encontrado sepultados.

Cabe aclarar que también hay pueblos sepultados por lava de volcán, que estos fueron sepultados por las explosiones de las bombas que acabaron la creación que fue la primera en el Planeta Tierra, llamado por ellos, la primera creación, “Planeta Bueno”.

Esta segunda creación cuando edificaron ciudades bien construidas, en esas ya existían diferentes tipos de sangre.

Desde luego que de acuerdo al tipo de sangre la gente es más fuerte o más débil, también depende de la pigmentación y del desarrollo físico que lleve la persona, ya sea por el trabajo o por deportes o actividades desarrolladas.

En cuanto al cerebro, es decir la computadora universal, todo es idéntico: claro que depende de cómo la persona se empiece a preparar para su desarrollo, de acuerdo al medio ambiente.

Hoy en día, los científicos son un arma de dos filos para la ciencia, porque la persona que no pertenece a su categoría, según ellos, no le toman en cuenta sus avances, aunque reconozcan que es superior a ellos. Y lo único que han logrado con ello es privar de estos adelantos de unos, lo que ha sido por siempre de otros por siglos. Ya que desaprovechando la oportunidad, muy raras veces vuelve.

Cuando Julio Verne vivió, las formulas se las entregaban por órdenes de los Dioses que manejan Univerzo Creador, pero, para su pueblo y país, era un sonámbulo soñador.

Aún en estos tiempos que se dice que los pueblos están civilizados, se opaca a las personas que evolucionan si no pertenecen a la alta sociedad. Cómo es la gente de la alta sociedad, falsa y calumniosa, además de muy mentirosa, pues a esa casta pertenecen las religiones y los gobiernos que subsisten en el poder, otra de las mentiras y los engaños.

En la época en que vivió Julio Verne, él recibía directamente de Univerzo Creador las formulas, y éste ofreció sus inventos a varios gobiernos, los que se vieron obligados a no aceptar por presión de la religión. Para su pueblo pasó por un soñador, un dibujante y novelista.

Imagínese el humano ¿si en esas épocas hubiera prosperado todo lo que Julio Verne hubiera inventado? La humanidad le debe ese retraso a la religión.

En la actualidad, la tecnología sigue avanzando pero manejada a conveniencia por los capitalistas, sanguinarios que están chupando a los pueblos dominados por las religiones que mantienen hipnotizados a los pueblos, rezando oraciones, preparando festividades religiosas, cargando estatuillas imaginarias de todas clases, quemando fuegos artificiales que debilitan a los pueblos físicamente y económicamente, aparte de someterlos más en el fanatismo, al grado que llegan a ofrendar su vida para defender a su Dios y religión. Ambas cosas imaginarias, absurdas y por demás estúpidas, de parte de los creyentes, y, con toda alevosía y ventaja, de parte de los dirigentes de las religiones.

Todo esto se anota para que el humano se centre y que comprenda que no debe hacer lo que a él no le gustaría que le hicieran. Respetar a los demás es respetarse a sí mismo y respetar a Dios.

Como ya quedó anotado, el Planeta Tierra cuenta con Energías Positivas que están para guiar, pero que jamás llegarán a ser dioses. Por lo tanto, la persona debe de comprender que es ella misma la que se forja su futuro, Dios o Diablo, así como su futuro, gloria o infierno, tanto en vida como de muerte. Si una persona es trabajadora y hacendosa y además piensa antes de hablar, va a vivir en la gloria y después de muerto también va a la gloria.

Y también por el lado contrario, es decir, la persona labra su propio destino moral. En cuanto a lo económico, son muchas las variantes que de alguna manera dependen de la forma de pensar y de actuar de las personas, así como las características del lugar en donde se vive, así como las fechas de nacimiento y de cómo se haya portado en su vida anterior.

Así que la vida se complica, por eso hay que provocar una buena existencia, haciendo lo que se debe que es trabajar y después pasear.

Es muy agradable para el espíritu saber que se cumplió, dejando cuerpo humano y que por lo tanto, de inmediato, se le va a dar el permiso a irse a preparar a otro cuerpo humano. Pero al que no cumplió, se le informa que tiene noventa y nueve años de castigo, ese sí que no quisiera haber tenido un cuerpo humano, porque lo más probable es que su esencia va a ser quemada en la atmósfera por indeseable. Afortunadamente esto sucede en muy pocos planetas como lo es el Planeta Tierra; en los otros planetas ni ha llegado a

1 %, en donde los espíritus han manejado mal su computadora. Se espera que con esta lección, los espíritus pertenecientes a la Tierra se pongan a la altura de lo que se merecen.

Muy pronto las cosas van a cambiar favorablemente, tanto para los humanos como para el propio planeta. Se va a comenzar una fuerte producción de alimentos si el humano responde para que los pueblos no pasen hambre y estén decididos a luchar por su bienestar general. Todo el mundo tiene derecho a vivir desahogadamente, claro a cambio de su trabajo. Después de *la peste* se tendrá que hacer una minuciosa distribución de los alimentos a cambio de trabajo, así como todo lo demás, para que todo el mundo viva bien vestido y calzado.

Claro que va a haber leyes que castiguen severamente a las personas provocadoras y, si alguno cometió un asesinato en defensa propia, en cuanto se aclare quedará en libertad. Es decir, todo el mundo tiene la obligación de respetar los derechos de los demás para vivir con tranquilidad.

Hay otro dicho muy importante: "Barriga llena, corazón contento", ya que la única forma de vida lo es la alimentación para toda índole de vida. Empezando con que los planetas existen y viven gracias a la alimentación que reciben a cambio de su trabajo que desarrollan, que es inimaginable para el humano. Los planetas están sometidos a un fuerte y arduo trabajo. ¿Entonces, por qué el humano no apoyaría su contribución?

Se necesita una perfecta organización, donde por ley se le obliga a toda la población a contribuir en lo que sea y como sea útil. Sea buscando su propio trabajo, o vendiendo algo, trabajando en las industrias, en los talleres de toda índole, en la agricultura y sus derivados. Si su oficio es payaso, pues como payaso debe trabajar.

Para esto se van a necesitar verdaderos organizadores honestos. Si hay guerrillas es porque hay descontento y porque los gobiernos alimentan de odio y de armas, y todo por la insaciable avaricia que tienen los grupos en el poder a nivel mundial. Los países ricos siempre están provocando las guerrillas en los países pobres, apoyando a los gobiernos de esos países y a las guerrillas en su contra, para ellos sacar siempre ventajas vendiendo armas y préstamos de dinero, para después, con los intereses del dinero prestado, llevarse la producción.

Este mismo dinero se vuelve a prestar a gobiernos pobres, que parte de éste se lo roban a su vez, depositándolo en un país rico, haciéndolo aún más rico y al de ellos más pobres de los que ya son. Y aumentando más muertes por hambre dentro de toda la población por tener que entregarles más productos a los acreedores.

Así que la única manera de librar rápidamente a los pueblos de esta plaga, es desapareciéndola de la faz del Univerzo para siempre, porque haciéndolo por evolución será tardado y no hay tiempo para ello, y *la peste* además servirá de ejemplo a todo el mundo, ya que habrá grandes historiadores que escriban numerosos libros de todos los acontecimientos. Así como se han escrito libros de todo lo que se tiene memoria y hablan del porqué de las razones de estos conflictos entre pueblo y pueblos, hasta donde se puede.

En la actualidad, existen bastantes hechos que no se pueden divulgar por las represalias, pero una vez que no exista esto, se darán fechas y nombres y todos los detalles y razones de los acontecimientos. Esto va a servir para que la gente se documente y sepa decidirse, ya que por el momento solo se publica lo que al poderoso le conviene.

Los medios de información elaboran planes que siguen en donde consultan a personas que aparentan ser al azar, pero que en la mayoría de los casos es gente ya preparada a responder, que pertenecen a familias vende patria o bien que utilizaron mercenarios para servir sus intereses.

Pero esto sucede por falta de convicción de los pueblos. ¿Si éstos han soportado de por vida hambruna, porque no soportarla un día más?

Dentro de las clases de oposición existen muy pocos líderes limpios. Hay que tomar una lupa para encontrar de vez en cuando uno, ya que el 99,9 % solo es apariencia de mayor a menor grado. Por lo que no queda más salida que *la peste seleccionadora*, para que la humanidad entre en una era de paz y tranquilidad.

La humanidad debe de pensar que si todo esto se anota y se aclara, es porque las Energías Supremas quieren darles todavía la oportunidad de que sigan viviendo sobre el Planeta Tierra. De lo contrario, para ellas es más fácil acabar con la plaga que afecta al planeta y dar la orden de que entre en recuperación.

Al transcurso de miles de años o de millones, si ellas así lo deciden, volver a darle la orden al planeta para que vuelva a proveer humanos. Pero en fin, con *la peste seleccionadora* se va a mostrar la existencia de las Energías Supremas, que son los verdaderos dioses del Univerzo, con la diferencia que hay una sola a la cabeza y que por esta vez, ya se autorizó dejar al humano en libertad de elegir el camino a seguir.

De los únicos dos ya señalados, el más viable es el de ponerse a reforestar a su planeta y a trabajar, pero en serio. El otro, desaparecer de la faz del Univerzo para siempre y así se les acaban todos los problemas.

Al escribir este mensaje, *la peste* está a punto de empezar, a menos que haya un receso, siendo posible el mes de agosto de 1990, contabilidad que llevan los humanos con exactitud.[9]

Al empezar *la peste*, habrán personas que estén afectadas por el virus sin sentir ningún malestar y habrán personas que mueran de un día a otro, y otros que queden en cama por largo tiempo, según se merezcan el castigo.

Este virus ya está engendrado en varias personas, solo se está esperando el momento de ~~re~~activarles, aunque ya existen personas que ya empezaron a sufrir las consecuencias, aunque todavía no es notorio, pero ya lo va a ser.

Al desatarse *la peste*, las cosas cambiarán en un 100 %, porque todo el mundo va a empezar a reflexionar y a cambiar de opinión, aunque eso no sea suficiente. El cambio se tendrá que demostrar con hechos, poniendo dinero necesario para *inducir lluvia por inercia* y hacer nacer nuevas plantas como cereales, leguminosas, nuevas frutas y nuevas maderas con diferentes colores.

---

9. Nota del publicador: El receso fue posible porque se detuvo la tercera guerra mundial.

Para este desarrollo, la Madre Naturaleza será quien entregue las formulas al Sr. José Carmen García Martínez, y lo asesorará hasta quedarse materializados los estudios proyectos.

Esto es por órdenes del Ser Supremo dadas a los Dioses que manejan Univerzo Creador, aclarando, siempre y cuando al Sr. José Carmen García Martínez se le faciliten los medios económicos, por ser él, quien va a manejar los estudios proyectos a través de su grupo de nombre Desarrollo y Equilibrio A. C.

Para ello se necesita bastante dinero, que de alguna manera deben proporcionar las Energías Dioses, porque el Sr. García y nosotros Energías Comisionadas SOLO somos mandaderos de las Energías Dioses y nada más con ordenar no se resuelve nada, porque sobre este planeta el dios máximo y masivo es "Don Dinero", y los humanos son quienes lo acuñan. El cómo resolver el problema es responsabilidad de los Dioses. Tal vez los humanos que pueden hacerlo, se decidan a restaurar su casa en común.

Solo así demostraremos que somos energías y que somos mandadas y autorizadas por las Energías Supremas o, de lo contrario, nos hacemos acreedores a que nos queme la atmósfera, por desobedientes, así que quede claro, el problema del dinero queda la responsabilidad de los Dioses, que son quienes están ordenando.

Resuelto el problema económico: muy pronto la humanidad va a ver las maravillas que las Energías Supremas nos ordenaron, desarrollaremos sobre el Planeta Tierra verduras en los desiertos, frutos de toda índole mucho más verdes y sanos a muy bajo costo, así como un amplísimo número de fórmulas para fertilizar toda clase de planta benéfica para el desarrollo generalizado del planeta.

Estas fórmulas serán a base de sulfatos y reactivos así como sustancias extraídas de las algas marinas, también los desperdicios sólidos a usar para fertilizar, incluyendo los de las industrias.

Estos productos anotados también van a servir para purificar ríos y lagos, así como el propio mar, sin que sufra ningún daño la fauna acuática. Estos productos son los fertilizantes del futuro. El Sr. José Carmen García Martínez, creador de las verduras gigantes, ya tiene el permiso y la autorización para comenzar a desarrollar todo lo demás anotado, relacionado con los avances agrícolas.

Para hacerlo en cualquier parte del mundo en donde se siembre o existan cultivos de cualquier índole, incluyendo los estupefacientes por ser indispensables para la medicina, tanto para humanos como para animales. También se van a incluir en la fertilización de las plantas para que se curen las enfermedades, es decir, asesorar a la misma naturaleza para curarse entre sí, por ser órdenes dadas por el Ser Supremo.

Como ya quedó anotado, todas las plantas al igual que todo ser viviente sobre el planeta tiene derecho a la vida. Quien debe de respetar es el humano, además de controlar y controlarse.

Para evitar problemas, se van a encargar el estado de las plantas alucinógenas y de su elaboración en unidades bien organizadas y controladas por perros guardias, únicos a poder detectar si alguna persona lleva consigo o bien ingirió algún producto, siendo fuertemente castigado. Los grandes vicios comienzan como jugando, hay que alegrarse la vida, pero no con mariguana, mucho menos con otras drogas más fuertes; los vinos deben de ser generosos pero muy suaves con muy poco contenido de alcohol.

El alcohol debe de usarse para curaciones u otros usos, pero no se debe de ingerir. Es decir, el humano debe de ser sensato y evitar todo abuso que es lo que daña, hasta comer en exceso. Porque una persona obesa jamás llegará a su máximo de vida, siempre morirá prematuramente, y los drogadictos con mucha más razón.

El humano debe de tomar muy en cuenta que la vida es para disfrutarla, sabiéndose controlar, llevando todo en orden para así poderse pasear y divertir sin descuidar la producción que es su ingreso.

La gente debe de ganar dinero por lo que hace y no por el tiempo invertido. Si un trabajo es para que una persona lo haga en una hora y lo hace en dos o tres, es tiempo perdido. Ese tiempo lo podría aprovechar leyendo o realizando cualquier otra actividad de su agrado, como podar, limpiar, regar un árbol o sembrar algunas verduras para su consumo.

Asimismo las oficinas de gobierno como en las de las empresas deben de observar que si el empleado es capaz de desarrollar esa actividad en tres días, ¿por qué no permitirle que lo desarrolle en tres días, y los otros tres días los trabaje como obrero en cualquier otra actividad? Así éste tendrá más dinero y el país más producción.

Actualmente todo el mundo busca la forma de explotar a los campesinos, empezando por los gobiernos que en su mayoría manejan los fertilizantes químicos.

Es necesario que la agricultura sea planeada y los precios sean fijos de por vida, y enlatandos los excedentes. Porque en la actualidad en la mayoría de los países, cuando hay exceso de un producto, los campesinos se ven en la necesidad de darlo a un precio que ni siquiera les permite recuperar la inversión.

Cierto que en ocasiones les va muy bien, pero, en la mayoría del tiempo, el pueblo no se beneficia porque el intermediario aprovecha la escasez. Por lo tanto, lo justo es que la balanza esté equilibrada. Que si hay abundancia de producción por hectárea, la empacadora reciba la producción. Ya que si la agricultura está planeada, no se deben de sembrar más hectáreas del mismo producto de las autorizadas, con un precio justo que les permita vivir a los campesinos desahogadamente.

Hay otra clase de campesinos que nada más siembran para mantener el derecho sobre la tierra, pero abandonan la siembra. Por lo tanto, no cosechan nada o casi nada, esto tiene graves problemas para los habitantes del planeta.

Son muy pocos los países en que los agrónomos sí sirven para algo. Esto se debe a que los agrónomos no tienen la debida preparación. Su preparación está basada en la teoría, por ello existen ingenieros agrónomos que se mueren de viejos y no llegan a comprender lo que es el campo.

Lo mismo sucede con las demás ramas de las ciencias. Los obreros y los campesinos no se mueren de hambre, sino los profesionales, que sí se mueren de hambre sin los obreros y campesinos.

Lo que quiero decir es que las universidades deben de templar a sus ingresados. Quien no pueda en determinada rama que deje el lugar para quien sí da la medida. Lo mismo debería de hacerse con los maestros y con todos aquellos que estén al frente de algún cargo y que lo puedan desempeñar, incluyendo a los funcionarios del gobierno —lo que no sirve que no estorbe— por ser la única manera de avanzar en todo el planeta.

Es decir, todo el mundo debe estar donde debe y pueda desarrollarse en beneficio de los demás y de él mismo. Ya que quien es útil a la comunidad, tiene derecho a volver a reencarnar.

Todo esto anotado es comprensible para los humanos, solo les hace falta decidirse a evolucionar tal y como debe de ser, los adelantos que estén obteniendo, son para solucionar en todos los sentidos para el bienestar de todos.

Desgraciadamente en la actualidad, está todo distorsionado, los grandes adelantos de la humanidad están destinados a fabricar armamentos del día a la noche, pero lo peor es la guerra, que emplea los hombres preparados para la destrucción. Eso tendría que ser todo lo contrario. Porque el hombre civilizado no pelea. Es la maldita ambición de dominio económico, fuera de lo común que destruye todo.

En el futuro habrá reglamentos ordenados por las Energías Supremas, de cómo deben de regir su política los gobiernos.

De adelanto se tiene que entrar en una convivencia económica generalizada para todos los pueblos sin importar las distancias entre sí.

El hombre debe de comprender que si se le ha dado capacidad de sabiduría es para que viva bien y se ayude entre sí. Desgraciadamente, esa sabiduría acumulada, hasta el momento la ha usado para la destrucción. Por lo que es razonable que reciba una lección, ya que todo lo que ha hecho y sigue haciendo es con pleno conocimiento de causa y efecto.

El conocimiento se le dio para que hiciera bien las cosas, no para que hiciera males. Y si está haciendo lo contrario, es su responsabilidad por la que ahora tiene que pagar. Lo bueno será que en lo sucesivo haga lo que debe y no lo que quiere, ya que esa ha sido su desgracia, y la sigue siendo.

Nunca es tarde para enmendarse. Lo importante es darle las bases de qué debe hacer y cómo debe de hacerlo, ya que en ese fundamento descansará el bienestar de los pueblos del futuro.

Se dice "del futuro", porque cambiará la mentalidad de todos los habitantes del Planeta con los acontecimientos que van a suceder, que serán muy marcados. Porque así lo requiere el cambio para la demostración de la existencia de las Energías Supremas. Para que el humano ya no tenga duda de su existencia y para que ya no tenga que andar inventando dioses imaginarios, así como rituales absurdos.

Los rituales que deberán de hacerse serán de agradecimiento a la Madre Naturaleza, la pueden representar como a una diosa ¿por qué no?, lo mismo para el Sol. Estas festividades servirían para acercar a los pueblos en una convivencia de armonía sana.

En fin, festejar las fechas conmemorativas que los pueblos deseen, fiestas para conmemorar las cosechas, por ser necesaria la diversión conjunta para los pueblos.

Antes de los años bíblicos, los pueblos festejaban la llegada de las lluvias, de la nieve, que es lo mismo que el haber terminado la cosecha, festividades dedicadas a la Luna, al Sol, todo honrando a la Madre Naturaleza. Esto lo hacían los humanos porque estos elementos representaban la vida sobre el Planeta.

Dentro de las festividades se desarrollaban danzas y juegos para que exista una armonía sincera.

Es importantísimo que el humano se dé cuenta y comprenda que en el Univerzo lo componen los planetas y por lo tanto tienen prioridad para las Energías Supremas, ya que un planeta no es un material inerte en su totalidad, empezando con que tiene una energía centro que es su espíritu que depende toda la vida que exista sobre un planeta.

Además cuenta con otras importantes energías que le ayudan a administrar los elementos con cuales está compuesto el Planeta, ya que la composición es muy variante entre planetas. Al igual ellos están diseñados con mucha más delicadeza y cuidado porque procrean vida humana.

Hablemos del caso del Planeta Tierra, su energía central tiene la capacidad suficiente para darse cuenta que es lo que le está molestando. Que en este caso es el humano, y también tiene la capacidad suficiente para extinguirlo de su superficie sin dañar a ningún animal ni planta. Pero no lo ha hecho por dos razones lógicas: la primera, obediencia a las leyes universales vigiladas por las Energías Supremas; la segunda, porque es la madre de todo lo creado sobre el Planeta y trata de protegerlo como cualquier otra madre lo hace.

Y para la Madre Naturaleza su creación máxima lo es el humano y de hecho le gusta que progrese, pero no que destruya ni que se destruyan entre sí, como lo es cualquier otra madre pensante. El humano pelea tan ferozmente entre sí, porque tiene distorsionado su razonamiento.

Al principio, estas peleas estuvieron provocadas por las Energías Positivas del Planeta, que para que esto siguiera así, permitieron que se recrearan energías negativas apoyadas en la ley del más fuerte.

Esto empezó hace más de dos mil años y hasta la fecha prevalece esa ley que ya no está apoyada por las Energías Positivas del planeta; pero en primer lugar, por la desgracia de la drogadicción y en segundo lugar por las armas, ya que a los soldados, los jefes los obligan a drogarse antes de irse a masacrar a mujeres y niños indefensos, creando así más y más odio. Y aún así, la energía central de la Tierra todavía los ha aguantado a los humanos, pero toda paciencia tiene un límite y esto debe de tomarlo en cuenta el humano.

Otra cosa debe de tomar muy en cuenta el humano, es que las Energías Supremas deben de tener una creatividad en el Univerzo sobre todos los planetas, pero dentro del ordenamiento, el humano terrícola está descontrolado, le va a dar un escarmiento de no hacer lo que debe, le va a quitar al planeta de encima estos bichos.

Para que pueda subsistir la vida planeta y para agilizar su capacidad creativa de todas y cada una de las Energía Supremas, se creó una minicomputadora basada en las gigantescas y complejísimas computadoras con que vigilan y guían el Univerzo.

Y desde luego para que esta minicomputadora pueda ser usada, se creó la esencia que produce el espíritu individual. Ya a éste se le dio el permiso para que se revista de un material inerte llamado "cuerpo humano". Que su estructura es otra de las maravillas del Univerzo y el humano lo sabe y lo comprende. Como es posible que sea tan estúpido y que esté malgastando esa maravilla universal, que es lo que está haciendo el terrícola.

Otra cosa muy importante que el humano debe de saber es que por un lado todos los adelantos científicos son imaginarios y después diseñados por las Energías Supremas. Todos con la finalidad de hacer el bien, pero como no es posible que ellas personalmente los lleven a los planetas con vida humana, se lo encomiendan a determinadas energías. Estas energías transmiten a los espíritus de los humanos el modo de utilización de la minicomputadora univerzal, tienen la capacidad de transmitir informaciones para hacer el bien o para hacer el mal. Ayudados, como ya se dijo, por espíritus que ya dejaron su cuerpo humano o viceversa, también tienen la capacidad de mejorar su diseño para que les sea más útil a la humanidad, pero el terrícola pudiente hace lo contrario.

Esto sucede y es posible por las siguientes razones: como ya se dijo, cuando el humano muere, su espíritu se va a vivir a otra dimensión, que le toque ser castigado o no. Entonces el que es castigado va a pagar una pena como el humano que va a la cárcel. Los espíritus que logran fugarse son los que ayudan a hacer el mal. Los que nada deben son el pueblo libre y que en vida tuvieron un alto grado de preparación.

El espíritu que ya no tiene cuerpo humano no tiene la más mínima responsabilidad de lo que hacen los espíritus que tienen cuerpo humano. Porque los que tienen cuerpo humano tienen la facultad de pensar y analizar, así como de hacer y de deshacer, y de sobra comprenden lo que es bueno y lo que es malo. Así que el giro que ellos le den a las cosas es su responsabilidad.

Ahora bien, hay otro problema en el Planeta Tierra que los espíritus que pagan condenas, no han estado bien custodiados y muchos de ellos han podido escapar. A estas alturas algunos de ellos son consejeros de algunos presidentes y gobiernos de países, así como de los generales, jefes de la defensa de la nación, y además de quienes producen las armas.

Todos estos espíritus con alma negra, como dirían los humanos, están organizados con jefes de mayor a menor que son los que estudian el cómo hacer sus fechorías a través de los humanos. Y como estos saben que su destino es que tarde o temprano la atmósfera los va a quemar, ellos tratan de causarle todo el mal que puede a la humanidad, empujando a los humanos malvados.

Por otro lado, algunos se divierten espantando gente, en ocasiones haciéndoles creer que existen dineros enterrados o tesoros. Otros de estos espíritus se presentan como espíritus chocarreros, amafiados con personas que practican el exorcismo o brujerías. La mejor solución para liberar las personas que son atacadas por todos estos tipos de espíritus es quemándolos simbólicamente.

A continuación se anota como se debe de hacer esto: se hace un mono[10] de paja, de cualquier paja, menos de trigo; esto se hace a las 6 de la mañana ya que hay que quemarlo a las 12 del día. Una vez hecho esto se dice: "En nombre de las Energías del Univerzo yo te bautizo con el nombre X", ya que ese nombre es el que a la persona le venga en gana, y tres minutos antes de las 12 lo coloca a la entrada de su casa, ya sea por dentro o por fuera.

Para esto ya tiene el combustible con que lo va a quemar y lo impregna con él y dice las siguientes palabras: "Como yo te hice, yo te deshago y a nombre de las Energías del Univerzo yo te quemo junto con todos los males que pudieras causarme", repitiendo tres veces.

Terminando de decir esto se prende el fuego, teniendo la persona siempre la espalda al oriente. Y con esto, si había exorcismo o brujería en contra suyo o de su familia, desaparecerá, y si persiste vuelva a hacerlo cuantas veces sea necesario. Al fin que si no había nada malo, no molesta a nadie.

Hay quienes pagan para enfermar a determinadas personas. Lógicamente, si una persona se da cuenta, paga para que la curen.

10. Nota del publicador: Palabra mexicana para significar un muñeco, acá una representación simbólica.

Pero si se niega a creer y a curarse, se muere. Rara vez se escapa, ya que las ondas que traen el mal impregnan a la persona a quien se dirigieron. Desgraciadamente, en ocasiones se cruza otra persona y también recibe todo el mal o parte de él.

Como ya se anotó en páginas anteriores, esta frecuencia de ondas es la misma que llevan las moléculas que hace que aparezca la imagen en la pantalla de televisión y radares. Como ya se anotó, los humanos aprendieron a manejar estas fuerzas mentalmente sin tener aparatos, pero esto entre comillas. Como ya se anotó, lo que el hombre llama "cerebro" es una computadora universal. Es quien diseña y maneja todo lo que el hombre trae entre manos.

Hay que hacer la aclaración, que es la voluntad del espíritu que está representado en una persona humana que es responsable del manejo de este aparato que es lo máximo que posee el humano. Para poder levantar un solo plano sobre todo el Planeta Tierra para la construcción de las Pirámides, los humanos hacían viajes astrales y se comunicaban telepáticamente. Además de esto, los dirigentes de cada territorio se reunían mentalmente haciendo un circuito de comunicación con los pueblos por donde venía la línea de dicho plano, para la construcción de las Pirámides. Hacían un circuito visual con el que también podían verse, hablar y identificar el punto exacto para la construcción de la Pirámide.

Usaban agua en pequeños estanques transparentes, como pantalla, en los que veían a las personas con quienes deseaban conversar. Así se veían las líneas del plano y el lugar exacto donde se debía construir la Pirámide en su exacta dimensión y orientación, que era lo importante.

Para esto había una energía encargada de guiar al arquitecto, ya que las piedras claves deberían de tener el peso y tamaño exacto, así como el nivel y la orientación perfecta. Y no deberían tener ni siquiera un milímetro de falla, pues su comunicación hacía miles de kilómetros Univerzo, cifra que aún los humanos no inventan y no lograrán, por haber perdido la construcción de las Pirámides del Planeta Tierra.

Se hace la aclaración que para el levantamiento del plano en donde se construyeron las Pirámides, el Ser Supremo dio la orden a los Dioses encargados de manejar el Univerzo Creador, que mandaron energías para que se hicieran el levantamiento del plano y la orientación astral de las Pirámides, orientación que jamás los humanos de ningún planeta lograrán hacer.

Al mismo tiempo se ordeno dar permiso para que vinieran humanos de otros planetas en sus naves interplanetarias trayendo equipos para cortar piedras a través de rayo laser, además cepillos y pulidoras para cuando fuera necesario darles a las piedras un perfil perfecto. También no faltaban aparatos para suspender objetos a gravedad espacial. Los visitantes de otros planetas vinieron a hacer los trabajos físicos de alta presión, ayudados por los humanos terrícolas.

Se creyó que las Energías Positivas iban a obedecer las leyes universales. Estas leyes proveen que los humanos en sus planetas deben de vivir bajo un sistema de protección donde los humanos son protegidos por igual por las Energías Positivas. En el transcurso de la orientación para construir Pirámides, se les dio una idea de las moléculas "átomo", que solo llevan vibración y de las que transportan vibración e imagen, que se materializa en los receptores y en las pantallas.

Volviendo a las explicaciones de cómo deshacerse del exorcismo. Existe una gran gama de maneras como por ejemplo el yoga. Esta práctica desarrolla concentraciones idénticas que consiste en que el organismo se acostumbre a los ataques, para no salir dañado. Claro que si la concentración falla se puede morir. El yoga practicado de esa forma duerme los músculos de acuerdo a la capacidad de la persona y del entrenamiento, al grado que pueden durar días sin comer y sin sufrir daño alguno.

Algunas personas lo usan para defensa propia, como lo es el caso de las diferentes artes marciales. Golpean con la mente. Débiles o fuertes, es la mente a través de la práctica que lo impulsa.

Estas prácticas son solo una rama del exorcismo. La brujería se llama "brujería" porque consiste en que descontrola la brújula de la computadora universal, de que está dotado el espíritu de la persona, con lo que queda incapacitado para protegerle debidamente al espíritu de la persona y al organismo. El individuo no puede detectar exactamente qué es lo que está causando el daño para mover las defensas de su organismo.

El organismo humano tiene múltiples defensas manejadas por agentes de vigilancia, éstos solo son confundidos cuando los anticuerpos son idénticos o parecidos al organismo. Cuando esto sucede, éstos no se dan por vencidos, consultan con el cerebro, es decir, con la computadora, quien siempre les proporciona la respuesta correcta, a menos que su brújula esté dislocada.

Ahora bien, las causas para ello son varias: "perturbación por otro u otros espíritus", desencarnados o bien amafiados con un espíritu que tiene cuerpo humano. Que es una de las personas que llaman "brujos" y que ni siquiera saben que al lograr enfermar una persona es porque lograron desviarle la brújula. De acuerdo al desvío, así es la gravedad de la persona y la brevedad del tiempo para morirse.

El que hace el mal, si quiere puede retirarlo o luchar para que no lo curen. Y aunque ellos no lo saben, luchan para que la aguja no llegue a su posición correcta, razón por la cual el que cura la brujería no llega a salvar al enfermo, porque sus conocimientos son inferiores a quien hizo el mal. En ocasiones se hace tal pleito entre el enfermo y curandero que se llegan a matar entre sí, y todo al grado de que se desvíe la brújula.

Los agentes de defensa del organismo actúan cuando la computadora les da la información correcta, ellos ya saben cómo desalojar al intruso. Pero si no existe tal información, ellos atacarán al que creen que es el intruso, lo que puede dañar al organismo al grado de causarle la muerte.

Las enfermedades en su mayoría son infecciones al comer y respirar. Las demás son por deficiencias en algunos órganos del cuerpo. Por esto es importante que el medicamento sea el indicado, por ser el arma con que se combate a los intrusos. Pero en ocasiones el mismo medicamento es más letal que el mal que ya se padece, y los agentes se pueden confundir.

¿Pero cómo los brujos hacen para curar o enfermar? Son varios los métodos que poseen, pero siempre basados en las leyes Univerzo. Ya que para enfermar o curar, invocan a su Dios de acuerdo con su religión por ser el circuito de comunicación que existe en el medio de comunicación en que estas personas se desarrollan.

Ahora para ver y saber como van las cosas dentro de sus brujerías, hablan con sus amigos y discuten con sus adversarios. También son diferentes las formas de acuerdo, como se les facilite. Ahora, de acuerdo a la veracidad de cómo son o van las cosas, es muy variable: hay quienes no son más que charlatanes, y quien más acierta solo puede acertar a lo más un 90 %.

Así el Univerzo es el que concentra todas las normas de comunicación y por el Univerzo, éste no daña a nadie sin merecerlo. Ni hay forma de que nadie, absolutamente nadie, le engañe, porque el Univerzo lo componen las Energías Supremas.

Si la gente del Planeta Tierra se defiende haciendo y quemando monos como se le indica, se van a acabar las personas que ejercen la brujería, por ser una plaga para la humanidad. Las Energías Supremas ordenaron que en la forma ya descrita se les elimine. Teniendo solo dos opciones al salir a la opinión pública este mensaje:

- una es tomando la oportunidad de enmendarse, dejando de hacer el mal para que no les suceda nada;
- otra es que si practico exorcismo o brujería para hacer sufrir a alguien —antes que salga este libro—, se podrá anular este mal, quemando un mono como se indico y terminar con ese mal. Pero si los ofendidos vuelven a quemar otro mono, el mal regresara y les sucederá lo mismo, sin que por esta segunda vez exista la menor oportunidad de que se recuperen.

Esta disposición queda para que la use todo el mundo cuando lo considere conveniente, quien no lo quiera creer o hacer ese es su problema, el elemento para hacerlo ya lo tiene y el permiso.

Ya que por primera vez pueden recuperarse, pero por segunda vez, las consecuencias las van a sufrir por igual la persona que pagó, porque hicieran el mal como la que lo hizo. Los efectos y retro-efectos son de la misma manera. Para que éstos sean el efecto deseado, siempre se tienen que usar aparatos o elementos. En el caso de la brujería, se usan elementos tanto para hacer el mal como para hacer el bien, así como para quitarlo, al grado de que la mafia tiene un comercio establecido mundialmente muy fuerte. Ya que los precios se cotizan de acuerdo a la capacidad del país, así como del pueblo en donde se distribuyen. Los distribuidores son compañías muy fuertes económicamente y siempre están buscando adictos para estudiarlos, para así saber quien sirve para hacer el mal o el bien.

Mi problema como Energía Mensajera consiste en que no debo de revelar todos estos funcionamientos a fondo. Nada más les voy a explicar por cual razón, cuando un espíritu entra en un cuerpo nuevo, automáticamente la computadora universal coloca una cinta nueva. Por lo tanto, lo que el humano lleva en el cerebro queda en blanco para comenzar a grabar su historia de nuevo en ese cuerpo humano. Pero lo demás está almacenado en esa computadora que ha de durar miles de años terrícolas, porque cabe hacer la aclaración que cuando un espíritu es condenado a que la atmósfera lo quemé, la computadora no tiene la culpa, ni ha de sufrir ningún daño.

Mientras el espíritu tenga vida con cuerpo humano o sin él, la computadora permanece con él. Porque cuando es necesario llamar a cuentas al espíritu, no se le consulta a él, se leen las grabaciones y así es como se le juzga si tiene derecho a volver a reencarnar, si va a tener que purga alguna pena o si se manda a que la atmósfera lo queme.

Desgraciadamente, para estos espíritus no hay una protección efectiva, y, sí una responsabilidad muy estricta en el sentido que si no cumple o trata de cumplir con su misión, ya no tiene derecho a regresar a su planeta, ni a reencarnar adonde fue comisionado.

Si digo que estos espíritus, que sus esencias pertenecen a otros planetas, no tienen una protección efectiva es porque, una vez que reencarnan como humanos, quedan expuestos a todos los problemas y riesgos que existen en ese planeta. Por lo tanto, hay personas que en su vida no llegan a darse cuenta que su esencia espíritu pertenece a otro planeta; mucho menos que tienen una misión encomendada a cumplir.

Todo esto se debe en primer lugar a que las Energías Positivas de este planeta los ignoran no cumpliendo con su responsabilidad. Si a esto le añadimos que el espíritu nació en familia pobre o en algún lugar muy pobre, en donde todo el mundo carece de todo, ¿cómo se desarrolla esta persona?

Otro de los problemas a que se enfrenta es que si muestra sus cualidades, sin pertenecer a las clases de encumbrados o de políticos, de pensadores, de teólogos, etc., estas clases lo relegan porque ellas son las que quieren sobresalir.

Pero si estas personas con una misión a cumplir ya se dieron cuenta y luchan tratando de cumplir, tienen derecho a volver a reencarnar en ese planeta, o bien regresan a su planeta de origen.

Esto lo anoto porque en el Planeta Tierra se encuentran muchas personas con una misión a cumplir, y mis sugerencias son que quienes se den cuenta, luchen por cumplirla aunque no lo logren, ya que con eso tienen derecho de volver a reencarnar. También hay personas con una misión a cumplir, pero que apenas se han dado cuenta de ella, deben de empezar a investigar cual es su misión, para que traten de cumplirla. Las personas que no se han dado cuenta, pues en cuanto se den cuenta, tiene que comenzar a centrarse para también tratar de cumplir.

Las personas reencarnadas que su esencia espíritu pertenece a otros planetas, también se enfrentan a otro problema en este planeta: los espíritus negativos con o sin cuerpo humano.

Ahora que todas las personas que nacen en este Planeta o en cualquier otro planeta del Univerzo tienen una misión obligatoria a cumplir. Esta misión es trabajar para la producción por ser indispensable comer; procrear hijos, eso ya es voluntario.

Los conocimientos son difíciles de adquirir, pero desarrollarlos muy sencillo. Esto de la comunicación y transportación de imágenes, es lo más sencillo. ¿Por qué digo esto? Porque cualquier planeta al formarse queda conectada con una especie de retrovisores con capacidad para comunicarse en un segundo en todo el Planeta.

Si éstos se usaran, no sería necesario utilizar los satélites, por costosos y no eficientes. Pero lo más difícil de encontrar, es lo que siempre se ha tenido a la vista. Otra de las causas que ha detenido el progreso ha sido, por un lado, invasiones de un pueblo a otro. Y como los invasores siempre han cometido la enorme estupidez de considerar ignorantes a las personas que ellos llaman "indígenas" o "primitivos". Sin pensar que las circunstancias son las que tienen a esas personas en esas condiciones, pero que los que dicen ser civilizados, podrían ser los que estuvieran en ese mismo sitio.

La humanidad debe de ser más sensata y ayudar a todo el mundo a que se supere, para que el progreso sea fuerte y vigoroso para todos los pueblos. No se olvide que la producción es el progreso económico y espiritual. Siendo todos indispensables para la conservación de la esencia que produce a los humanos, la vida es agradable sabiéndose organizar, los pueblos buscando la manera de que todo el mundo tenga que comer. ¿Cómo? Desarrollando la producción de toda índole. Para ello, lo único que hace falta es la voluntad que todos los gobiernos pueden imprimir el dinero que necesiten, ya que lo que tienen que responder a los demás países es con la producción.

Como ya quedó aclarado, todas las monedas tienen que tener el mismo valor, es decir que si, al estar escribiendo este mensaje, se hiciera un corte de caja a los países que manejan las principales monedas, se encontrarían los señores contadores públicos con la desagradable sorpresa que los billetes que han acuñado, inclusive para prestárselos a otros países, no están garantizados y que apenas pueden garantizar un 30 %.

Volviendo a lo político según la democracia, no se vale la reelección. Cierto que el que cumple, deja el cargo para que lo tome el mafioso elegido por las transnacionales, para que no se choquen entre la misma banda de mafiosos. Cada cabecilla tiene su gente, ya que las transnacionales coquetean con todos los candidatos posibles.

Claro que para aparentar un marco de legalidad, todas las demás cabecillas se disciplinan y no lanzan otro candidato más que el que diga el jefe en turno. ¡Ah! pero para eso, ya tienen a una persona o varias para enfrentarse al candidato oficial, porque ya formaron otros partidos mentirosos.

El número de antagonistas es de acuerdo como lo juzguen conveniente, para poder dividir al pueblo. Ya que para ello crean partidos de oposición y, si el pueblo se inclina en su gran mayoría para votar por alguno de los candidatos de oposición, de todas maneras el candidato oficial va a la gubernatura, como impostor alegando que él ganó, llenan urnas a su antojo y tienen una y mil manera de engañar al pueblo, por lo que en ocasiones el pueblo se ve en la necesidad de levantarse en armas en contra de las dictaduras, empezando con que todos los que componen la dictadura son aprovechadores que arrasan con todo lo que la patria produce y todavía la dejan enviciada.

Hay líderes limpios que luchan desde un principio para llevar a su pueblo al triunfo, liberándose de los zánganos para que su pueblo entre en una etapa de progreso.

El armamento ya no va a servir para intimidar a nadie, por dos razones: primera, porque a *la peste* no se le va a poder disparar, y la otra, porque tienen que destruir todo el armamento pesado de guerra y solo dejar el convencional bajo normas internacionales.

No se volverá a usar armas para combatir un país contra otro porque se creará un organismo internacional, con leyes internacionales que se van a dictar a favor de los pueblos de todo el planeta, por órdenes supremas. Todos los ciudadanos de cada país se van a convertir en soldados y vigilantes auxiliares de su propio país con la facultad de arrestar hasta funcionarios, en caso de encontrarlos haciendo algo malo.

Periódicamente esto se hará para que el mismo pueblo someta a los mal vivientes, en caso de que resulte de vez en cuando, algo de éstos. Lo mismo, a las autoridades se les exigirá las cuentas claras, muy transparentes a la luz del público. En donde éste pueda intervenir en caso de encontrar alguna anomalía, lo que puede costarle una llamada de atención al funcionario o bien de uno a diez años en la cárcel a cumplir sin que se le admita fianza, ni se le perdone un solo día.

Entonces, ¿donde está la autonomía del pueblo? Además el voto no tiene porque ser secreto, sino todo lo contrario, organizar representantes de comunidades o barrios que vayan a llevar la representación, y que lo haga públicamente de acuerdo con lo que sus representados le hayan ordenado. Además de darle una constancia por escrito por quien votó, o por quienes, al fin que tiene que haber un computo final.

En la actualidad hay demasiado intereses en los puestos públicos, que en su mayoría son comprados por los interesados, quienes en ocasiones tienen que pagarlos antes del registro de candidatos para que en caso de suceso le toque un puesto. ¡Pobre pueblo!

Por eso, es indispensable que se termine con todos los partidos tanto de oposición que de oficiales. Que a resumidas cuentas no son más que colores entendidos para traer al pueblo peleándose entre sí.

Los partidos deben de sustituirse por una organización al servicio del pueblo compuesto por ciudadanos, que no tengan antecedentes penales y que demuestren tener capacidad. Para que de ellos el pueblo elija a los que crea conveniente. En caso de no dar satisfacción, que los saquen.

La situación más grave que enfrenta en estos años el humano, es la incomprensión por parte de los gobiernos y de sus pueblos en la manera de resolver los problemas comunes a todos los humanos, como lo es la contaminación del medio ambiente. Con lo que también se contaminan las aguas del planeta, y digo las aguas porque hasta la lluvia ya está contaminada.

Lo que favorece al Planeta es la cantidad de sales disueltas en el mar, porque hasta ahora el Planeta todavía recibe la esencia sal que necesita para vivir. Pero si no se reforesta a tiempo, muy pronto va a dejar de recibir la esencia sal que necesita, porque como ya se dijo, la Tierra, su suministro que proporciona a trueque a los demás planetas, es esencia producida por los árboles. Y también, a través de ella se eliminan variadas formas de microorganismos que producen las enfermedades en los humanos y los animales en el Planeta. Si el humano tan solo pensara que si no fuera por las plantas, el aire se contaminaría al grado de que mataría tanto a los animales como al mismo hombre, y moriría en minutos.

Si el hombre no actúa rápidamente, para allá va la cosa. Prueba de ello son por ejemplo, la muerte de sinnúmero de aves. Aparte de la inversión térmica que sufre el Planeta en sus áreas más contaminadas, también existen muertes de humanos por las diferentes enfermedades que provoca la contaminación. Desgraciadamente el número va en aumento, día a día, con tanto enfermos con la propia contaminación.

Como ya quedó anotado, si el hombre se decide a luchar por su sobrevivencia, en forma decisiva, pasando de las palabras a los hechos, ya existen los permisos para hacer uso de reactivos y sulfatos para purificar las aguas; así como el permiso para *inducir lluvia por inercia*, que consiste en usar energía en tiempo y distancia a otra dimensión o dimensiones.

Con todo esto, el hombre ya no tiene pretexto para no empezar a arreglar su Planeta, que es su casa en común, y así empezar a tener una mejor vida, tanto el Planeta como todos aquellos que habitan sobre él. Ya que hasta las piedras necesitan de la lluvia para no desmoronarse por las inclemencias del tiempo. Claro que para que la humanidad crea en lo que estamos escribiendo, hay que hacer la demostración de todo, sobre todo *la peste*, que es la que va a asentar a la humanidad para que entre en razonamiento, y así se defina, si hace lo que debe o sigue haciendo lo que quiere.

Los elementos con que todavía cuenta el Planeta Tierra son los suficientes para sostenerlo con vida y con humanos por muchos millones más. A medida que vaya siendo necesario, se irán dando los permisos para ir aprovechando los recursos en el mar que conserva el Planeta. Todo depende de que el hombre se decida a dejar el odio y la avaricia desmedida.

Es necesario que el hombre tenga ambición, pero ambición creativa por vía de lo legal, comerciando o como pueda, pero siempre produciendo. Los inventos que el hombre descubre, no son solo por su inteligencia, son porque existe el permiso para que lo haga así, que cuando exista el permiso para aprovechar mejor el mar, irá avanzando en beneficio de la humanidad.

Actualmente el hombre está actuando erradamente, pensando en edificar pueblos en el espacio y en Marte, algo muy absurdo. ¡Nada más imagínense que ni siquiera el mar es para edificar en su interior!

Las prolongadas sequías se deben al desequilibrio ecológico que ha estado sufriendo; cierto que desde que se implantó la lluvia sobre el Planeta, ha habido inundaciones y sequías. Pero esto solo sucede cuando había conjunciones entre planetas. Ahora suceden estos fenómenos sin que haya conjunciones, debido a lo mal que se encuentra el Planeta.

Pero al implantar el sistema de *lluvia por inercia*, se controlaría el Planeta por algún tiempo, mientras se reforeste por la mano del hombre y vuelva a su normalidad. Ya que al dar el permiso para ello, esa es la idea. Se espera que el humano responda, a menos que tenga ganas de morir para siempre. Pero se cree que eso no debe de pasar.

Al implantar *la lluvia por inercia* sobre el Planeta Tierra, los gobiernos deberán comprometerse a construir retenes por millones, en barrancos y cauces sobre todo el Planeta para que haya agua. Para que la gente plante árboles de los que les venga en gana, de acuerdo a la región, así como para que se reproduzca la fauna, que también es vida para el humano.

Además, con este sistema, se recargarían los mantos acuíferos. Lo que permitiría perforar muchos pozos para lo que fuere necesario, facilitándose así la reforestación con muchos millones de árboles, con los que el Planeta entraría a su estado normal, de momento usando el sistema para *inducir lluvia*.

Si se está dando permiso para ello, es para darle una oportunidad más al humano. Ya que en esta ocasión va a ser probatorio y verídico lo asentado en este mensaje, que es la única y última oportunidad que las Energías Supremas le dan al humano, dejándolo a su entera elección. Si los gobernantes de momento no hacen aprecio de este mensaje, el pueblo que sí tenga deseos de seguir viviendo, puede costear los gastos para *inducir lluvia* para tener cosechas y empezar a plantar árboles por los caminos y en los lugares en donde no estorben.

También como ya quedó aclarado, que los políticos hacen demasiada publicidad con el dinero del pueblo para crearse una buena imagen política, plantan en la ciudad, por decir algo, unos cien mil árboles y aconsejan que cada familia plante un árbol. Mientras esto sucede, en el aserradero, en donde ellos son accionistas, tiran un millón de árboles, y por otro lado, los grupos ecologistas de vez en cuando plantan uno que otro árbol.

Las personas que plantan árboles son un número tan reducido, que no recompensa lo perdido.

Hay que sumarse a ellas, muchas pero muchas personas cada día, empezando de inmediato a hacer fuertes plantaciones sobre todo el Planeta. Si los árboles que quedan, los distribuyéramos sobre todo el Planeta, nos daríamos cuenta que ya está desnudo. Debido a ello ya tiene la piel erosionada. Para el Planeta, la piel es la capa orgánica y, a la vez, la que produce los alimentos para todo género. Al cubrirse de árboles, vuelve a crear su piel.

Ya que la vegetación ha sido la encargada de crear la corteza orgánica. Cuando un planeta nace, nace encuerado, empezando con que tiene que ponerse candente.

Para poderse fundir, este proceso dura millones de años, y mientras se forma, va cogiendo características para lo que va a servir dentro del Univerzo. Ya que desde que empieza a formarse, se le programa para su misión a cumplirse, para irle acoplando los elementos que va a necesitar de acuerdo a su ubicación frente al Sol en el Univerzo.

En cuanto a su tamaño, es de acuerdo a su ubicación a la que se encuentra, y del material que se encuentra en esa zona durante su formación. Cuando hay bastante material y queda deformado, también tiene problemas, como los tiene una persona obesa, que corre el riesgo de morir prematuramente.

Pero esto muy raras veces sucede, ya que existe un control en cuanto a los elementos que va a necesitar, más la sobrecarga del material inerte. Ya que todo material a funcionar tiene su propia energía, pero necesita apoyarse en material inerte. Para todos los planetas les es indispensable el tener metales y sustancias sólidas. Solo algunos de los planetas que fueron diseñados para procrear humanos cuentan con elementos que los hombres llaman "petróleos".

Estos elementos no son renovables a corto plazo, ya que es un proceso muy largo para su reproducción, y a pesar de que el hombre los tiene como elementos no renovables, lejos de cuidarlo, los gobiernos lo están utilizando desmedidamente. Es una arma política y un pretexto para la guerra. Siempre buscan la manera de consumir más para obtener más dinero, en una carrera estúpida de números. Ya que el dinero no es más que eso.

El humano tiene toda la capacidad para hacer todo lo que debe, pero está actuando haciendo todo lo que quiere, pero estúpidamente. Acabando con todo lo que le rodea, sin pensar que su obligación es crear un futuro para los que le sucederán, y que el mejor futuro es conservar la tierra y la fauna. Pero en la actualidad, para el hombre es un encanto ponerse a destruir a la fauna, al grado de que hasta en los atractivos turísticos ofrecen la cacería como un deporte.

Antes de que hubiera las invasiones de un pueblo a otro, había pueblos que llevaban un control y cuidado muy estricto en favor de la fauna. Que en resumidas cuentas estaban cuidando su alimentación, pero ¡qué bueno para todo el mundo!

En la actualidad, todo el mundo puede comprar una escopeta y salir al campo, a disparar, en cualquier día y época del año, sin tomar en cuenta que al sacrificar algún animal, sus crías se van a morir de hambre.

Las Energías Comisionadas de común acuerdo con la Madre Naturaleza pertenecientes a este Planeta Tierra enseñarán cómo cruzar árboles. Se acoplarían plantas en los desiertos, pero si lo ya anotado funciona, será porque el humano respondió. Ya no habrá desiertos, solo semidesiertos, porque ya existe el permiso de *inducir lluvia por inercia*, lo semidesértico es indispensable por muchas razones, empezando por la producción de determinadas plantas que producen alimentos, y para ellas esa clase de terreno es la adecuada.

Desde su nacimiento, el Planeta Tierra fue diseñado para tener zonas semidesérticas, pero no desiertos. El desierto que se conoce como el Sahara fue una zona selvática, como ya quedó anotado, una guerra nuclear fue la que lo convirtió en desierto. Si se llega a desatar otra guerra nuclear, en esta ocasión todo el planeta quedaría desértico, para comenzar a desmoronarse. Razón por la cual LAS ENERGÍAS SUPREMAS ORDENARON SE ESCRIBIERA ESTE MENSAJE.

Desgraciadamente, si no hubieran ordenado *la peste*, casi nadie lo tomaría en cuenta, y pasaría desapercibido. Y la pudrición humana seguiría avanzando como lo está haciendo, día y noche. Por lo que ya es indispensable purificarla. A estas alturas, los hombres que se dicen estar letrados y los más preparados, doctorados y científicos, son los que más daño le están causando a la humanidad, como al propio Planeta. Así que ¿qué esperanzas hay de que cambien de opinión, si solo les interesa tener poder y dinero, que su propia vida? A pesar de que como gente preparada saben que el dinero no es más que números necesarios, pero no indispensables.

Por todo el Planeta existen enigmas, como lo son los cráneos deformados que se han encontrado. La explicación es la siguiente: algunos de estos cráneos pertenecen a la creación ya extinguida, y las razones de estas deformaciones fueron por mutaciones que hicieron los científicos de ese entonces, preparándose para la guerra, cruzando semen humano con el de bestias, como lo son ahora los gorilas. Algunos de estos híbridos fueron estériles y otros fértiles, e hicieron varios engendros, es de ahí que vienen los cráneos deformes pertenecientes a la creación extinguida.

Al volver a nacer humanos sobre el Planeta, o sea esta creación, en algunos lugares todavía estaban afectados por las radiaciones dejadas por las bombas que extinguieron a la otra creación pasada. Por lo tanto, las plantas estaban contaminadas y al consumirlas los humanos, como los animales, seguían mutando de generación en generación, hasta que en el transcurso de los años, esos humanos se fueron regenerando hasta llegar a su normalidad.

Por eso, es que el hombre actual al encontrar estas osamentas, al coleccionarlas se imagina el hombre que primero fue el mono, adivinatorio muy absurdo, porque si hay algo inteligente, lo es la naturaleza. Por ejemplo, hay animales acuáticos que nacen en aguas tremendamente oscuras y no tienen ojos, por no necesitarlos y, si se les coloca en aguas con luz, a las dos o tres generaciones, ya nacen con ojos.

Otra razón por la que se han encontrado cráneos deformes, es porque hubo tribus o comunidades que a los niños, sobre todo a los varones, les aprensaban muy levemente la cabeza con dos tablas y se las dejaban por largo tiempo para deformar la cabeza poco a poco.

En algunos pueblos se usaba para toda la familia que lo quisiera hacer, y en otros, solo era permitido para los jerarcas. Así como éstos se deformaban la nariz, los labios y hasta se los cortaban haciéndose orificios.

El hombre actual, que se dice civilizado, juzga como salvajes estos grupos de humanos que hacían o hacen eso y sigue queriendo salvar a algunas tribus, que practican cosas parecidas a las anotadas, sin tomar en cuenta su propio salvajismo, como la contaminación, la fabricación de armas, o como dañar su propio cuerpo y espíritu. ¿Acaso la humanidad, que se dice civilizada, todavía no aprende de los animales?

Así como estos enigmas de los cráneos, existen otros que todavía no han sido descubiertos. Otras que ya lo fueron, pero que no han podido ser descifradas sus interpretaciones, porque para poderlas interpretar es necesario tener permiso, que no es nada fácil conseguir y que afortunadamente ya lo hay.

Es necesario comenzar a demostrarlo, para que exista credibilidad. Pronto se empezará a demostrar públicamente para ir avanzando, y el público tiene libertad de opinar. Pero debe de llegar a una conclusión por mayoría, para que de esa manera se escriba la historia de todos los pueblos y la de cada uno de ellos, para que así la humanidad se dé cuenta de dónde vino y a dónde va, para que así las personas puedan formar sus propios criterios y sean más responsables de sus actos, tanto en lo personal como en lo demás.

Porque al existir conocimiento, no hay engaño. Porque ya habrá información de cómo fueron las cosas, y como son, además surgirá la libertad de interpretación y pensar, porque sin saber la verdad, solo se está adivinando e imaginando cosas que nada más lo desorientan.

La enseñanza equivocada se da por desconocerse la realidad de la materia a tratar, es necesario que ya se mejore la información realista para que el hombre quede mejor preparado.

Imagínese el humano terrícola, si él hubiera conservado las especies de animales con que contaba en un principio el Planeta; cazándolos dentro de un reglamento, no se hubieran extinguido varias especies; así como el haber sabido cuidar la vegetación del Planeta Tierra, que por no hacerlo, perdieron varias clases de árboles, tanto madereros como frutales, así como plantas de zarza como rastreras que daban diferentes frutos; como tubérculos riquísimos para la alimentación; así como también se perdieron varias clases de pastos y plantas que constituían una riquísima dieta para los animales.

Todo porque el hombre nada más trata de consumir, pero no de reproducir. Y cuando empezó a reproducir, ya era demasiado tarde para recuperar algunas plantas, así como animales. ¡Pero, imagínese de haber cuidado esos tesoros y conservado la fauna, y de haber hecho siembras y plantaciones de árboles frutales por todos los caminos y montes! En vez de acabarlos, ¡la riqueza que tendrían los humanos terrícolas! Porque así los montes todavía tendrían su piel que es la corteza orgánica, y que sin ella no hay producción. Claro que los árboles que dan frutos para comer serían plantados de acuerdo a la región y, si esto se hubiera hecho, no habría problemas por falta de lluvia.

Pero aún no es tarde para comenzar, ya que se le está dando la oportunidad al terrícola de obtener nuevas plantas que no existen, y de que se enmiende, empezando a hacer lo que debe. Y con los adelantos con que ya cuenta, debería aprovechar esta oportunidad, que tal vez sea la última. Pero en fin, está en libertad de actuar como él quiera. Las consecuencias de uno o de otro modo se pagan.

Yo, como Energía Comisionada, estoy cumpliendo con mi misión de que se escriba este mensaje relacionado con lo de acoplar plantas a los desiertos y semi-desiertos. Así como en términos generalizados depende de la cooperación humana, Yo traigo la autorización y el permiso para cooperar con la ciencia, pero nada más.

Lo que hace falta es que el humano por un lado vea alguna demostración de lo asentado en este libro. Debe de ponerlo en claro para que el humano confíe en lo que se dice.

Parte de este mensaje se harán demostraciones verídicas con plantas en zonas desérticas y desiertos, y en toda clase de terrenos y climas se harán cruces para dar origen al nacimiento de nuevas plantas de toda índole, como ya quedó anotado en planas anteriores, todo esto por órdenes de las Energías Supremas, órdenes que Yo, como Energía Comisionada, tengo que cumplir. ¡Aclaro, si el humano responde!

Se empezarán a hacer demostraciones con diferentes cultivos en diversas áreas en México, pero para que se dé cuenta todo el mundo. Demostraciones que estarán a cargo de quien las presente. Para que estos conocimientos se le den a todo el mundo, será previo convenio con los países interesados, ya que se necesitan fondos para que las investigaciones y demostraciones sigan avanzando en favor de la humanidad. Para ello hay que tener ranchos de entrenamiento y de demostraciones para que vayan personas a aprender y a poner en práctica sus conocimientos y que así exista un avance más rápido.

Para el ingreso a estos ranchos será necesario llenar una solicitud para elegir a las personas aptas y que no sean nocivas a la organización y que estén implicados. Si no son útiles, se les sustituirá por otras personas, ya que no se trata de solo ir a ver sino de trabajar con sus propias manos para que así comprendan lo que hacen.

Claro que habrá ayudantes en esos ranchos. Se admitirán personas de los diferentes países que deseen cooperar con sus conocimientos, y de ser posible se montarán otros centros de investigación en otros países que reúnan las cualidades indispensables. Se trata de reunir a personas con capacidad y voluntad de hacerlo, ya sean profesionales o no. La finalidad de estos ranchos es el intercambio de conocimientos en beneficio de la comunidad internacional en todas las ramas agrícolas y ganaderas, así como la producción de forrajes más nutritivos que los actuales. El avance debe de ser realizado habiendo nuevas reglas para el sacrificio del ganado y de toda clase de animales. Lo mismo, unas reglas muy estrictas para la pesca en ríos, lagos y mares, luchando siempre por tener un control de las especies que se tenga que diezmar.

Claro que el hombre ya tiene sus leyes, pero no las respeta por muchas circunstancias. Por eso es necesario hacer una buena programación de términos generalizados para todo el Planeta Tierra, a través de un comité central, pero con autodeterminación positiva y decisiva que estará integrado por personas de todos los países. Es indispensable que haya un perfecto control en todas las ramas que constituyen la vida humana en el Planeta Tierra.

En la actualidad hay varias organizaciones para la protección de la fauna y de la ecología, pero éstos son puestos para proteger a los poderosos y fastidiar a los débiles, lo mismo para defender los derechos humanos. Estas organizaciones sirven de espías para los países capitalistas y para sangrar económicamente a los pobres.

Es decir, estas organizaciones no son una ayuda para los países pobres, pero sí un estorbo.

Claro que para esto tienen que darle una oportunidad a sus colaboradores y grupos capitalistas, mientras que el pueblo tiene bajas por hambre y un sinfín de problemas económicos, a cambio del enriquecimiento de unas cuantas familias. Es indispensable que termine todo esto. Pero como las palabras no son lo suficientemente indispensables, *la peste seleccionadora*, que ya debería de estarse desarrollando, pero que no ha sido posible debido a que este mensaje ya lleva más de un año desarrollándose. Y no se ha podido terminar, debido a que quien lo está interpretando tiene que trabajar para sostener a su familia. Aparte de que es indispensable de que haga sus viajes, para tener contacto con personas en diferentes estados de la República Mexicana, para seguir demostrando lo que se puede hacer con el uso de la energía del espacio exterior.

Es necesario que los demandantes desembolsen los gastos logísticos por dos razones. La principal, por cumplir con su misión y para empezar a demostrar que hay cosas que se pueden lograr haciendo los estudios proyectos necesarios, a través de los diversos métodos, técnicas y aparatos que serán útiles a la fabricación y al perfeccionamiento de nuevos aparatos que harán falta, como por ejemplo detectores de aguas subterráneas, aguas corrientes o aguas estables. Las aguas siguen leyes universales, y jamás habrán perfectos detectores de aguas.

Sin embargo, si se le pregunta a la energía que custodia las aguas, hay permiso para su localización en determinados lugares. La respuesta de la energía puede ser la siguiente: "No se encuentra agua a una profundidad accesible" o bien "Sí hay aguas, pero las condiciones son..." Las condiciones pueden ser muy diversas. La respuesta también puede ser: "Sí hay aguas, pero debe perforarse, en cuanto los interesados acepten las condiciones", no antes. El permiso puede ser para extraer una cantidad de litros por segundo y el permiso es exclusivo para cultivos, o para agua potable, o bien para ambas cosas. Esto se debe a que las aguas que van en corrientes o en ríos subterráneos tienen una misión que cumplir, por lo que deben de ir río abajo porque son aguas que van a aflorar por su propio pie, haciendo ojos de agua, también afloran en lagos, que al no llegarles se secan, o bien descargan en ríos profundos o en el propio mar.

En la actualidad se define esto a través de examinar el líquido, y los resultados son efectivos, pero no tanto sobre su localización. Hay pueblos con escasez de este vital líquido que en ocasiones les pasa una súper corriente por donde viven uno de estos pueblos, pero como no hay permiso para que las usen por ningún medio, no la podrán detectar. El permiso solo se puede dar condicionado. Miles de personas a nivel planeta saben cómo localizar agua al pedido de los pueblos. Pero estas personas no saben cómo comunicarse con la Madre Naturaleza. En algunos casos hacen ofrecimientos, esperando sean los correctos. Pero cuando aciertan o tienen los resultados deseados, lamentablemente los pueblos no cumplen con su ofrecimiento. Al ver que se benefician, ya no les importa y juzgan de locas las personas que detectaron el agua.

Sin embargo hay quienes tengan una mentalidad más decidida y realista, y saben que sus pueblos necesitan del vital líquido, y que por años han luchado por obtenerlo sin resultado alguno por falta de permiso. Cuando se comprende la necesidad de pedir permiso, la visión cambia. La persona que tiene la visión de que no han logrado por falta de permiso tiene que hacer un ofrecimiento a la Madre Naturaleza de un arreglo ecológico a cambio del permiso, y se pone en obra a trabajar y a luchar para convencer a los demás, para poder sacar la obra adelante. Una vez que ya cumplió con su ofrecimiento, empieza con la búsqueda del agua y de seguro que de un modo u otro la encuentra. Esta persona actúa sin aparentar estar en esa creencia porque la juzgarían loca. Pero puede darse la casualidad que él no tenga energía para localizar agua y tenga que hacerlo otra persona quien se va a llevar las palmas.

Pero así es la vida de los humanos y siempre hay misterios, y siempre los seguirá habiendo por resolver, ya que la vida es una escuela en la que nunca se terminará de aprender. Y el hombre entre más sabe, llega a la conclusión de que no sabe nada de nada y es lo correcto.

Toda demostración requiere primero de una investigación de acoplamiento. Por lo tanto, todo lo que se haga relacionado con la energía del espacio exterior, debe de tener en cuenta que tiene un costo de acuerdo a la importancia del trabajo a realizar, para que a su vez ese dinero sirva para seguir investigando y haciendo acoplamientos de toda índole, en beneficio de la humanidad y del propio Planeta Tierra. La mayor parte de los trabajos van a estar relacionados con la ecología. La alimentación depende de la pureza del aire y de la limpieza del agua, y para ello hay que acondicionar las chimeneas y purificar los desperdicios a tratar debidamente en la basura, esto deberá de ser en todos los países para después pasar a hacer arreglos tecnológicos de los desiertos.

Existe ya el permiso para que lo vuelvan a hacer mediante el *inducir lluvia por inercia*, hacer perforaciones, de pozos así como presas y enormes cordilleras de árboles. Una vez que las arenas estén mojadas, hay que embonarlas[11] lo más que se pueda. Y los montículos que queden, cubrirlos de árboles para que comiencen a estar fijos, y con los años y los desperdicios creen la materia orgánica para comenzar a recomponer su corteza.

Pero mientras esto sucede en los desiertos, ya se estarán produciendo árboles frutales, y demás, así como cereales y verduras, por millones de toneladas anualmente, ya que los desiertos y los semi-desiertos son inmensos y van a producir de todo, el trabajo no se alcanzaría hacer por falta de trabajadores.

Pero en cambio, sobrarían alimentos y esto no es una fábula, prueba de ello es que hay países que ya están produciendo en el desierto a pesar de que lo que invierten en los cultivos no llega al 10 % de lo que invierten en armamento. Si todo lo que gasta en armamento se dedicara a la agricultura y su proceso, sería una riqueza con que contarían los humanos. Se morirían de llenos, pero no de hambre, como está sucediendo, porque no se hace lo que se debe.

Las razones, ya las anotamos antes, pero con ello nada se va a conseguir mientras no se tire la escoria humana. Es lamentable que se tenga que hacer esto, pero los grupos poderosos jamás van a ceder si no se les aprieta y los drogadictos que no quieren dejar de serlo. Y tanto el uno como el otro impiden cualquier progreso, además de cortar vidas inocentes por estar desorientados, tanto el uno como el otro.

La única solución es que lo que no sirve, que no estorbe. Aunque parezca drástico, pero es la mejor solución porque toda esta clase de gente está abusando. Antes de las religiones y las guerras, los pueblos usaban las drogas en los festejos de sus celebraciones, pero solo las personas de cierta edad o los iniciados. Primero, pedían el permiso a la planta para poderla cortar, y la dosis por persona era limitada. Todo el mundo tenía la voluntad de no excederse, ni siquiera ese día de fiesta, mucho menos volver a usarla al día siguiente. Quienes la usaban con más frecuencia eran

11. Nota del publicador: Mesclar, unir una cosa con otra (palabra mexicana).

los mensajeros, pero nada más para poder soportar la fatiga pero sin excederse.

Hay quienes todavía conservan estas tradiciones de consumir drogas, que producen las plantas prohibidas para sus fiestas sin que les dañe el organismo. Las usan en dosis muy pequeñas y solo una o dos veces al año. Sin embargo, algunas de estas personas, sí están dañadas por el alcohol.

Esto no quiere decir que las personas deban drogarse en las fiestas. ¡No! Las drogas fuertes no son buenas ni siquiera una vez al año. Lo mismo con los vinos de mesa. Todos los vinos fuertes con química, que se sustituyen a los productos naturales, deben eliminarse. De todas maneras, evitar el abuso que daña gravemente al organismo. A esto se le añade el mal que le están causando a la humanidad las aguas gaseosas que se venden embotelladas y que se acompañan con los vinos, así como el tabaco.

Todo esto causa la muerte de millones de personas por el cáncer en el Planeta. La humanidad ha perdido el sentido común y lejos de tener vida agradable y saludable tiene una vida intranquila y enfermiza, y a sus familiares molesta, por una razón u otra, cuando en realidad la vida es para disfrutarla, pero no drogándose. La manera de disfrutar de ella es teniendo que comer, que vestir y tener acceso a los conocimientos que elevan la calidad moral y espiritual de los humanos.

Otra parte de la humanidad está mal nutrida, calzada y vestida, porque todo lo que consigue lo usa para comprar drogas. Así dejan niños sin comer y las autoridades hasta ahorita no han dictado ninguna ley que proteja a estos niños, con excepción de uno o tres países.

Es necesario que los gobernantes se encarguen del mal que han causado y el que están causando. Puede ser que algunos todavía salven el pellejo[12], o el de su familia, pero eso dependiendo de las circunstancias y de las decisiones que van a tomar. No es lo mismo dar golpes que recibirlos.

---

12. Nota del publicador: "Salvar el pellejo" significa "salvar su vida".

Volviendo a los desiertos, en éstos se encuentran más misterios de lo que el hombre se imagina. Empezando con que puede cambiar su clima para ser benigno al hombre y a los animales, así como moderar sus vientos para ya no mover a las arenas. ¿Cómo puede suceder esto? Dejándose guiar el hombre por la Madre Naturaleza.

Para ello, lo único que hay que hacer es usar la energía del espacio exterior, para así entrar en contacto con la energía Madre Naturaleza, quien ya tiene la orden de guiar al hombre y orientarlo para las plantaciones de árboles, marcando con exactitud el punto de partida y de terminación de las líneas, tanto de árboles que sirvan de barrera como de los que servirán para crear campos.

Lo mismo se hará con los frutales y los demás cultivos. Estas líneas o curvas de árboles tienen que estar debidamente orientadas donde sea necesario. Todo esto parece absurdo, pero es una realidad que se puede lograr, a través del Sr. José Carmen García Martínez, por ser quien recibe la comunicación y la orientación de parte de la Madre Naturaleza.

Empezando con que ya se va a empezar a hacer demostraciones verídicas y demostrables, aparte de lo que ya ha hecho, sin que nadie pueda objetarlas porque serán muy palpables. Para que de esa manera quede demostrado lo que se puede hacer en los desiertos, ya que en éstos se encuentra bastante agua en el subsuelo que se puede sacar por perforaciones para usarse de la manera más conveniente. Para que no exista desperdicio, las demostraciones deben de empezar de inmediato.

Por lo tanto, ya están elegidos los lugares donde se empezará a demostrar varias cosas que ayudarán a la ciencia a avanzar más rápido en todas las materias. Siempre y cuando el hombre se decida a trabajar en lo que debe de hacer para así lograr su libertad. En este plano en que se tiene cuerpo humano, si el hombre se porta bien, puede volver a estar en una dimensión donde se tiene un cuerpo humano, las dimensiones solo son diferentes. Por ley, deja de existir el espíritu cuando tuvo cinco cuerpos humanos en el mismo plan.

En el Univerzo, todo lo que nace muere, pereciendo planetas y energías que lo componen, para dar lugar a nuevos nacimientos y más nacimientos. Jamás se para un segundo de trabajar porque siempre en la inmensidad del Univerzo, se están creando nuevas esencias para todos usos. Esto se anota para que el humano piense y haga buen uso de su computadora universal, a quien se le debe todo hasta el nacimiento de los dioses, que son las Energías Supremas que manejan a este Univerzo.

El cómo nació, ni las Energías Supremas lo saben, pero están conscientes de que existe un Dios Supremo al que ellas honran, haciendo todo por satisfacerlo en cuanto a éstas se refiere. Ya que la creación y producción sobre la superficie de los planetas es como un agricultor que siembra y cría ganado de diferentes tipos, y hace y deshace lo que le viene en gana, tanto con los cultivos como con los animales. Y si se le preguntara a un animal qué especie es la más importante sobre el Planeta para que sea la que domine, sin titubeos, diría que la suya. Si a los monos que son los más semejantes al hombre, se les dotaría de la minicomputadora de que está dotado el hombre, y al hombre se le dotará del cerebro de los monos que no tienen más que un patrón limitado, de inmediato los hombres no sabrían manejar nada de lo que están manejando.

Y tan solo al ver a los monos se sentirían inferiores y harían lo mismo que los monos, ponerse a salvo o echarse a correr, y los monos pronto desarrollarían cualidades y empezarían a hacer y deshacer, como por ejemplo, unos empezarían a comer hombres, otros los encerrarían en jaulas para exhibirlos, otros harían lo que hacen los humanos, matar a la madre de los monos para robar a sus crías para venderlos o usarlos como mascota.

Bueno sería que las Energías Supremas les dieran una lección a los humanos por unos cuantos años, con películas tomadas para que vieran como quedarían diezmados, siendo comidos por diferentes animales. Ya que hasta las hormigas se los comerían y verían como los obligarían los monos a trabajar con látigo, a cambio de unas cuantas lombrices. De esto se darían cuenta cuando ya les volvieran a dotar de las computadoras universales y volverían a hacer los amos y señores, como lo son hasta ahorita.

Esto se anota para que reflexionen y piensen y no abusen que lo que les hace ser gente es la minicomputadora. Porque sin ella solo son animales, espíritus que pueden ir al sacrificio masivamente después de ser cegados para servir de alimento, como los humanos lo hacen con los animales.

No estén tan seguros que esta lección no sea posible, porque sí la computadora es transferible, ya que todos los animales tienen un espíritu al igual que los humanos. Lo que los hace diferentes es la minicomputadora, es decir, su estado de conciencia, la cual también la poseen las plantas.

Con esto deben de llegar a la conclusión de que no hay una razón que obligue a seguirles soportando sus fechorías, de estar atentando hasta contra el propio planeta. Tal parece que la minicomputadora para lo único que les ha servido es para cometer estupideces, estupideces provocadas por la influencia maligna de energías negativas en todas las épocas y que el humano debe de trabajar para sacudírselas, buscando siempre a elevarse. En la actualidad está desarrollándose el mal con pleno conocimiento de causa y efecto, sin que tengan el menor arrepentimiento.

Prueba de ello es que cada día se hacen más y mayores males, ya que se encuentran en una enorme competencia de la maldad. Los que tratan de hacer el bien, ni en cuenta se les toma. Además, estos grupos no se entienden entre ellos mismos porque unos son sinceros y otros lo hacen por conveniencia.

Ejemplo: algunas transnacionales en algunos países promueven programas de fomento agrícola nacional, y a resumidas cuentas no hacen nada que sirva, porque su verdadero objetivo es político, intereses de expansionismo con que están explotando a ese país, desde luego en coordinación con los gobiernos sin coraje del país en cuestión.

Es decir que ya todo el mundo se corrompe con tal de tener bienes y dinero, sin importarles las consecuencias ni los derechos que todos los humanos tienen de respetar la vida. Los invasores llegan arrasando todos los humanos, usando proyectiles, sin que ellos se puedan defender por tener pocas armas o no tener, mientras que al agresor les sobran. Como la Organización de las Naciones Unidas fue para proteger a los poderosos, lo que hacen es burlarse de ellos, por lo que es indispensable *la peste seleccionadora*.

En la actualidad, lo más codiciado para los gobiernos capitalistas son los petróleos y se valen de una y mil artimañas para llevárselos casi regalados a sus países. Por el otro lado, los gobernantes de esos países ricos en petróleo, como los presidentes y los representantes de las Cámaras, depositan todas las ganancias de las ventas en los países que los están explotando. Estas cuentas están a nombre de los vende patria.

Los pueblos petroleros, que están en los desiertos, el día que se termine su petróleo, si han tenido jefes de Estado pensantes, van a poder proteger a su patria y quedar bien. Los que han tenido jefes ladrones van a quedar en la total miseria. Porque lo que no saquean las transnacionales, lo saquean las autoridades y éstas están corriendo el riesgo de que ese gobierno capitalista les robe el capital como ya ha sucedido. Las formas que éstos usan son las siguientes:

1. Cuando un funcionario presidente o rey, como se le llamen, ya tiene un capital muy importante, le obligan a dejar el poder. Si éste se niega, le provocan un golpe de Estado. De un modo o de otro, éste trata de recuperar su capital, pero al tratar de hacerlo le leen la sentencia, diciéndole por ejemplo: "Te vamos a dar el 20 %, de lo contrario, si no aceptas, no te vamos a dar nada; de momento te vamos a congelar todas las cuentas bancarias, donde las tengas, y ya estamos de acuerdo con tu sucesor. Además le vamos a revelar a tu pueblo todo lo que hiciste, y te vamos a entregar con él. Si no quieres que esto te suceda, firma un documento en donde haces un donativo para tal o cual causa, y si llegaras a revelar esto, no verás vivo a un solo miembro de tu familia."

2. Si éste empieza a depositar su capital en un país que no pertenece a la mafia, también buscan la manera de sacarlo del poder y le hacen lo mismo que el caso anterior. O bien si él quiere proteger a su pueblo, también le hacen lo mismo, a menos que no haya ningún títere que se preste para dar un golpe de Estado.

Entonces buscan otro que se preste y lo lanzan como candidato a la presidencia de la República. Dentro del pueblo tienen partidarios, grupos cercanos a este supuesto candidato que ya tiene puesta su mirada en el botín a cambio de convertirse en vende patria. En el caso que no encuentren alguien a colocar para gobernar, los explotadores de los países ricos van a invadir a ese país.

Los demás países petroleros admiten esta cruda realidad, sin pensar que más tarde les puede suceder a ellos lo mismo.

En la actualidad, como en décadas atrás, los países capitalistas han tenido al frente de la nación a hombres sanguinarios, como dicen de "alma negra", capaces de pagar muchos millones de pesos a quienes se presten como terroristas para cometer una masacre en su propio país, para que así su pueblo les apoye al ir a invadir países. Una razón más para que *la peste seleccionadora* haga su trabajo. Estos dirigentes van a sacrificar a miles de gente inocente. En nada se comparan las pérdidas de las vidas y las desgracias de las familias de los soldados, con el botín que ellos roban.

Volvamos a nuestro relato que quedó en golpe de Estado. De los hombres fuertes, si éste tiene la fuerza suficiente para dar el golpe de Estado, ¡qué bueno! Pero si no, le mandan refuerzos directamente o indirectamente. Valiéndose de cualquier pretexto, y esto es lo que está sucediendo en todo el mundo de mayor a menor grado, provocando guerrillas, donde llegan a haber gobernantes que, apoyados por los capitalistas con el pretexto de combatir la guerrilla, bombardean a su propio pueblo, sacrificando miles de vidas, niños, mujeres, ancianos, todos indefensos. Los asesinan con todo y casa. Repito, la única solución es *la peste seleccionadora* en todo el Planeta.

Cuando los gobiernos tienen la facultad de acuñar su propio dinero por ser solo números, al igual que el dinero que les prestaron para competir o comerciar con su producción. Como de esta manera no pueden robar a manos llenas, tanto los unos como los otros arreglan el préstamo de números acondicionado, convierten las matemáticas en una desgracia para la humanidad. Al grado que existe un gran número de monedas que no pueden entrar en circulación mundial por su baja denominación, y su inestabilidad frente a las otras monedas de los demás países poderosos en armamento. Lo mismo es un pedazo de papel que otro, y una lechuga es una lechuga en cualquier parte del mundo.

Claro como ya se anotó, un producto que hay que transportar de un lado para otro tiene que cargársele a su costo el transporte. Pero adonde va el transporte regresa otra vez cargado y la balanza se nivela, es decir, no existe ninguna razón para que una moneda valga más que otra. Los motivos que ponen como pretexto son un fraude si alegan que ellos tienen más metal oro. Se lo robaron a los países que ellos convierten en pobres y aún los siguen robando.

Como ya quedó asentado que los países que se dicen ricos deben de tomarse en cuenta que si una persona necesita unos cuantos gramos de oro para hacerse un anillo, y vende trigo para comprar esos gramos, digamos como cinco gramos de oro, y los compra vendiendo un bulto de 100 kg de trigo, y ¿por qué otras personas con el simple hecho de pertenecer a otra nación tienen que vender 300 kg o 500 kg para comprar los mismos cinco gramos de oro? ¿Acaso ambas cosas no van a servir para lo mismo? o ¿acaso solo uno es hijo de la Madre Tierra?

Quien haya nacido sobre el Planeta Tierra pertenece a él y su existencia tiene que ser sostenida por el Planeta, y si le toca nacer en una parte muy remota, razón de más para que quienes viven en zonas fértiles proporcionen trabajo a éstos, para que tengan de qué vivir.

Es decir que la riqueza tiene que repartirse. Ya que en la actualidad, el transporte facilita las operaciones. En lo sucesivo, no habrá necesidad de transportar soldados, ni armamento, así como no tendrá que mover aviones de guerra. Todo el movimiento será comercial, ya que a *la peste* no le podrán disparar para librarse del problema. Se resuelve nada más con portarse bien, ya que ni siquiera será contagiosa para quien no debe nada.

Por eso se le ordenó que fuera *seleccionadora* por las Energías Supremas, para no afectar a quien nada debe. Ya que la humanidad del planeta ha llegado tanto en drogadicción como en la carrera armamentista, con la que no tan solo se pueden extinguir los humanos, sino que hasta el propio Planeta corre peligro.

Los humanos lo saben de sobra, pero, lejos de deshacerse del armamento, están fabricando más día y noche, en lugar de luchar por producir alimentos. Si en lugar de producir armas fueran maquinaria agrícola e industrial y plantaran millones de árboles frutales regados por goteo, así como sembrar más cereales y verduras, habría trabajo y bienestar para todo el mundo.

Los disturbios humanos suceden por lo oprimido de los pueblos, que ya con lo que ganan no les alcanza para comer. Todo se debe a la mafia de los gobernantes a nivel internacional que los está chupando a su máximo para producir armamento y que solo algunos grupos privilegiados vivan bien. Esto de seguir así, va a parar en un verdadero caos a nivel Planeta, con o sin guerra nuclear.

No es posible que los pueblos soporten tanta vejación y es que a los grupos fuertes cada día les crece la ambición y se hacen más sanguinarios. Por lo tanto, esto debe de parar de inmediato. ¿Cómo? Dando a conocer este mensaje y desatándose *la peste*. Y como ya quedó asentado, cada quien es libre de tomarlo como le venga en gana, y de creer lo que a cada quien le parezca justo, si quiere tomar en cuenta este mensaje que bueno, y si no, pues no y ya.

No se trata de intimidar a nadie, además de que eso no funcionaría, sin embargo los hechos hablan por sí solos. De lo que se trata es de que el humano se dé cuenta del porque de *la peste*. Ya ha habido pestes en la historia de la humanidad, pero desgraciadamente han sido contagiosas y también han sido por castigo. Pero con ello se ha logrado muy poco. En la actualidad, la sociedad, que se dice ser la intelectual, ha provocado y desarrollado muy fuertes enfermedades como el cáncer o el sida. También de un sinnúmero de enfermedades psicopatológicas que están atacando los humanos, sobre todo a nivel espiritual. Estas enfermedades les nacen sin ser contagiadas. Esto se hizo para ver si los pueblos daban un paso atrás, en su voluntad de vivir en paz y de acuerdo a sus derechos. Por lo tanto se provocó SIDA artificialmente para diezmarlos, sobre todo en África.

De ahí nació esa enfermedad, nació propiciada por los grandes personajes y sus familias, y a varios les ha costado la vida, sin que se diga de que murieron. Son muchos más los que están contagiados y contagian a otros. Si no se ha encontrado como curar el mal, es porque no ha habido el permiso.

Si no lo ha habido, es para demostrarle al hombre de ciencia que está equivocado, creyendo que a través de todos sus aparatos, él se puede dar cuenta de todo, y así ya sabe que hacer para resolver cualquier problema. Pero no es así, prueba de ello, es que tiene años investigando sobre el cáncer y en lo único que avanza es en que ya sabe que es un cúmulo de células muertas, enfermas y que muy raras veces han logrado erradicar.

Sin embargo son muchas las personas que han logrado curarse comiendo víboras y todavía son mejor las hierbas medicinales. Claro que para ello hay que conocerlas a la perfección y saber cómo usarlas.

Todos los pueblos de la Tierra tenían un amplio conocimiento de las plantas medicinales, además de saber cómo y cuándo cortarlas. Primero, le pedían permiso a la Madre Naturaleza y luego a la planta que era quien les decía cual rama o planta deberían de cortar. Si se les negaba, era porque ese momento no era el adecuado para lo que ellos deseaban. Pero volvían hasta conseguir su objetivo.

Todavía en la actualidad, hay quienes manejan esto allá en las selvas y todavía se hacen llamar "brujos", que para ellos equivale a doctores. Estos conocimientos se perdieron a causa de las invasiones, y como ya quedó anotado, los encargados de quemar los archivos y de perseguir a los doctores de esos tiempos eran los religiosos para así dejar desvalidos a los pueblos invadidos, asesinando a sus sacerdotes y a los brujos, que eran sus doctores, retrasando con ello la ciencia, al grado de que todavía no se han vuelto a recuperar esos conocimientos, con los que el cáncer ya no sería ningún problema a estas alturas y ya estaría archivado en libros. Se reconoce que en lo que se refiere a la medicina y a intervenciones quirúrgicas, hay un avance muy fuerte, y sin saber preguntar por una vía rápida.

Claro que a través de las investigaciones, eso es lo que el hombre está haciendo, preguntar. Pero existen problemas que para resolverlos se tardan muchos años. Si no está abierta la persona a todo lo que sea creíble y demostrable, sin importarle de quien venga. Si se lo está demostrando, debe de buscar la forma de comprobar si es verdad o mentira. Si en lo personal le sirve y si no, olvídelo.

La mejor solución para investigar sería que aprendiera a preguntar, apoyándose en los aparatos para análisis clínicos.

Si, como Energía Comisionada, ordeno que se escriba esto, es porque es una forma de que la persona se vaya instruyendo. Entre más preguntas tengan más sabrán, todo le sirve para formar su propio criterio. Por eso se tiene una computadora por cabeza en donde tiene los ojos, oídos y boca, para comer y hablar, y repito, toda persona es libre de pensar como mejor le plazca, pero debe de realizar solo los buenos pensamientos.

Es con lo que se triunfa o se castiga, dentro de un nivel o de otro. La participación en lo que no se debe de hacer voluntaria u obligada es mala, por lo que el decidirse es muy importante a su debido tiempo. Fuera de él, es un error de mayor a menor.

Por lo que en estos momentos que son las 7 de la mañana del domingo 15 de septiembre de 1990, Yo, como Energía de nombre Luz Terciaria, comisionada al Planeta Tierra por las Energías Supremas para dictarle este libro al Sr. José Carmen García Martínez, que su título es MENSAJE ASTRAL, que tiene que salir, porque lo repito, la única solución es *la peste seleccionadora* para que se pare la guerra del golfo Pérsico, porque lo que quieren los grandes capitalistas y productores de armas, es que sus esbirros que traen peleando en el golfo Pérsico, obliguen a Husein a usar las bombas biológicas que le vendió el gobierno norteamericano.[13]

Este conflicto es con la finalidad de robarse el petróleo y todo lo que de valor encuentren. De usar las bombas mencionadas Husein más les facilitaría su intervención para robarse el petróleo, y tendrían pretexto para intentar provocar la tercera guerra mundial. Este grupo ya perdieron la dignidad como hombres que ni siquiera

13. Nota del publicador: Parece que esta decisión no tuvo consecuencias porque el libro no fue publicado antes de la guerra.

piensan en sus familias con tal de tener dinero y más dinero, bienes y más bienes, poder y más poder. No les importa cuantos cientos de millones de personas mueran, con tal de que se les cumplan sus deseos.

Una vez parada la guerra, tratarán de obligar a Husein a que les entregue las armas que el Tío Sam le vendió, obligado por los capitalistas y productores de armas de su propio país, de ser la principal marioneta. Pero terminada la guerra, Husein va a poder esconder ese armamento, por lo tanto no se los entregará.

Si este libro no sale pronto al conocimiento público, volverán estos esbirros a matar. No conformes con seguir invadiendo Irak, pero también buscarán la manera de invadir a otro país, cueste lo que cueste, con al final con el sostén principal de las Naciones Unidas.

Prueba de ello es que Naciones Unidas no ha tomado ninguna decisión en firme para parar la guerra del golfo Pérsico, siendo con la única finalidad de robarse el petróleo.

Yo, Energía Luz Terciaria, hago una aclaración antes de seguir con mi relato: Husein, al ver que sus vecinos algunos estaban de acuerdo con los invasores de su país, pensó que ya tenía la guerra perdida. ¿Usaría o no las bombas biológicas que era lo que querían sus agresores? Operando pensó al igual que el Sr. Presidente Kennedy, "no seré yo quien desate la tercera guerra mundial". Lo que hizo fue llegar a un acuerdo por debajo de aguas con el gobierno ruso, sabiendo que los capitalistas y productores de armas de su país no se lo iban a perdonar. Pero él prefirió ofrendar su vida a que hubiera cientos de millones de vidas perdidas por una estupidez.

Esta intervención que hago como Energía Comisionada para dictar este mensaje, es mientras *la peste* se desarrolle ya que con ella se olvidarán de guerra y de guerrillas, sin que existan rencores ni deseos de seguir cargando las armas, porque ya no sabrán a quien dispararle. Nadie se va a poder esconder, ni les va a valer. Aunque estos grupos se digan ser los representantes de Dios en la Tierra, estos grupos solo son grandes accionistas de la compraventa de petróleos.

Y esto es la única razón del conflicto en el golfo Pérsico. Esto lo anoto para que el humano se dé cuenta que todas las religiones se inventaron para tener a la humanidad vendada de los ojos y dividida para poderla explotar. Además de enfrentarla en pleitos y guerras poniendo como pretexto el disparate más grande del mundo, para defender a su religión y al dios imaginario que ha inventado cada religión.

En primer lugar, un verdadero Dios es una energía que jamás verá el humano, y que jamás tendrá privilegio por una razón u otra. Para él, todos tienen los mismos derechos, derechos que cada quien se gana según sus acciones, porque Dios es armonía. Dios es para todos, al igual que el Sol sale para todo el mundo y nadie lo puede acaparar ni dividirlo en fracciones, no lo puede dañar porque no está a su alcance, pues entonces sería lo mismo que se formaran y organizaran ejércitos para defender al Sol.

Cierto, sí se debe de proteger lo creado por el Univerzo sobre los planetas con vida humana. ¿Cómo? Protegiendo lo creado en el Univerzo, como lo creado en el Planeta Tierra que está peligrando morir prematuramente debido al mal comportamiento de los humanos. Lo mismo sucede en otros planetas en el Univerzo habitados por humanos al igual o peor de malvados que los terrícolas.

Los humanos deberían de buscar la forma de hermanarse, impulsar que lo importante es creer en Dios, que sí existe y que por lo tanto se deberían de tener mutuo respeto, como humanos inteligentes, y ayudarse entre sí para que hubiera progreso en todos los pueblos de la Tierra, cual fuere su raza o color. Esto hubiera sucedido si las religiones hubieran nacido para hacer el bien, pero como fue todo lo contrario, fueron creadas para acabar con la verdadera religión que estaba basada en una verdadera armonía entre los hombres y la Madre Naturaleza, el cómo portarse y comportarse, y que dichos reglamentos antes de inventar diferentes religiones ya estaban plasmados en libros, como ya quedó asentado en páginas anteriores, por monjes que habitaban en el país que hoy se conoce como la "India", y que con los disturbios que causaron las nuevas religiones, tuvieron que huir al Tíbet.

También en páginas anteriores, quedó anotado el cómo se comunicaban de un continente a otro. Bien, pues voy a dar otra información de cómo era antes: estos monjes estaban asesorados por las energías del Planeta que en años se comportaron como debe ser una Energía Positiva. Por todo el Planeta había personas privilegiadas que podían hacer contacto con estos monjes a través de viajes astrales comunicándose telepáticamente. Éstos lo difundían por todos los pueblos de los continentes, que por estas fechas poblaban la Tierra. Esto lo hacían a través de las dimensiones que ahora están usando las televisoras para mandar la imagen esparcimiento, y que de buena gana lo aceptaban para honrar y adorar a Dios, agradeciéndole por haber puesto todos los elementos que proporcionan la vida sobre el Planeta Tierra.

Como se les inculcaba que Dios a quien quería que le agradecieran era a los elementos que les proporcionaban la vida, ya que ahí es donde él estaba representado. Por esa razón todos los pueblos del Planeta Tierra tenían tanto respeto por la naturaleza, la lluvia, el viento y todo lo que para ellos fuera alimento. Por esas razones hacían sus festejos, para pedir permiso para abrir terrenos para sembrar, o bien para agradecer al dios de la lluvia, al dios del viento, al Astro Rey, a la Madre Naturaleza. Todas sus creencias eran de proteger todo lo que les rodeaba, no abusando para no provocar la ira de Dios, y había un equilibrio más o menos estable, además de armonía entre todos los pueblos grandes o pequeños grupitos.

El descontrol vino cuando las Energías Positivas del Planeta Tierra cambiaron de parecer cuando estaban en auge la construcción de las Pirámides.

El hombre lo va a comprobar el día que llegue a interpretar los códices y grabados que existen sobre el Planeta Tierra.

Cuando comenzó a haber disturbios por nuevas ideologías y religiones de más en más disparatadas, hubo más oposición entre los pueblos a quienes se les estaba queriendo imponer estas nuevas creencias. Esto sucedía porque habían dirigentes que por conveniencia y no por creencia se amafiaban para ir a apoderarse las tierras y pertenencias de determinados pueblos, que se rehusaron a aceptar la nueva religión. Cualquier pretexto era bueno para estos dirigentes, con tal de conseguir su objetivo.

Claro que a la larga esto se hizo costumbre, y como les valiera, al transcurso de los años han seguido inventando maniobras para seguir explotando a los pueblos. Razón por la que ya es indispensable parar todo esto, pero todo el mundo se tiene que enterar del porqué de las cosas. Los hombres sobrevivientes a *la peste seleccionadora*, si se deciden a hacer lo que se debe, tendrán una época de oro hasta que la Tierra se acabe por vejez.

De los acontecimientos nadie se olvidará jamás, así pasen miles o millones de años, ya que el hombre conservará por siempre películas y documentos que revelan la intervención de las Energías Supremas sobre el Planeta Tierra.

Volviendo a lo de las religiones, el hombre debe de reflexionar y de pensar que los que encabezan a las religiones al principio también eran el gobierno o parte de él, y que jamás construyeron escuelas para realmente educar el pueblo humilde, pero sí enormes edificios, para adorar a Dios, obligando al pueblo pobre a trabajar por casi nada, ¡si les pagaban!

La mayoría de las personas que trabajaban en esas obras eran esclavos a los que les obligaban a trabajar arduamente sin descanso, a través de látigos de los capataces. Lo que recibían para alimentarse eran unas cuantas migajas de lo peor de los alimentos, eran unas cuantas personas las que se beneficiaban con el trabajo de los esclavos.

También así se construyeron los grandes palacios y castillos de los reyes religiosos, y como no era posible que los esclavos aguantaran el exceso de trabajo, cuando ya no podían trabajar, no los soltaban, los mataban y los sepultaban en una fosa común. Si de momento no contaban con más esclavos, mandaban a sus soldados a tomar prisioneros, causando muertes en la operación y dejando a niños huérfanos que morían de hambre. O bien les quitaban las crías a las madres para matarlas, para que no estorbaran para el trabajo de estas madres.

Cómo es posible, sabiendo como nacieron las religiones, sabiendo que se han perdido millones de vidas a causa de éstas y que se siguen perdiendo, y que los pueblos estén todavía tan satanizados hasta perder la vida para defender a las religiones, ¿qué no se hagan preguntado de qué o de quién las defienden? Lo que no saben, es que a los jerarcas religiosos lo que les interesa es tener poder político y económico. No tienen ningún escrúpulo en que se enfrenten a tiros, dejando huérfanos y sembrando el odio que va a cobrar más vidas inútilmente. Esos ideales no conducen a nadie a algo bueno, sino todo lo contrario, es estar drogados día a día y seguirse drogando con una dosis más fuerte que les hace perder el sentido común, quedando expuestos a cometer la peor de las barbaries, todo por dejarse manejar por los zánganos de una y otra religión por la fuerza.

El vencedor así se quedaba con los bienes del vencido y agrandaba sus dominios. Tomando la cabeza como gobernantes o como reyes, decidían las políticas que controlaban las masas. Todavía hoy meten religiosos a la cabeza de los gobiernos de los países, y así poco a poco, acapararse todo el poder.

Por esto, en estos últimos años ha habido muy fuertes movimientos religiosos apoyados por giras pastorales. En el fondo, son giras políticas para ir midiendo sus fuerzas e ir calculando qué tan hipnotizado tienen a los pueblos, y ver cuál es el momento de empezar a apoyar determinados pueblos contra sus gobernantes, para así permitir a estos religiosos cabecillas a empezar a promover a su gente, o bien incitando a estos pueblos a pedir su independencia nacional.

Qué bueno sería que el pueblo quedara en plena libertad. Pero esta idea de independencia no fue espontánea, sino una idea encomendada por los religiosos al pueblo. A estas alturas, las religiones están amafiadas con las grandes potencias que se disputan la supremacía. Cuando una religión logra independizar a una nación, es porque ya logró incorporarla, prometiéndole ayuda para restaurar su economía. En realidad, de antemano tienen elegido a quién o a quiénes van a tomar las riendas. Lo primero que hacen es hacer préstamos y más préstamos con condiciones imposibles y consintiendo a los funcionarios que se roben la mayor parte de estos préstamos, para que el país no pueda pagar y así tenerlos agarrados, para explotar esa nación.

Esto se anota para que el hombre piense si éstas son religiones que le sirvan a la humanidad. Todas las religiones son picapleitos directamente o indirectamente, empezando con que todas lo primero que dicen es que detienen la única verdad. Hablan mal de las otras y traen esbirros para que les hagan propaganda a su favor. Demuestran su avaricia en sus pertenencias terrenales. Ponen como pretexto la palabra de Dios, logrando con ello tener dividido al pueblo, para que no se organice y así también poderlos explotar, tanto los gobernantes como los grupos capitalistas, que son la misma mafia.

Estas autoridades religiosas son las que viven la gran vida, aprovechándose físicamente y mentalmente de muchas personas que forman parte de su harem, sin preocupación de tener que mantenerlas. De lo contrario las utilizan para hablar a su favor y predicar un sinfín de cosas buenas de la religión.

¿Cómo es posible que los pueblos estén conformes con ésta clase de gente? Sencillo, el pueblo esta hipnotizado por las ideas que difunden las religiones. Quiénes no lo están, no pueden hacer nada por ser minoría. Quien se decida a enfrentar a los religiosos, tarde o temprano, muere prematuramente.

Aún entre ellos siempre se están matando a través de exorcismo o envenenamiento. Hay una guerra interna por ocupar los puestos clave y para repartir el botín que les permite mantener un nivel de vida lujosa en función de su categoría, es como funcionan las clases sociales, desde las personas sin preparación que están hipnotizadas hasta las que sí son preparadas y entienden perfectamente el juego, que eligen por conveniencia, sabiendo que algunas de sus mujeres o gente inocente, sirven para engrosar el harem de estos religiosos. Todas las religiones son iguales, con la diferencia que unas son más descaradas que otras.

En reclusorios o conventos para educar a las mujeres en la fe religiosa se encuentran cadáveres de niños recién nacidos, a menos que estén depositados en otro lugar, y esto sucede en todas y cada una de las religiones por todo el Planeta.

El que hayan tenido contacto sexual no es ningún delito, pero el que sacrificaran a las crías, sí. Inclusive en años anteriores, llegó a suceder un sinfín de casos. Las personas que morían con capital dejando herederas menores de edad, se recurría a un tutor, que en el mejor de los casos se amafiaba con cabecillas religiosas con quiénes llegaban a un convenio para disponer de la herencia. Las hijas iban a parar a un convento, secuestradas de por vida.

Cuando un familiar las buscaba, le informaban a éste que se había cambiado a otra congregación, o que había salido para otro país, además de que, como estaba en su noviciado, no se le permitía hablar con nadie.

En algunos de los casos, el padrino era un religioso, que servía de testamentario, y hacía lo mismo o peor. Hoy lo siguen haciendo, aunque con más cuidado. Esa es la diferencia de ayer a hoy.

Aclaro una cosa: si el contacto sexual es voluntario, no se considera un delito; si es obligación, sí se está atentando contra la dignidad de la persona, y por lo tanto, sí se debe de castigar todo esto que se acaba de anotar.

Si, como Energía Comisionada por las Energías Supremas, anoté esto de las religiones y lo recalqué, es porque al llegar al Planeta Tierra, y hacer la revisión ordenada, me di cuenta de que los mayores males, que ha padecido y que sigue padeciendo la humanidad, han sido causados por las religiones.

En la actualidad, las religiones se están preparando para hacer una inmensa confrontación, que de lograrlo sería la ruina para la humanidad, y todo porque ya las religiones tienen tan hipnotizados a los pueblos.

Dios no necesita un ejército para que le defienda si nadie le ve, ni le ha visto.

Además como ya quedó aclarado, ninguna Energía Suprema vive en un planeta que tenga vida humana, hay planetas exclusivos para radicar las Energías Supremas. Claro que no tan solo es necesario creer en Dios, porque sí existe, representado en la lluvia, las aguas, el viento, el Sol y la Madre Naturaleza. Al mencionar a la Madre Naturaleza significa el globo terráqueo. Todos estos elementos son los que proporcionan la vida. Es porque hay que cuidar el medio ambiente, ya que con ello se está protegiendo a la humanidad y todo lo creado, siendo la mejor manera de honrar a Dios.

Tómese en cuenta que Dios debe de ser armonía entre todas las entidades humanas que habitan el Planeta Tierra, crean en lo que crean en sus pueblos o en lo personal. Los desacuerdos comienzan cuando alguien quiere hacer que otro crea en lo que él cree. En este caso, lo mejor es respetar siempre las creencias de los demás. Finalmente, todo el mundo sabe lo que es bueno y lo que es malo.

La mejor religión es respetar el derecho de los demás pueblos o de las personas. Se han hecho todas estas aclaraciones para que la humanidad se dé cuenta de que sí existe Dios, pero que es una Energía Suprema superior o, mejor dicho, un ser espiritual con grandes potencias internas como externas, de las cuales nacen las creaciones de mundos. Las demás Energías Supremas existen también, pero ninguna sobre el Planeta Tierra ni en ningún otro planeta con humanos, por tener como responsabilidad mayor de guiar y cuidar de los planetas.

Imagínese el humano si no fuera así, lo que sucedería al chocar un planeta contra otro, pero no sucede porque están guiados. Sin embargo, de vez en cuando se escapa algún fragmento de los que andan flotando, que emanan de los planetas que se están desintegrando por vejez. Estos fragmentos derivan a zonas especiales para ser triturados en espera de que se comience a formar un nuevo planeta del cual serán parte. Los fragmentos que se escapan de su órbita son lo que, sobre el Planeta Tierra, llaman "meteoritos".

Con estas aclaraciones espero que los humanos comprendan que el trabajo de las Energías Supremas es cuidar el Univerzo. Por ser ustedes los humanos, los portadores de las minicomputadoras universales, son los responsables de cuidar el buen funcionamiento de su Planeta Tierra, ayudados por lo que son Energías Positivas, pero de ninguna manera son dioses. Al igual de los humanos,ninguna energía de éstas ha visto a Dios, ni nunca lo verá jamás.

Empezando con que si un humano o una de estas Energías Positivas lo viera, sería porque la Energía Suprema estaba demasiado cerca, y si esto sucediera, quedaría carbonizado, porque no es posible que una Energía Positiva o un humano resista.

Voy a explicar por qué razón una Energía Suprema es una sola unidad, al igual que un humano, y que también está dotada de una computadora universal, más potente que la del humano, una y mil veces más. Al juntarse, automáticamente se contactan, quemando la más débil. Ambas computadoras son energías. Es como cuando los humanos conectan un aparato eléctrico a alto voltaje se les destruye, y si es a muy alto voltaje, se les quema, porque no estaba hecho para resistir ese voltaje, razón por la cual hay que usar los transformadores para poderles transmitir la energía que no les dañe. Que es lo que estoy haciendo.

Yo, como Energía Comisionada, sirviendo de transformador para cumplir con las órdenes dadas por las Energías Supremas, vengo energéticamente ajustada para tener contacto con los humanos. No hay humano que resista mi acercamiento a menos de un metro de distancia. No se quemaría, pero sí resultaría muerto en un segundo, a menos que esté protegido por la energía del espacio exterior. Como en este caso lo es la persona que está escribiendo el mensaje.

En este caso ya hubo el permiso de utilizar la energía del espacio exterior para localizar el punto de entrada y el punto negativo, con un dispositivo de discos metálicos que sirven para hacer la transformación y permitir que se haga el circuito con el espacio exterior.

También la persona necesita de un permiso para poderla usar después de haber tenido un entrenamiento por años, y claro que para empezar dicho entrenamiento, primero debe de haber un previo permiso. Cabe señalar que cuando Yo, como Energía Comisionada, llegué al Planeta Tierra, no me daba cuenta de la existencia de la persona que está interpretando este mensaje, menos de que contara con los permisos y de que ya tuviera colocados los discos, perfectamente bien centrados.

Claro que así, como Energía Comisionada, me dieron el permiso para que hiciera todo lo necesario para poder acoplar a una persona para que tradujera este mensaje. La idea que Yo tenía, como Energía Comisionada, era de hacerlo a través de una Energía Positiva de este planeta, y así no perder tiempo preparando a una persona para poderle informar, cómo y de qué material fundiera los discos, y cómo localizar los puntos para ponerlos, acoplándolos poco a poco, para manejar la energía. Al mencionarme, se me dio el permiso para el uso de dicha energía, más no me dijeron que ya habían dado el permiso desde años atrás, y que Yo supiera quien la estuviera manejando.

Esta energía es para que se beneficiara todo el planeta y que se acondicionara toda la humanidad responsable de dicha energía. Pero solo se podrá utilizar cuando el manejo de la energía al espacio exterior esté perfectamente bien estudiado, y comprobada su existencia por la ciencia.

En este transcurso, primero se debe consultar y pedir permiso a la Madre Naturaleza y a las demás energías terrícolas. Esto permite identificar el área que se va a necesitar, para cada punto que tiene que ser en círculo, en el cual no tienen que haber árboles para que no interfieran.

Los discos actuales se reemplazarán por unos discos más grandes, su peso sería de 55 toneladas sentado sobre una cama de 25 metros cúbicos de lava-tezontle, y más de 15 metros cúbicos de carbón de piedra. Esto sería para el disco del punto positivo. Antes se le entregará al Sr. José Carmen García Martínez el estudio proyecto para saber cuales otros materiales se van a necesitar y el diseño para hacer la construcción. Si los terrícolas lo consideran conveniente, que cubran los gastos.

Este disco quedaría en medio de los cimientos que servirían de base a una antena que se elevaría a 125 metros de altura, que lo podrán tener como mirador o giratorio, siempre y cuando no viva nadie en la antena usándola como casa habitación.

El peso para el disco para el punto negativo sería de 75 toneladas y quedaría sentado en 30 metros cúbicos de grava sólida, y más 17,5 metros cúbicos de carbón de piedra. Este disco también quedaría sentado en medio de los cimientos que servirían de base para levantar la antena que tendría una altura de 103 metros. De la punta de ambas antenas bajaría un cable. En la parte aérea tendría incrustadas cinco varillas, en forma de cola de flecha, acopladas para servir de pararrayos, y que entrarían a la tierra por un orificio que quedaría al centro de los discos. Este disco quedaría conectado a una parrilla metálica, que quedaría colocada en medio de la grava y del carbón de piedra.

De llegarse a hacer esto, sería propiedad de la humanidad, y siempre su manejo estará a cargo de quien tenga el permiso y la autorización de manejar la energía del espacio exterior.

La colocación de estos discos pequeños es con el fin de ayudar a la humanidad, para que se dé cuenta de lo valioso que es el poder usar la energía del espacio exterior. Empezando con que se dará cuenta de sus verdaderas raíces, costumbres y creencias que tuvieron todos los pueblos en el pasado sobre el Planeta desde el inicio de esta creación, así como la creación extinguida por una guerra nuclear, como ya se descifró en páginas anteriores.

Los mares son el estómago de la Tierra, por lo tanto es lo que más se debe de cuidar. En la actualidad, todos los aceites se tiran a los drenajes que van a parar a los ríos, lagos y mares, pero antes de llegar a los mares, ya han regado terrenos agrícolas, contaminándolos y haciendo que bajen su productividad por no saber cómo manejarlos para que fertilicen.

Los demás residuos que terminan en el mar, lo primero que atacan es el plancton y el fitoplancton, compuestos por microorganismos de diferentes tamaños, siendo la base de la alimentación marítima.

Esto es evitable. En las refinerías petroleras, que son las que más contaminan, y al desembocar sus drenajes en ríos, ya terminaron con los peces. La solución es la siguiente: hay que pasar estas aguas por canaletas calientes, desde luego que deben ser metálicas y calentadas con los mismos gases que queman las refinerías.

Estas canaletas deben de estar techadas y desembocar en unas piletas donde estarán los filtros que separarán el agua de los aceites con facilidad, ya que con lo caliente, los aceites flotarán con mayor facilidad.

Una vez separados estos desperdicios, se calentarán hasta hervir, para, en ese estado, agregarles determinados sulfatos que los convertirán en fertilizantes del futuro, que se tendrá permiso de fabricar y utilizar para las plantas. De acuerdo con los sulfatos aplicados, lo mismo se puede hacer con los desperdicios de aceite para los motores. ¡Hay que evitar tirarlos a los drenajes directamente! Además, a los drenajes agregarles substancias para purificarles las aguas, para que lleguen limpias al mar.

Como ya se anotó, los mares son fuentes de riquezas para todos los pueblos, por lo que todos tienen la responsabilidad de evitar la contaminación de toda índole, para que así, el Planeta pueda organizar su funcionamiento normal y todo sea más adecuado.

Aunque al hombre le parezca imposible, lo primero que se necesita es conseguir los permisos para *inducir lluvia por inercia* en los desiertos. Una vez que la lluvia empiece a caer, hacer plantaciones de árboles por millones y, de esta manera, la Madre Naturaleza se verá obligada a regar estas zonas, mandándoles las aguas para que la reconvierta.

Hay zonas que sí deben de permanecer heladas de por vida del Planeta. Como ya se explicó en el caso del Polo Sur, que también le llaman "Antártida". La naturaleza sabe cuáles son los límites de las aguas y la época del año que se cubren de nieve, año a año. Su área es mucho más reducida, como lo fue al principio del globo. Su capa de nieve era más delgada. Esta alteración fue a causa de las quemaduras que sufrió la Tierra y que fueron la causa de que zonas verdes y selváticas se convirtieran en desiertos, que no lo eran, como lo es el caso del desierto del Sahara. Como ya quedó aclarado que la causa fue una guerra nuclear, que extinguió a la creación antes de la actual, y también ya se aclaró que son necesarias las zonas semidesérticas y que por naturaleza las debe de haber, pero no así los desiertos.

Al volver a llover en los desiertos como cuando eran zonas verdes, esta agua, que congela más área de lo debido y que cubre más áreas de nieve anualmente, esto ya no lo hará, porque volverá en calidad de lluvia, cómo lo hacía cuando caía en las zonas verdes, que son hoy zonas de desiertos.

La teoría de los humanos relacionada con los petróleos es real. Solo que la Tierra no lo produjo después de formada, sino al mismo tiempo de estarse formando. Ésta se estaba proveyendo de lo que necesitaba, porque ya era un Planeta destinado a procrear vida humana. Cierto, el carbón de piedra, como los petróleos, pertenecen a materias orgánicas, pero de otros planetas que se desintegraron por vejez, y estos productos no se integraron al Planeta Tierra, tal y como son, llegaron siendo elementos sólidos, acondicionados para resistir las inmensas temperaturas a que tenía que ser sometido el Planeta, para poderlo fundir y crear la fuerza de atracción al centro del Planeta para que no se desintegre.

Porque de no ser, por esa fuerza se desmoronaría, que es precisamente lo que sucede cuando un planeta muere por vejez. Comienza a perder fuerza su energía central de atracción y comienza a soltar las partes que ya no alcanza a detener, comienza a descascararse hasta que termina de existir, y para servir a un nuevo planeta, en el transcurso de los millones de años se transforma en el carbón de piedra, y lo mismo sucede con los petróleos.

En lo que sí está en lo cierto el hombre, es en que no son renovables estas composiciones, al estarse formando los planetas, que están hechas con la intervención de las Energías Supremas a través de las computadoras con que cuidan el Univerzo, al mismo tiempo que lo guían.

En el Planeta Tierra hay todavía muchas sorpresas, pero para que el hombre las descubra, debe hacer lo que debe.

Los volcanes se pueden detectar a tiempo si los gobiernos rastrearan a tiempo o periódicamente su país, ya que en la actualidad se cuenta con aparatos y personal capacitado para detectar esos movimientos telúricos.

En cuanto a los sismos, los aparatos no son todavía una garantía. Sin embargo, esto que voy a explicar es más sencillo todavía. Tres días antes de que vaya a ocurrir un temblor de tierra, solo hay que tener un vaso con agua en un lugar donde las personas se puedan ver como si fuera un espejo. Cuando va a ocurrir un temblor en un determinado lugar del Planeta, las personas que estén dentro del área a recibir el temblor, su imagen se verá de cabeza y éste es el momento para tomar precauciones.

Este mensaje es para que los hombres del Planeta Tierra formen su criterio, relacionado con lo que les rodea, y que es mucho lo que haya que hacer en beneficio del Planeta y de la humanidad que debe de luchar por sobrevivir, hasta que el Planeta muera por vejez, para que su esencia pueda pasar a otro planeta o planetas aptos para vida humana.

Porque cabe aclarar que cuando un espíritu ya muere por haber cumplido sus reencarnaciones, esa computadora universal, que lo acompañó en sus cinco reencarnaciones anteriores, queda en suspensión. Como quien dice "congelada por algún tiempo", pero como ésta tiene un sistema que le permite seguir atrayendo esencia espíritu. En el transcurso de los años, ya se ha formado un nuevo espíritu, esto es si fue atribuida por las energías. Él que al adquirir un cuerpo humano de una o de otra forma nació por primera vez con cuerpo humano y al volver a tener cinco reencarnaciones, vuelve a morir, pero no así la computadora universal, a menos que sea por órdenes de las Energías Supremas, pero mientras esto no suceda, ella sigue trabajando. Aclaro.

Los aceros y demás metales fueron colocados al estarse formando el Planeta, al igual que el carbón de piedra y los petróleos. Aquí cabe hacer una aclaración muy importante: hay planetas que fueron diseñados para tener vida humana y que ya tienen mucho de lo que el hombre va a necesitar, como carbón de piedra, petróleos, aceros y otros metales, y muchos otros productos que quedaron tan profundos de su superficie, que muy poco los puede aprovechar el hombre. Porque su formación sí fue como ya quedó descrito en páginas anteriores.

El nacimiento del Planeta Tierra fue uno de esos casos espontáneos que muy rara vez suceden en el Univerzo. Fue un Planeta Faro que se acababa de formar y su energía de expulsión de las moléculas que son los rayos, quedó muy concentrada y que estalló en cinco fracciones candentes.

Una de ellas fue lo que los humanos le llaman "Planeta Tierra", el cual las Energías Supremas decidieron acondicionarlo para vida humana, agregándole más materiales, ya que era más o menos del mismo tamaño de su hermano que hoy le sirve de satélite, y que el terrícola le llama "Luna", entonces ésta es la razón del porqué los materiales ya mencionados se encuentran superficialmente. Cuando esto sucedió, el actual Faro que el humano lo bautizó como "Sol", que alumbra al Planeta Tierra ya existía, razón por la cual atrajó a los cinco fragmentos. El fragmento que quedó justo en el punto exacto para vida humana, lo fue el que hoy se conoce como Planeta Tierra, por así haberlo bautizado los humanos de esta creación. Los otros tres fragmentos son los que el humano conoce como "Neptuno", "Urano" y "Marte", que es el más parecido a la Tierra. También tendría vida humana si hubiera quedado en tiempo y distancia frente al Sol en un punto. Inclusive también está provisto de materiales al igual que el Planeta Tierra, solo que sus climas son muy extremos y no cuenta con vegetación, y sus mares se encuentran secos.

Tal vez algún día las Energías Supremas decidan ponerlo en un punto como al Planeta Tierra, para que desarrolle vegetación y llene sus mares con el agua que le manden por primera vez.

Actualmente, Marte cuenta con una atmósfera parecida a la de la Tierra, solo que su humedad es condensada porque carece de oxígeno productivo. Ya que quien produce el oxígeno es el Sol. Esto es si el Planeta está en un punto adecuado para ello, como lo es el que ocupa el Planeta Tierra, ya que hasta la distancia cuenta entre el planeta y el Faro, de acuerdo al tamaño del planeta. El Faro es el que proporciona todas las clases de vida sobre el planeta o los planetas a donde llegan sus rayos con claridad. Por ejemplo, Marte tiene vida corteza, la Luna tiene vida sedentaria, que quiere decir que se puede despertar, porque aún conserva sus energías de cuando perteneció a un Faro.

Estos dos planetas están alimentados por el actual Faro. Por algo es el Astro Rey.

El hombre no debe de tratar de conquistar el espacio exterior mandando naves tripuladas por hombres por no tener el permiso por el momento, debe de mandar naves sin seres humanos.

Es posible que el hombre terrícola llegue a tener el permiso para dos cosas:

— una, para que los visitantes de otros planetas le dejen películas que revelen como es la vida en otros planetas;

— la otra es el permiso para construir los aparatos que puedan hacer funcionar estas películas, y con ello el terrícola avance tanto en el plano mental, intelectual y espiritual, haciendo lo que debe y no lo que quiere hacer.

EN PLAYA DEL CARMEN, SIENDO LAS DOCE DEL DÍA CON CUARENTA Y CINCO MINUTOS DEL JUEVES, 20 DE SEPTIEMBRE DE 1990.

YO, COMO ENERGÍA COMISIONADA POR LAS ENERGÍAS SUPREMAS PARA ORDENAR ESTE MENSAJE, QUE INTERPRETARÁ EL SR. JOSÉ CARMEN GARCÍA MARTÍNEZ, "CREADOR DE LAS VERDURAS GIGANTES", POR ESTA VEZ DOY POR CONCLUIDA ESTA INFORMACIÓN, ASÍ COMO LE DOY LA AUTORIZACIÓN AL SEÑOR GARCÍA MARTÍNEZ PARA QUE REGISTRE EL DERECHO DE AUTOR, YA QUE EL LIBRO TENDRÁ QUE SER COMERCIALIZADO EN TODO EL PLANETA TIERRA, DESDE LUEGO TRADUCIDO EN TODOS LOS IDIOMAS.

ESPERO QUE LOS DIOSES QUE ME ORDENARON A MÍ, ENERGÍA LUZ TERCIARIA, DICTARA ESTE LIBRO, RESPONDAN PARA QUE SE PUEDAN CUMPLIR SUS ÓRDENES, YA QUE "SIEMPRE ES BUENO QUE HAYA A QUIEN ECHARLE LA CULPA".

EL SR. GARCÍA Y YO, ENERGÍA LUZ TERCIARIA, SOLO ESTAMOS OBEDECIENDO.

www.ingramcontent.com/pod-product-compliance
Lightning Source LLC
LaVergne TN
LVHW042046070526
838201LV00077B/812
* 9 7 9 1 0 9 6 1 3 2 7 5 1 *